国家出版基金项目
NATIONAL PUBLICATION FOUNDATION

《伦敦新闻画报》中的中国人

1842—1912

张建斌 编著

现代教育出版社
Modern Education Press

图书在版编目（CIP）数据

《伦敦新闻画报》中的中国人 ：1842 — 1912 / 张建斌编著. — 北京 ：现代教育出版社，2022.6（2023.11）
ISBN 978-7-5106-8250-6

Ⅰ. ①伦… Ⅱ. ①张… Ⅲ. ①社会生活—史料—中国—1842-1912 Ⅳ. ① D691.9

中国版本图书馆 CIP 数据核字（2021）第 146167 号

《伦敦新闻画报》中的中国人 1842—1912
《Lundun Xinwen Huabao》Zhong De Zhongguoren 1842—1912

出 品 人 陈 琦
选题策划 聂金星
编　　著 张建斌
责任编辑 聂金星
责任校对 王 薇
责任印制 宋 亮
封面设计 赵歆宇
出版发行 现代教育出版社
地　　址 北京市东城区鼓楼外大街 26 号荣宝大厦三层（邮编 100120）
电　　话 （010）64244736（编辑部）　（010）64256130（发行部）
印　　刷 北京盛通印刷股份有限公司
开　　本 889mm×1194mm　1/16
印　　张 18
字　　数 105 千字
版　　次 2022 年 6 月第 1 版
印　　次 2023 年 11 月第 2 次印刷
书　　号 ISBN 978-7-5106-8250-6
定　　价 98.00 元

透视历史图像下的中国
——《伦敦新闻画报》的中国视角

古之学者为学，“置图于左，置书于右”，就是常说的“左图右史”。在浩如烟海的中华典籍中，图像与文字并存，汉唐时期所谓的“图书”，即包含图像和文字两个部分，有文字无图像，则称之为“书”。但受限于印刷技术，二十四史均未收图入史，人们习惯的叙事手段更依赖文字，以至于宋代人感叹“见书不见图”。鲁迅在《且介亭杂文·连环图画琐谈》中说：“古人‘左图右史’，现在只剩下一句话，看不见真相了。”①

近代摄影和摄像技术的引入和传播，使得大量的历史影像留存了下来，古人称许的“索像于图，索理于书”、图文并茂的理想治学途径得以容易实现。图与史的深度弥合与中西方交流有着直接的关系。晚清以来，西方的传教士、外交家、商人等陆续来到中国，广袤的中华大地，全新的东方视角，引起了他们极大的兴趣和好奇心，但凡山川地理、风土人情、虫鱼鸟兽等无不在他们的观察范围内。这些观察家很多是外国派驻的情报人员，来华收集中国的军事、地理、人文概况，记录在中国发生的重大事件。这些信息情报对于外国政府的对华决策起到了至关重要的作用，也潜移默化地影响了外国人对于中国的认知。《伦敦新闻画报》就是域外了解中国的重要窗口之一。

一、近代中国走入西方视野

《伦敦新闻画报》创刊于 1842 年，由英国人赫伯特·英格拉姆与马克·雷蒙创办，这是世界上第一份以图片新闻为主要特色的周刊。19 世纪后半叶至 20 世纪初期，照相技术尚不成熟，该刊采取新闻插画的形式，直观报道世界各地发生的重大事件，引发了读者的关注。创刊号取得

① 鲁迅著《且介亭杂文》，人民文学出版社，2006年，第 26页。

了不俗成绩，发行量达到2.6万份。至1863年时，画报的每期发行量更是达到了30万份。19世纪的欧洲，人口规模、交通通达性、信息交流难比今日，这个发行量是非常了不起的。当时鼎鼎大名的《泰晤士报》的每期发行量也不过7万份。《伦敦新闻画报》风靡英国，其后影响遍及欧洲、美国、亚洲等国家和地区。该报的图片堪称是世界上覆盖面最广的插图版画和老照片宝库。

《伦敦新闻画报》创刊时，中英鸦片战争尚未结束，西方人亟需了解中国，画报派驻专业的画家兼记者，将收集到的情报迅速传回英国，他们发回了数以千计的图文报道，构成晚清以来中国的“时代图谱”。《伦敦新闻画报》关于中国的报道有诸多特点。第一，持续性和连续性。画报自1842年创刊至2003年停刊，持续关注中国，近代中国与世界碰撞的历史大事件尤其是其关注的重点，鸦片战争、太平天国起义、中法战争、甲午战争、庚子事变、日俄战争、辛亥革命、抗日战争等均在其报道范围，其报道的系统性和连续性是其他报刊所不能比拟的。第二，异域属性。外国人看中国与国人审视自身的视角不同，对一些历史事件的看法与中文史料的观点不尽一致，为研究中国历史提供了另外一种视角。外国记者对中国的认识是陌生的，一些容易被国人所忽视的事件以及生活细节往往成为其报道的重点。他们抱着好奇的心态，将焦点对准不同的地区、不同生存环境下的中国人，保存了近代国人的珍贵图像。第三，全面性。画报特派画家兼记者近距离接触中国，他们极尽所能地打探中国政治内情，以期全面报道中国，当然这其中不乏道听途说。除了政治动向，该报还关注茶余饭后的人间万象，显现出十足的烟火气息，全景展示了晚清中国的风土人情。第四,原始资料属性。画报的很多内容是记者的现场目击报道，属于第一手的历史资料。照相机刚传入中国时，国人对于摄影尤其是外国人的照相设备充满恐惧与排斥，往往拒绝外国人取相。为了能够获取更加真实的中国印象，打消国人疑虑，外国摄影师和画家采用了各种手段。英国摄影师约翰·汤姆生回忆，为了拍摄，他会付给被拍摄人一些费用，用于置办老人的棺材，这在中国被看作儿女的孝道。[①] 这些照片和画作是为近代中国的反光镜，具有超越文字力量之外的表现力。

《伦敦新闻画报》在新闻领域具有划时代的意义，它的办刊理念与传统报刊有较多的不同，

① 〔英〕约翰·汤姆生著，徐家宁译《中国与中国人影像》，香港中和出版有限公司，2014年，第10页。

当时大部分报刊均是文字为主、图像为辅，图片更多的是起点缀之用，充当配角，而该报将图像与文字结合起来，二者并行，共同发挥“叙事”功能，互为补充，相互融合，从实践层面上完成了人类历史上的首次视觉转向，极大发挥出了图像的功能。图文结合的形式因该报而被提升到新的高度，这在人类传播史上具有重要意义。

国内关于近代历史的图片和影像资料相当分散，外国记者当年留下的现场速写与图片存史功能弥足珍贵。《伦敦新闻画报》的学术价值也因此得到学界的重视，近年来，一些学者陆续策划出版了以该报图像题材为中心的著述。总体来看，选材视角更多的是着重于事件史，以《伦敦新闻画报》为中心，全面系统地阐述晚清人物的相关著述付诸阙如。故此，本书选取《伦敦新闻画报》1842 年创刊至 1912 年这一时段内关涉中国人的图像及报道，向读者展示晚清时期外国人眼中的中国人形象。

二、中国人形象的“塑造”

《伦敦新闻画报》中的中国人涉及各阶层，在形形色色的人物中，中国的皇帝显然最能引起西方读者的兴趣，画报予以深度报道。该报创刊时处于清朝的道光朝，中英鸦片战争尚未结束。道光帝与臣子苦心维持，最终不得不屈辱地签下城下之盟。远在万里之外的英国民众迫切想要了解道光帝的形象， 画报第一时间满足读者的需求。咸丰帝面临内忧外患，一生心力交瘁，在位期间爆发了第二次鸦片战争，国内太平天国运动席卷大半个中国。画报又如何报道这位地道的苦命天子呢？同治帝幼年继位，在慈禧太后和议政王奕䜣的共同扶持下，剿灭太平天国，发展洋务，迎来中兴，可惜英年早逝。光绪朝持续 34 年，前期是奕䜣和慈禧太后的叔嫂内斗，后期是慈禧太后和光绪帝的母子失和，风雨飘摇，国基不稳。末代皇帝溥仪年幼登基，由其父摄政王载沣执政，面对内忧外患，显得无能为力。在迈入近代化的进程中，皇帝们要对子民负责，更要对得起祖宗家业，守土有责。画报刻画报道了主宰中国的皇帝，满足了西方读者对于宫禁的无限遐想。皇帝身居宫墙之内，普通百姓难见天颜，皇帝画像也是殿堂里的神圣之物。虽然照相技术已于 19 世纪 40 年代传入中国，但目前存世的清朝皇帝照片寥寥无几。因此，《伦敦新闻画报》刻画的皇帝形象就显得弥足珍贵，大大地丰富了读者对于古代帝王的认知。

晚清时期的中国相对封闭，对于外人来华经商、传教、居住均有严格的限制。清朝官员作为与外人交涉的直接对话人，他们处理洋务的方式、举手投足、一颦一笑都被画家捕捉到，得以生动的刻画。《伦敦新闻画报》记录了各类中国官员的图像资料，文官与武官、国内官员与驻外官员、京官与地方官、旗官与汉官，上至军机大臣与督抚，下至书吏衙役，均有涉猎。对于一些中国官员给予肯定，比如对驻英公使曾纪泽评价甚高，认为其在中俄伊犁交涉、中法越南交涉中取得了巨大成功，是一位“才华卓著、赫赫有功的大使”。[①] 当然也有一些官员被描述成不懂世事、毫无作为的“中国佬”。比如两广总督叶名琛，因在第二次鸦片战争中与英、法的冲突，画报对其评价甚劣。[②]

《伦敦新闻画报》对于中国民众的报道颇为丰富。本书选取了多幅图像，展现晚清中国遭受的前所未有的深重苦难，反映当时底层民众在家国破碎下的生活状态。例如，德国占领胶州湾后，雇佣中国民众为苦力，工作状况非常糟糕：“至少有四分之一的青岛居民被德国人当成了苦力，他们现在整天都在海岸担负运输任务。我的素描中表现了这些人得到了报酬。德国官员收买了一些工头，他们雇佣劳工。劳工们累得‘汗流浃背’，时常会招致一通咆哮。雇佣价是每天 5 便士，可他们的所得很少能超过 4 便士。”[③] 下层各行民众的生活图景比之于帝王和百官形象更加生动真实。

晚清中国任人宰割，中国民众的社会地位更是低人一等。画报报道了新西兰公司头等客舱“北京号”上中国民众的遭遇：“头等舱中，一位彬彬有礼的中国人拿刀叉就餐，喝着雪利酒，相当有绅士派头，却无人理会——待他比狗还差，因为他是中国人，而英国人正在广州开战……”英军在第二次鸦片战争占领广州后，特派画家在珠江边写生，珠江上的疍家女、太平山上寺庙、炮舰上做祈祷的水兵都成为其描述的对象。对于疍家女，他这样讲道：“它让你了解疍家女怎样摇

① 参见本书第 54 页。
② 参见本书第 38 页。
③ 参见本书第 119 页。

桨划船，她们总是侧身而坐。她的发髻看上去像'一把茶壶'，好看得很，可梳起来一定费不少工夫。"这些底层民众的形象并不常见于国人文字记录。

《伦敦新闻画报》对中国的报道是全方位、多角度的。在众多图片中，有关中国军事和士兵的图像占据了一定的比例。该报创刊于1842年，在此之前，西方对于遥远的东方了解甚少，国与国的交流更是屈指可数。1840年鸦片战争爆发，英国上下亟需探知中国，渴望了解中国，最令其关注的无疑是中国的军事力量。画报特派画家兼记者负责采集中国的信息情报。在他们的笔下，清朝军队呈现的多是军备落伍、训练落后、不堪一击的形象，据此传达出英国必胜的信心。比如，对于中国军队的弓箭手这样调侃道："在过去，中国人的主要武器是弓箭。从老照片上可见，他们的骑兵配备了这些武器，尽管他们已使用火枪很多年，但时至今日，在北京还可以看到骑兵和步兵仍在练习拉弓射箭。这种顽固的因循守旧或许有助于解释中国军队在这场战争后期的遭遇。"①

在一些图像中，外国人与中国人会同时出现，包括属于上层政治范畴的中外间的交涉谈判与中外使臣的互访；也有一些图片反映了底层民众与外国人的交际情况，如伦敦世博会上的中国小脚女人、共同执法的华人警察与英人警察、来华传教士开办的教会学校师生等。清政府在1875年马嘉理事件后，为了便于了解外国，开始向外国派驻公使，一些公使写日记进呈御览。郭嵩焘、曾纪泽、刘锡鸿、薛福成等出使大臣的日记成为了解中外交流的重要资料。相比于记事日记，图文并茂的新闻报道更有助于英国人直观地了解东方。这些中外交流的图片塑造了一个中外交谈的"图像话语"模式，表达出中外上层之间按照西方规则行事，底层民众与外国人"和谐共处"的画面。

三、解码图像背后的历史

外国记者报道中国内情，向外国民众输送信息，建立起西方话语下的知识体系和语言系统。英国历史学家何伟亚（James L. Hevia）在《英国的课业：19世纪中国的帝国主义教程》一书中认为，

① 参见本书第250页。

西方传教士、外交家、记者等各类专业人士收集了大量中国情报，并对这些情报进行加工、比照、分类和储存等一系列例行工作，对中国制度进行解码，生产出新的知识体系，为殖民者建立起一个帝国档案，一个能够把帝国领地变为殖民领地——用来掠夺其人力和自然资源，可以管理的政治实体档案。[①]这些帝国档案为英国殖民者构建一个“停滞”的亚洲形象，与英国的世界领先地位形成鲜明对比。据此，何伟亚认为这些帝国档案有助于成为英国规训中国、带领东方走出野蛮的工具，尤其是传教士与外国使臣受到“无辜屠戮”，日后西方人思考中国，自然会联想到中国人“无理和残暴野蛮”的形象。何伟亚所说的被建构的“帝国档案”，《伦敦新闻画报》也属于其中的组成部分。

鸦片战争开启了英国对中国的“课业”，《伦敦新闻画报》对此持续报道，特派画家兼记者将对战争的场景描绘和文字记述传回英国，其中有关中国官员的情报尤为多，两广总督叶名琛就是其中一位。1857 年 1 月 17 日，画报报道英军“炮轰广州”，这样讲述 :“现任两广总督叶名琛喜欢炫耀其名，因为听上去他甚爱和平。他的前任徐广缙因于 1854 至 1855 年镇压太平军不力而被撤换。……新任总督叶大人是南方人,很有才干和手腕,从某种程度上讲,他刚愎自用,嗜杀成性。”

画报记者在公众面前诋毁叶名琛，起先是出于“亚罗号”事件，从领事巴夏礼、特命全权公使约翰 · 包令到舰队司令西摩尔，他们对于叶名琛在交涉过程中的迁延推诿颇为不满。但毕竟炮轰总督府衙不是光彩的行为，于是将中方大员的颟顸与残暴形象诉诸报端，目的是争取西方世界的舆论支持。此外，英国人为其所谓战争的“正义性”寻找理由，如报道所言，“我们与中国的友好关系处在危急时刻，正迅速演变为敌对行动，难以判断这种敌对行动何时终止。业已公开的决裂只因为中国官员拘押本国罪犯”，“英舰队司令的审慎与克制，证明其良好判断力和人性，分阶段的作战行动迫使叶总督认真对待英方要求，其目的是清晰无误地表明敌对行动是针对政府，而不是针对广州人民”。[②]

---

① 〔美〕何伟亚著，刘天路、邓红风译《英国的课业：19世纪中国的帝国主义教程》，社会科学文献出版社，2007年，第 133页。

② 参见本书第 38—39页。

事实并非如此，英法联军炮轰广州城，造成大火，繁盛一时的广州十三行烧毁殆尽，留给中国人数不尽的创伤。英国人的报道对广州被占领时的惨状也有所记述，画报这样报道："从拱门到城东门的街上整天挤满了乞丐、盲妇和儿童。格雷厄姆上校将城门内的第一家店铺当作司令部。当我们路过时，他像个磨坊主，满身尘土，清理出大量散落在地的大米，送给外面的饥民。一位70岁的老人住在司令部后面的庙中，他拒绝搬走，说只要能得到些许大米、烟草和茶叶，就会留在那里。老人被告知，一旦英国海军陆战队离开，他可能找不到如此好相处的闯入者（皇家炮兵）。而他却说不在乎，因为他的3个孩子（指一同隐居的人）在轰炸中被炸死了，自己心里已没有一丝害怕。"①

除了中外冲突，《伦敦新闻画报》的一些报道也暗含着西方文明的所谓优越性，认为只有西方能够拯救落后的东方世界。对于统治中国近半个世纪的慈禧太后是这样描述的：这是一位"专横的老妇人"，同治帝与光绪帝都是她的傀儡，即使65岁高龄，依然迷恋宫廷斗争。而光绪帝试图成为管理与剪辫的改革者，但并未赢得朝野的欢迎，由此还招来了对手的反击，最终不得不在亲政后，将权力再次交给慈禧太后。②画报将记者在中国道听途说得到的宫廷政治以及改革情况传送到英国，传达出中国依然是拒绝改革的"停滞的"帝国。

画报报道中国军事的落伍与英国形成鲜明对比。《中国水勇》配文写道："有人认为，水勇更适合于和平时期在内湖捕鱼。需要解释的是，水勇乘坐的'马'是由充了气的猪皮做成的筏子。水勇一手拿着火绳手枪，一手拿着套着铁环的三叉戟。他通过摇晃三叉戟所发出的声音来吓唬蛮夷。所穿服饰是普通中式衣服，裤腿卷到大腿之上。"③这些报道文本背后蕴含的深层话语意义是：清朝及其子民要受到欧洲帝国的教育与规劝，欧洲成为中国近代化的导师。基于此，需要提醒读者的是，在阅读本书时要抱着审视的目光看待这些图像，图像的内涵与图像本身同样值得深思。

① 参见本书第85页。
② 参见本书第20页。
③ 参见本书第77页。

《伦敦新闻画报》对于中国的报道是多元的，其中不乏对中国人温顺、善良、勤劳的报道。比如1851年伦敦首届世博会，画报报道了参会的一个中国家庭。文章这样写道：

> 伦敦万国博览会中国馆增加了一项悦人耳目的内容：一位有着2.5英寸（约6厘米）金莲小脚的中国夫人潘一姑，一位中国音乐行家，还有他们的一对儿女、一位侍女和一位翻译。孩子们快乐、活泼、聪明，这位夫人和蔼又风趣，这位先生彬彬有礼、殷勤有加。唱曲表演是这场娱乐活动的一部分：潘一姑太太在她先生的伴奏下唱了一两曲，而后者同样向公众展现了他的唱腔。这一家庭组合真是可嘉可赞：容貌装扮鲜明而独特，凸显出一个中国家庭的原生风貌。他们的言行举止表露出谦恭和亲和，十分得体。这一家人一团和气、相互照应，这给观众留下了美好印象。[①]

画报记者还走进中国乡村，收集素材，记述普通民众的日常生活。例如，他们这样描述道："当走进主人家时，夜幕已经降临，晚饭也已备好，我们入乡随俗，吃了一顿家常便饭。饭后，一位俊朗的小伙子拿出他的班卓琴，为我们轻快地弹了几曲。屋子里挤满了村民、我们的轿夫和孩子们。在这些村庄里好一派自由、平等和博爱的氛围。每个人都悠然地抽着烟、喝着茶。"[②]

《伦敦新闻画报》面向英国读者，刊登内容以英伦为主。以往研究关注英国，研究者情感更多倾向于西方，具有一定的英国中心主义研究取向。但正如本书所揭示的，画报的内容十分广泛，除了英国本土之外，还广泛涉及世界各地舆情。中国作为东方大国，在该报报道中占据了不小的比例，从现有研究成果看，学界对于此份报纸的出版发行、舆论导向、报人逸事、采编手段、画工技术等还有待深入研究。人是历史的主角，本书在1842年该报创刊至1912年清帝退位这一段时间内近一千多张有关中国人的画报中，选取具有代表性的二百余张图像，以期能够让更多读者了解异域视角中的国人形象。

---

① 参见本书第192页。
② 参见本书第213页。

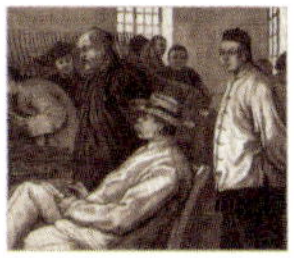

第一章 时代变局下的统治者

CHAPTER ONE

The Emperors and Empress-Dowager of the Celestial Empire in a Changing Era.

1842-1912

TAOU KWANG, THE EMPEROR OF CHINA.

We are enabled, by the courtesy of a friend, who is in possession of an original portrait of the Taou Kwang, Emperor of China, to

empire; as from circumstances that have lately taken place in China, the invincibility of our arms, and our national character,

The Chinese are far too wise not to see the
laws, giving protection to life and proper
the arbitrary rule of their Tartar conquero
On the arrival of the expected reinforcem
land, the campaign, it has been said, would
that important position at the south point c
utility of this proceeding is much canvasse
the British expedition ought to proceed
the Imperial province of Pekin, which
tion of the Chinese empire, placed un
vernment of his Celestial Majesty, ar
oblige the Emperor in person to examine
and to come to a speedy decision. The
late plenipotentiaries was their not persis
a settlement of the disputes, when Kes
to Canton. Sir H. Pottinger must go to
the war to a termination; for the manc
seem resolved rather to carry on their c
fashion, although they appeared to make
The sacred province itself must be assail
troops may have to march towards the cap
of the Emperor will yield. The possession
is, besides, to be considered as an occupa
and then the Emperor will have either t
proper terms.
It is known that the inhabitants at Ni
round it, have implored us to take them u
without wishing to see this country add t
nion unnecessarily, it will ere long becon
whether we can, either in honour or polic
the province—the scene of our late conqu
tion, by again yielding them up with Ning
to their former rulers; or if we do so, how
name being execrated wherever it has been
all hopes for the future in the good will o
part of China.
Out of evil sometimes cometh good, and
is little understood in this country, may
tended by Providence for introducing the
condition of that benighted country, for
sooner or later to take place, no Christia
of the opium trade as carried on with Be
be observed, that whatever objections there
point of view, the opprobrium that has
having been the cause of the war is
real cause may be easily traced in the
to insult during the period of the East I
and subsequently by the apathy shown to
Lord Napier. The renowned Lin (thank
an end to our degradation) might well be
did without fear of consequences, when h
saw our flag prostrate so long before one
arrogant governments on earth, and on tw
to purchase favour by costly presents in
bearer to his Celestial Majesty. An imme
merce is about to be opened, and the adv
be lost by a mistaken policy.
THE CHINA EXPEDITION.—A large port
inforcements for the China expedition r
month of March. On the 12th the North
Home, and Serpent, 16, Commander N
latter proceeded on in a few days, but th
caulked. The Thalia, 42, Captain Charles

道光帝 Taou Kwang, the Emperor of China. 1842 年 6 月 4 日刊行

《伦敦新闻画报》这样大肆宣扬："据消息灵通的高官们讲，道光①当下（倘若危机确实还没有过去）处在危险境地，不管是其本人还是帝国。鉴于中国最近的种种事态，以及我们的军队天下无敌、我们的国民不可战胜，如今战事发展迅速，在宁波及周边省有见识的位高权重的中国人中，越来越多的人持有这种观点——鞑靼王朝②摇摇欲坠。对那些固守东方专制统治的人来说，这是着实可怕的，但似乎并非不可能。最精锐的军队被完全击溃，最坚固的堡垒被蛮夷占领，从而让皇帝丢了面子（在中国这样说），他曾教子民们将这些蛮夷视作世间败类。这等同于失去了帝国，而帝国号称万国至尊。由此，道光皇帝不可能满足我们的要求并保住他的宝座。事情发生后，我们希望当下王朝保持和平。中国人太过聪明了，以至看不到我们保护生命与财产的公正法律之优势，这与鞑靼统治者的任性统治形成了鲜明对比。

等来自印度和英格兰的预期增援部队到达时，据称，战役首先将从占领大运河南端这一关键要地开始。这一行动的实际作用已经过广泛讨论。许多人主张，英国远征队应当立即进攻北京皇城。按照中华帝国的体制，北京接受天朝政府的直接管辖，对它的任何攻击都会迫使皇帝反省战争原因，并迅速作出决定。前任全权公使③的一个重大失误是：1840 年，当时琦善将他们骗回广州，他们没有坚持要求解决争端。璞鼎查④爵士必须到北京才能终止战争。因为杭州府官员似乎决心以自己的方式继续操作，尽管他们似乎提出了要约。京城必须受到攻击，皇帝的顽固意志才会屈服。此外，占领京城也被视作控制政府，这样皇帝将不得不退位或签订适当的条款。"⑤

---

① 即爱新觉罗•旻宁（1782—1850），嘉庆帝次子。庙号宣宗。年号道光。在位期间（1820—1850）清朝日益衰弱，为挽救危亡，整顿吏治、整理盐政，平定张格尔叛乱，严禁鸦片买卖。鸦片战争期间，道光帝未能从容应对，虚骄自大，时战时和，最终签订了《广州条约》《南京条约》《望厦条约》《黄埔条约》，丧失了诸多利权。死后葬于清西陵之慕陵。

② "鞑靼"一词在13世纪初至17世纪的欧洲通常指曾横扫欧洲的蒙古民族。17世纪，耶稣会士到中国传教，在其著述中"鞑靼王朝"指代清朝。

③ 指英国驻华商务总监乔治•懿律（George Elliot）。

④ 即 Henry Pottinger（1789—1856）。1841—1844年任英国特命全权公使兼商务总监。

⑤ 《道光朝实录》卷三七七载，道光二十二年（1842）七月，道光帝阅览耆英有关英方议和条款的奏折后，最终下谕旨："与其兵连祸结、流毒愈深，不若姑允所请，以保大局。现已照会该夷，即照所议，速为商定。"与此同时，他也深知"徒顾目前，仍成不了之局"。

咸丰帝，
北京西直门，南京桥

Hien-Fou, the Emperor of China.
Western Gate of Peking. The Bridge of Nanking.

1860 年 10 月 13 日刊行

《伦敦新闻画报》1860年10月13日以“中国皇帝咸丰”[①]为题报道：“当今中国皇帝在1850年顺利登基，继承有名的道光帝之位。道光在位大约30年，因为开战对抗英国而显名。这场战争因鸦片输入问题而起，以香港割让给英国通商而终。”该报道还分别讲述了一系列内容：咸丰帝如何被立为皇太子[②]，道光帝病危之际所说的“盛极而衰”的遗言，咸丰帝的相貌特征，咸丰帝即位后整顿吏治、查办昏庸官员，太平天国起义爆发后咸丰帝的举措，咸丰帝遇刺后惩罚祸首，咸丰帝的学识、日常爱好，以及其与后妃的宫廷生活，特别提及慈禧的权位[③]。

画报1861年4月13日以“法国人的掠夺”为题报道了英法联军对圆明园的劫掠，并称“联军所获战利品的实际价值可能永远无法估算出来”。画报还讲道：“中国皇帝一想到美丽的圆明园及其宫苑里收藏的古玩珍宝遭此厄运，必定是烦心恼怒。一些最神圣的遗珍流失出去，在不识货的外行中间转手倒卖，这将是何等的侮辱！不过，天朝皇帝或可安心些，部分宝物从咸丰的宫殿转入拿破仑的宫殿，只是换了个地儿，它们的尊贵丝毫不受损。”圆明园罹难后，咸丰帝命内务府大臣肃顺、宝鋆、明善查明情形。之后，三人会奏，拟在德胜门外觉生寺设局查收遗失物件。咸丰帝只言三个字“知道了”。

① 即爱新觉罗•奕詝（1831—1861），道光帝第四子。庙号文宗。1850年3月即位，次年1月，太平天国运动在广西桂平金田村爆发，太平军连下广西、湖南、湖北、江西、安徽、江苏等地，并出师北伐。咸丰帝命向荣、琦善为钦差大臣，分别建立江南、江北大营，围困天京和扬州；令曾国藩等汉族官绅办团练，抗拒太平军；又派僧格林沁等率部阻击太平军北伐。1856年10月，英、法发动第二次鸦片战争，1858年，大沽口炮台失陷，派桂良、花沙纳赴天津，同英、法等国签订《天津条约》，又与英、法分别订立《通商章程善后条约》。1859年，战争复起，英法联军攻占大沽口炮台，进攻北京，他逃往热河，命恭亲王奕䜣议和，签订《北京条约》。1861年8月，病死于热河行宫。《伦敦新闻画报》1860年9月22日刊发一则短消息：“中国皇帝时下贪杯好酒，寡助无能。几个月前，御史批评皇上的行为，批评其贪杯纵欲、痴迷戏子、留恋青楼。这一奏议发布在《京报》上，并在整个帝国四处流传。”当时正是英法联军进攻北京之际，咸丰帝从圆明园出逃至热河行宫。

② 秘密立储制是清代四种立储形态之一，历时128年，乾隆帝、嘉庆帝、道光帝、咸丰帝均由秘密立储制而承袭皇位。《道光朝实录》卷四七六载，道光三十年（1850）正月，道光帝病危，召来宗人府宗令载铨，御前大臣载垣、端华、僧格林沁，军机大臣穆彰阿、赛尚阿、何如霖、陈孚恩、季芝昌，总管内务府大臣文庆，公启镭匣，宣示皇四子奕詝被立为皇太子。台北故宫博物院藏有《道光遗诏》（故阁000006号、000007号、000008号）。

③ 《伦敦新闻画报》这样描述慈禧：“咸丰的妻子立即成了他钟情之人、敬重之人，与他共享国家机密，与他一同在军机处议事，她的看法等同于皇命，须得恭听从命。”

北京，皇后府邸的大门口
Entrance to the Bride's Palace, Pekin.

抬送妆奁
Procession of the Bride's Trousseau.

1872 年 12 月 21 日刊行

清朝皇帝继位后迎娶皇后的典礼称为“大婚礼”。《伦敦新闻画报》1872 年 4 月 25 日报道了同治帝[①]大婚礼的消息：“3 月 11 日，《京报》刊登了皇太后的三道谕旨，一是皇后选定，二是指定三名嫔妃，三是命钦天监官员择选十月吉日，举办大婚礼。皇后为阿鲁特氏[②]，其父是翰林院低级官员崇绮。”按照《钦定大清会典》的礼仪规定，皇帝大婚礼分为三个礼仪阶段：婚前礼、婚成礼、婚后礼，时间一般持续 20 天左右。婚前礼包括“纳采礼”“大征礼”。婚成礼包括册立礼、奉迎礼、合卺礼。

① 即爱新觉罗·载淳（1856—1875），咸丰帝子，庙号穆宗。年号同治。1861年即位，年仅 6岁，由慈安、慈禧两太后“垂帘听政”，实由慈禧太后掌权。在位期间，镇压太平天国运动、捻军、回民起义、苗民起义。1873年亲政，无所作为。1875年 1月病逝。

② 同治帝皇后阿鲁特氏（1854—1875），蒙古正蓝旗人（后抬入满洲镶黄旗），三等承恩公、户部尚书崇绮（1829—1900）之女，大学士赛尚阿的孙女。台北故宫博物院藏有《册封阿鲁特氏为后诏》（故阁 000048号）。

大婚日：奉迎仪仗队从皇宫前往皇后府邸

1872 年 12 月 28 日刊行　Procession from the Imperial Palace to the Bride's Residence on the Wedding Day.

《伦敦新闻画报》特派画家兼记者威廉·辛普森[①]远渡重洋，赶到中国，用速写和文字几乎全程记述了同治帝大婚礼过程。1872 年 12 月 21 日报道中，他介绍了大婚前皇后阿鲁特氏的府邸。12 月 28 日报道中，他先是描述了清廷如何从秀女中确立皇后的过程，接着用了大量笔墨描绘了清廷皇宫两次赏赐皇后家各式各样的物品，即大婚前的纳采礼和大征礼，又详尽描述了中国婚礼的仪式规矩和过程，最后像揭秘一样讲述自己如何在一位中国老妇引路下，深夜躲在简陋而肮脏的鸦片馆中窥视大婚奉迎仪仗队。1873 年 1 月 4 日报道中，他描述了北京的皇宫（紫禁城）的“九门”及宫殿、煤山（景山），然后转

① 威廉·辛普森（William Simpson，1823—1899），苏格兰艺术家。著有《遇见太阳：环游世界之旅，穿越埃及、中国、日本和加利福尼亚，包括中国皇帝大婚专辑》（*Meeting the Sun: A Journey All Round the World, Through Egypt, China, Japan, and California: Including an Account of the Marriage Ceremonies of the Emperor of China*）。

述了打听到的消息：奉迎皇后入宫后，皇后依照习俗抱着宝瓶迈火盆、跨马鞍，皇帝和皇后在大婚洞房（坤宁宫东暖阁）行合卺礼。我们可以从报道插画中看到同治帝大婚的纳采礼、大征礼[①]之抬送妆奁，以及奉迎礼[②]过程。按照满洲风俗，婚礼是在夜间举行的。因此，奉迎当日下午，婚礼上皇后所乘凤舆和金册、宝，以及仪仗所用旌旗、华盖被送抵皇后府邸，须在子夜12时奉迎皇后，凌晨2时之前到达皇宫，否则视为不吉利。

作为西方人，画报记者客观上不熟悉清朝皇帝大婚典礼，主观上对中国皇帝乃至整个清廷抱有轻蔑心理[③]。正像画面所描绘的那样，在“偷窥者”的视角下，清廷皇家这场大婚典礼处处显得“怪异”，甚至犹如一场滑稽剧。画报记者往往借景议论，主观联想，评点他自己并不全然了解的所见所闻。比如，他这样评说：“大婚礼与皇宫中其他事务一样，因袭旧

进贡给皇帝的马和骆驼

Horses and Camels Presented to the Emperor.

中国人如何窥视大婚仪仗队

How the Chinese Saw the Bridal Procession.

大婚仪仗队的头马

Led Horses in the Bridal Procession.

1873年1月11日刊行

---

① 《同治朝实录》卷三二八载，同治帝大婚纳采礼、大征礼，由恭亲王奕䜣、户部尚书宝鋆会同各该衙门负责办理。

② 《同治朝实录》卷三四〇载，同治帝大婚，册立礼，遣惇亲王奕誴为正使、贝勒奕劻为副使；奉迎礼，遣惇亲王奕誴为正使、贝子载容为副使。正副使皆率仪仗队，在前先行。《伦敦新闻画报》插画中应可见其形象。

③ 《伦敦新闻画报》对19世纪下半叶英国皇室婚礼、德国皇室婚礼、俄国皇室婚礼都进行了报道，从中能清晰地了解其报道的主观倾向性。

The Chinese Imperial Wedding at Peking: the Bridal Procession at Midnight.
中国皇帝大婚：午夜新娘入洞房

制，繁文缛节，所有礼制规范都由礼部职掌，执行不能有丝毫差池。礼典足有两百多卷，蝇头小楷撰写，皇帝日常起居都要遵守礼仪制度。[①] 如今16岁的皇帝不得不依规过着隐忍生活。”因此，画报报道文字本身无法呈现清朝皇帝大婚典礼的全貌与细节，但从另一角度让我们认识到，西方列强在武力之下打开中国国门后，急于近距离探知中国皇权及皇家生活，却不得不像“小孩子看西洋镜一样”透窗窥视，其心态是复杂的。[②]

① 参阅：台北故宫博物院藏军机处档折件，《咨军机处为恭办大婚礼仪由》（故机169300号）。
② 参阅：辛格非《清朝皇帝大婚与文化交流融合》，《中华读书报》2021年6月16日第20版。

《伦敦新闻画报》记者这样写道："自从同治的父亲1862年去世以来，朝政一直由皇太后（慈安）和年幼皇帝的母亲（慈禧）执掌。母以子贵，儿子登基后慈禧被尊为皇太后。这两女子一直掌控朝政，直到皇帝有必要完全理政为止。钦天监奉命在今年第二个月指定一个吉日。钦天监官员或者更确切地说是占星家和占卜师，最后定下2月23日——当日皇太后撤帘，同治帝开始以天子身份亲政。"[①]

同治帝：年轻的中国皇帝

Tung-Che Whang-Ti, the Young Emperor of China.

1873年9月13日刊行

1860年，英法联军进攻北京，圆明园被毁后签订了一项条约，允许欧洲列强的外交使节在北京设立公使馆，并且能觐见皇帝——也就是说，条约规定，外交使节将像在欧洲宫廷一样受到接见，但条约没有规定时间。因此，觐见问题自1860年以来一直悬而未决，困难在于——如果不跪拜，就不能面见"天子"。[②]跪拜，人要四肢趴地跪三次，每次都把头在地上叩三下，俗称"三跪九叩"。画报这样评述："如果欧洲外交使节愿意行此大礼，那么觐见问题便迎刃而解了。中国皇帝承认世

① 《伦敦新闻画报》1873年1月11日报道。

② 同治十二年（1873）四月，大理寺少卿王家璧奏称："臣在陕西阅上海新闻纸，洋人来往信息屡以求见为言，意在要挟。"于是他就外国公使觐见之事提出意见。言及西洋各国使臣觐见行礼，他讲道："听其或行中国跪拜之礼，或行该国见君免冠致敬之礼，俾得遂其瞻天仰圣之忱，而不强人所难。"参阅：台北故宫博物院藏军机处档册，《奏为外国使臣恳求瞻天仰圣，恭折敬陈管见》（故枢003550号）。

间没有其他强权可以与之匹敌：唯天子受命于天。因此，推定所有人都必须作为附（藩）属国和朝贡者觐见他表达敬意。士大夫或官僚阶层，反对一切改良，他们反对铁路和电报。现在，英国人及其他国家在华经商者都渴望开放新的贸易港口。改朝换代之际，他们一直期待着外交使节在北京得到接见。当皇帝尚在年幼时，觐见问题不会被提及；但自从他完全亲政后，这个问题就又被重新提起，并且有望得到重视。”

6月29日，同治帝接见了俄国、美国、英国、法国和荷兰的外交使节。俄国公使倭良嘎哩①将军宣读了一份由德国公使馆人员璧斯玛②译成中文的发言稿，然后再由跪在御座前的恭亲王口译成满文。画报对此评论道：“到目前为止，似乎有一点已明晰——西方列强的代表们没有屈从跪拜。尽管如此，觐见中国皇帝的一整套繁缛礼节的安排颇有令人反感之处，这表明中国人试图不接纳‘外国蛮夷’。列强公使的地位高于‘朝贡使节’——这是赐予出使北京朝廷的使臣的称号。”

画报还讲道：“年轻的中国皇帝刚开始统治超过3.6亿的人口。除了中国西南的云南发生叛乱之外，整个帝国都处在安定中，甚至一派繁荣。这个国家比整个欧洲都大，但此时此刻，在其广阔的领土上，从一端到另一端都找不到铁路或电报。外国轮船往来于广州、香港、上海等通商口岸，并且总是挤满了中国乘客，这证明人们并不反对现代出行方式。最近在苏伊士运河上，从地球另一侧的旧金山驶出的轮船数量在增加。蒸汽船不仅给中国带来了商品，还有人、思想、机器以及与现代文明有关的一切。中国之排外不能长久地抵御这种侵入。同治帝统治刚刚开始，在其结束之前很可能会发生很大的变化。”

---

① 即亚历山大·格奥尔基耶维奇·弗兰噶里（Александр Георгиевич Влангали，1824—1908）。1863—1869年、1870—1873年两度出任俄国驻华公使。在完成外交职务之外，他还帮助俄国探险家尼古拉·米哈伊洛维奇·普尔热瓦尔斯基（Николай Михайлович Пржевальский，1839—1888）及驻华使馆代办叶夫根尼·卡尔洛维奇·比佐夫（即布策，Евгений Карлович Бюцов，1837—1904）收集中国文物。布策于1874—1878年出任俄国驻华公使。参阅：台北故宫博物院藏军机处档折件，《奏报俄国公使倭良嘎哩到京、署使布策回国等情形》（故机104559号）、《奏报俄国使臣倭良嘎哩回国并留赠臣等土仪事》（故机111667号）。

② 即Karl Bismarck。1864年作为译员随普鲁士驻华公使李福斯（Guido von Rehfues）来华。1873年，代表德国驻华公使李福斯觐见同治帝，并担任各国使节的翻译。参阅：台北故宫博物院藏军机处档折件，《奏报布国使臣李福斯回国、安讷克接署缘由》（故机108724号）。安讷克（W. Annecke）于1871—1873年署理驻华公使。

外国使节在北京觐见中国皇帝

Reception of the Foreign Ministers and Consuls by the Emperor of China at Pekin. 1873 年 9 月 27 日刊行

《伦敦新闻画报》得到英国外交部批准，在 1873 年 9 月 27 日刊发了英国驻华公使馆秘书马利特[①]的一幅速写。这幅画真实呈现了外国驻华使节于 6 月 29 日上午 9 时觐见同治帝的场景：

同治帝盛装端坐，恭亲王正跪地奏报各国已递送国书，这些国书已摆放在各国使节面前的长案上。同治帝没有佩戴饰品，身穿石青色衮服。他身旁站立着四位王公，他们背部、胸部和肩部的圆形补子上绣着金龙。文武官员左右分列，文官的方形补子上绣着仙鹤，武官的方形补子上绣着豹纹，并身佩长剑。画中可见 5 位外国使节的背影：居中的是英国特使威妥玛[②]，他的右手边是美国公使镂斐迪[③]和俄国公使倭良嘎哩，倭良嘎哩身后站着德国公使馆翻译璧斯玛。威妥玛的左手边则是法国公使热福理[④]和荷兰代表费果荪[⑤]。站在各国使节行列左前方的是大学士。[⑥]

① 即 Edward Malet（1837—1908）。出身外交官家庭，17岁便进入英国外交部。1871—1873年任英国驻华公使馆秘书。

② 即 Thomas Francis Wade（1818—1895）。英国外交官、汉学家。曾先后任英国驻华使馆参赞、英国驻华公使（1871—1882）等职。1888年回国后任剑桥大学第一任汉学教授。《伦敦新闻画报》报道对他多有记述，并于 1895年 10月 26日发布了他去世的消息。

③ 即 Frederick Ferdinand Low（1828—1894）。1869—1873年任美国驻华公使。

④ 即 François-Henri-Louis de Geofroy（1822—1899）。1870年 7月被任命为法国驻华公使。1871年 3月至 12月在巴黎与清廷特使崇厚进行交涉。1872—1874年就任驻华公使。

⑤ 即 Jan Helenus Ferguson（1826—1908）。1872年来华任总领事兼办理公使。1873年代表荷兰政府觐见同治帝。1891年参加光绪帝首次接见外交使团的典礼。

⑥ 《同治朝实录》卷三五三载，同治十二年（1873）六月，日本国使臣副岛种臣、俄罗斯国使臣倭良嘎哩、美利坚国使臣镂斐迪、英吉利国使臣威妥玛、法兰西使臣热福理、荷兰国使臣费果荪于紫光阁前瞻觐。副岛种臣为特命全权大使，故先于其他外国使节单独觐见。围绕外国使臣觐见是否行跪拜礼之事，诸臣议论纷纷。时任河南道监察御史的吴可读密陈奏折，批评诸臣不分轻重，不思虑外夷入侵中国之大局，而只顾虑觐见礼节之小事。他还认为“自古国家大局时与势二者而已”，因此，审时度势，权其轻重，奏请不必行跪拜之礼，“显示以无所不容之量，隐寓不屑与校之意”。参阅：台北故宫博物院藏军机处档册，《奏为会议各国使臣请觐礼节，既不能坚持初议，又不能早占先着，应请申饬诸臣以过于争执，特旨命其不跪不拜，以示广大而稍崇体制》（故枢 003552号）。

THE EMPEROR OF CHINA, TSAI-TIEN HWANG-TI.

The Manchu dynasty of Tsing was established in 1644. *The present sovereign, Tsai-Tien, who reigns under the name of Kwang-Su, is ninth Emperor of the Manchu dynasty. He was born in* 1871, *and is nephew to the Empress Regent, mother of the last Emperor, Tung Chih. In* 1887, *Tsai-Tien assumed the nominal reigning authority; in* 1889 *took the control of government.*

中国皇帝，载湉皇帝

The Emperor of China, Tsai-Tien Hwang-Ti.

1894 年 11 月 24 日刊行

《伦敦新闻画报》1875 年 4 月 3 日报道了同治帝遗诏内容：“钦奉两宫皇太后懿旨，醇亲王奕𫍽①之子载湉著承继文宗显皇帝为子，入承大统，为嗣皇帝。”②光绪帝③即位第二年四月二十一日，开始接受启蒙教育，由翁同龢、夏同善等人授读。幼年的光绪帝被慈禧太后挟持到皇帝宝座上后，随着年龄的增长，大婚和亲政之事也逐渐临近。光绪十年（1884），即中法战争期间（1883 年 12 月—1885 年 4 月），慈禧太后、醇亲王奕𫍽发动“甲申易枢”，罢黜以奕䜣为首的军机五大臣，并对中枢进行权力调整。光绪十三年正月十五日（1887 年 2 月 7 日），光绪帝的亲政大典如期举行。按照常理，皇帝亲政，太后就应该退居后宫，放权给皇帝。可是慈禧太后却借口“皇帝初亲大政，决疑定策，实不能不遇事提撕，期臻周妥”，“于皇帝亲政

---

① 即爱新觉罗·奕𫍽（1840—1891），道光帝第七子，咸丰帝异母弟，光绪帝生父。

② 参阅：《同治朝实录》卷三七四，同治十三年十二月。

③ 即爱新觉罗·载湉（1871—1908）。庙号德宗。年号光绪。同治帝死，无子，由他入继大统，1875年2月25日即位，年仅4岁，由慈禧太后“垂帘听政”。他亲政后仍由慈禧太后“训政”。中日甲午战争后，他力排众议锐志更张，下“明定国是”诏，宣布变法。9月21日，慈禧太后发动政变，再出训政，他被幽禁于瀛台，戊戌维新失败。1900年义和团运动中，当八国联军迫近北京时，他被慈禧太后挟持，逃亡西安。1908年11月14日，先慈禧太后一日逝于北京。《伦敦新闻画报》1909年5月29日报道光绪帝出殡仪式，提及身穿黑衣的醇亲王载沣扶灵。

后再行训政数年”。[①] 事实上，由“垂帘听政”到“训政”只是换了个名称，本质并无任何改变，一切大权仍牢牢掌握在慈禧太后手中。

光绪十三年正月，光绪帝在太和殿举行大典，开始亲政，颁诏天下。[②] 光绪帝的大婚礼也提上日程。《伦敦新闻画报》1887 年 8 月 4 日报道了光绪帝大婚的筹备工作，详尽罗列了清宫为皇帝大婚筹办的各类物品；8 月 18 日报道提及慈禧太后为光绪帝选后妃，相中了江西巡抚德馨之女。1888 年 11 月 8 日，光绪帝在慈禧太后的安排下，从 5 位留牌秀女中选定了慈禧弟桂祥的女儿叶赫那拉氏为皇后，并不是他自己看中的珍妃和瑾妃姐妹，为后来不幸的婚姻埋下了伏笔。1889 年 2 月 26 日，19 岁的光绪帝在紫禁城举行大婚礼。内务府郎中庆宽图绘的《大婚典礼全图册》记录了大婚过程。光绪帝大婚筹备和举办均极其隆重，据统计此次婚礼共计花费白银 550 万两，费用来自各省、各关指派。若按当时的粮价折算，足可以购买粮食近 400 万石。大婚后，光绪帝开始处理政务。[③]

但是，西方人清楚谁掌控着清廷的实权。画报记者这样评述道：“光绪是皇家傀儡中最随和、最易掌控的人。据说，皇太后选定新娘，通过她可以保持对皇帝的节制。尽管我们对她的性格和魅力一无所知，不过，我们可以设想这位女士是个没有多大魅力的人，她自己甘愿听从于皇太后。……帝王家神仙日子的祥和氛围被打破了。皇帝如今讨厌皇太后和皇后。”[④]

---

① 参阅：《光绪朝实录》卷二二九，光绪十二年六月。

② 参阅：《光绪朝实录》卷二三八，光绪十三年（1887）正月。由《伦敦新闻画报》有关中国的报道可见光绪帝亲政后所面临的内外时局：广东略卖人口出洋日炽；中法战争后，中越勘界问题久议难定；根据《烟台条约续增专条》，在香港、澳门分设九龙关、拱北关，统一实施鸦片“税厘并征”政策；英、法用兵，直逼云南边境；中国第一艘蒸汽动力船“万年青号”被英国船只撞沉；台湾兴修铁路；川滇电报线路接通；英、俄两国对中国西藏、新疆加紧争夺，边陲治理和通商问题日渐紧迫；美国发生华工被害惨案，清政府与美国互订《保护限制华工章程》；清政府与日本围绕长崎事件展开外交谈判；等等。

③ 《南威尔士每日电讯》1889年4月27日报道，道光帝第五子、光绪帝的叔叔、惇亲王奕誴（1831—1889）联合帝师及6位内阁大学士的领班，成功阻挠了天津铁路、开平铁路通往北京的所有修路计划。

④ 参阅：《英人陆路邮报》1889年12月24日报道。

12 月 13 日，慈禧太后和光绪帝在北京召见外国公使夫人

The Audience Given by the Empress-Dowager and the Emperor of China to the Wives of the Foreign Ministers at Peking, on December 13.

1899 年 3 月 18 日刊行

光绪二十四年（1898）十一月初一日，戊戌政变后，光绪帝被软禁已有3个月，他终于被允许公开露面——慈禧太后和光绪帝一道召见外国驻华公使夫人们。《伦敦新闻画报》记述了此次召见：召见当日，公使夫人们先由官员接送至内苑，再由宫女们迎接到大堂内。慈禧太后坐在高台上的小桌后，桌上摆着菊花和苹果盘，光绪帝坐在她的左边。英国公使窦纳乐[①]的夫人作为代表上前宣读了一份致辞，向慈禧太后恭祝寿辰。慈禧太后客气地作答。随后，窦纳乐夫人和其他夫人们依次登阶而上，向皇帝和太后行礼。慈禧太后向每位夫人赠送了一枚镶有珍珠的金戒指，并亲自戴在她们手指上。公使夫人们随后退下享用中式午餐，接着拜访了慈禧太后和皇后，一同用茶。茶歇后，她们一同在戏楼看戏。看戏后，公使夫人们品尝了中式茶点，宫里特意为她们上了葡萄酒。慈禧太后又前来送别公使夫人们，并表示希望再次见到她们。慈禧太后对窦纳乐夫人格外亲切，话别时还开玩笑地拍了拍她的脸颊。

召见当天，慈禧太后身穿明黄色带有蓝金刺绣的锦衣。窦纳乐夫人内着浅色长裙，外搭黑色披肩，头戴黑色羽毛礼帽，戴着手套。当天气温很低，其他外国公使夫人们也都身穿貂皮外套。而中国太太们的服饰比较淡雅，或粉色，或淡绿色，或淡蓝色，衣服上都带有黑色刺绣，盘着带花的旗头。[②]

这幅插画呈现了当时觐见场面，它由英国皇家海军“勇者号”的魏尔德船长提供。

---

① 即 Claude Maxwell MacDonald（1852—1912）。他早年在英国陆军第74步兵团服役，后转入外交领域，自称是外交部的“外来士兵”。1894年中日甲午战争爆发，西方列强深感其在华的殖民侵略扩张受到威胁，阴谋进一步瓜分中国。1896年，窦纳乐被任命为驻华公使，其任务就是代表英国与其他列强既勾结又争夺，强压清政府：1898年6月9日，与总理衙门大臣李鸿章、礼部尚书许应骙在北京签订《展拓香港界址专条》，清政府将北九龙半岛（包括大鹏湾、深圳湾）以及香港附近大小岛屿两百余个（总称“新界”）租给了英国；7月1日，与总理衙门大臣奕劻、廖寿恒在北京签订《订租威海卫专条》，清政府将威海卫及附近水面和全湾沿岸10英里（约16千米）以内的地方租借给英国；为英国商团取得包括广九铁路在内的5条铁路的修建权。1900年，义和团运动时期，窦纳乐曾在公使团会议上公开表示应派遣强大援军，武装镇压义和团，之后他与停泊在大沽口外海的英舰队司令西摩尔最先得到英国政府授权，并决定派兵登陆进军北京。

② 美国公使康格（Edwin Conger）的太太萨拉·康格（Sarah Pike Conger）在《北京信札》中也记述了此次觐见慈禧太后的经历。

光绪二十五年（1899），以“扶清灭洋”为宗旨的义和团运动在山东各地爆发，随后遍及北方各省，并及直隶南境一带。总理衙门上奏“请饬严禁拳会”，清廷谕令直隶、山东各督抚“出示晓谕，严行禁止”。次年三月，直隶总督裕禄上奏称遵旨弹压义和团拳会，随时认真查禁。与此同时，清廷下谕旨强调处理教案时应当“持平办理”，力求“民教彼此相安”。四月，清廷一方面设法除禁义和团拳会，另一方面命裕禄、袁世凯根据各地情形筹议将义和团改办为团练。五月，清廷降谕旨，先后派顺天府尹兼军机大臣赵舒翘、兵部尚书刚毅前往近畿一带，宣布晓谕，劝说团民遵旨一起解散，同时又命各地实力剿捕义和团。义和团很快进入京城，进攻各国使馆。面对义和团蔓延京城内外，清廷陷入“剿抚两难”的境地。慈禧太后在给各督抚的谕旨中说：“洋兵麇聚津沽，中外衅端已成，将来如何收拾，殊难逆料。”①

《伦敦新闻画报》以“在中国的危机”为题报道了义和团运动爆发的起因及当时北京城的情况，并称：英国在东方陷入麻烦，而此时与英作战的南非布尔人会认为这对他们有利。画报还呼吁“欧洲政府必须团结起来消除危机”。

中国朝廷：在省道台衙门或总督府前宣布谕旨

Official China: Reading an Imperial Edict at the Yamen of a Provincial Tao-Tai, or Governor.

1900年6月30日刊行

① 参阅：《光绪朝实录》卷四五八至四六〇。

1901 年 2 月 16 日刊行　Mandarins on a Visit of Conciliation to the Foreign Representatives.　官员们礼迎外国代表

侵华的八国联军占领北京，清廷急于议和，谕令议和大臣奕劻："诸大臣既真心议和，自当诸事持平商办也。务即详切商办，以期早日就范，勿致停议各款，宕延和局，又生枝节为要。"朝廷如此软弱无力，官员更是懦弱曲从，他们向列强代表送礼。画报这样讲道："礼物通常是丝绸和刺绣品，由苦力们担着。官员们坐轿到达，献礼时齐奏音乐，安抚和取悦异乡生人。送礼人清楚地表明这些礼物花了大笔钱。"

《伦敦新闻画报》这样评述慈禧太后[①]：“这位‘专横的老妇人’通过连续控制两位傀儡皇帝实现了对中国的长期统治，在其65岁高龄时，仍然热衷于宫廷政变。在她的钳制下，不到30岁就去世的光绪帝，传位于年仅9岁的溥仪[②]。溥仪是道光帝的曾孙，道光帝在位时间是1820—1850年。光绪并不是一个非常成功的统治者。尽管他尝试在公共财政管理和梳辫子方面进行改革，但并不总是受到欢迎。据说，皇帝在国内变法的尝试树敌之众更甚于甲午战争的失败，因为甲午战争的糟糕表现，这些改革现都已被搁置。皇帝因健康欠佳而退居幕后，他请求曾两度摄政的姑母慈禧太后再次摄政。面对光绪帝卑微的请

垂帘听政：中国已故太后，天朝的实际统治者

The Substance of the Shadow: the Late Empress-Dowager of China, De Facto Ruler of the Celestial Empire.

1908年11月21日刊行

① 慈禧太后（1835—1908），又称西太后、那拉太后。满洲正黄旗人。叶赫那拉氏。安徽宁池太广道惠徵之女。1852年入宫，封兰贵人。1861年，咸丰帝死于热河行宫，其子载淳6岁即位，她与奕䜣联合发动“辛酉政变”，实行两宫太后垂帘听政，掌握实权。主政期间，镇压太平天国运动、捻军和云南贵州、陕西、甘肃的回民、苗民等起义。1875年，载淳病死，又策立5岁的载湉为帝，改元光绪，仍由她听政。支持兴办洋务，开办军事工业，训练海军和陆军。在外国对华侵略过程中，先后签订一系列不平等条约。1884年发动“甲申易枢”。1898年9月21日，发动“戊戌政变”，幽禁光绪帝。1900年，利用义和团的“扶清灭洋”，对外宣战。八国联军侵入北京后，挟光绪帝逃往西安。1901年后，实行新政和预备立宪。慈禧好奢华，善权术，是清末同治、光绪两朝实际的最高统治者，统治中国近半个世纪。

② 《伦敦新闻画报》此处对光绪帝、溥仪的年龄报道有误。光绪帝38岁去世，溥仪3岁继位。

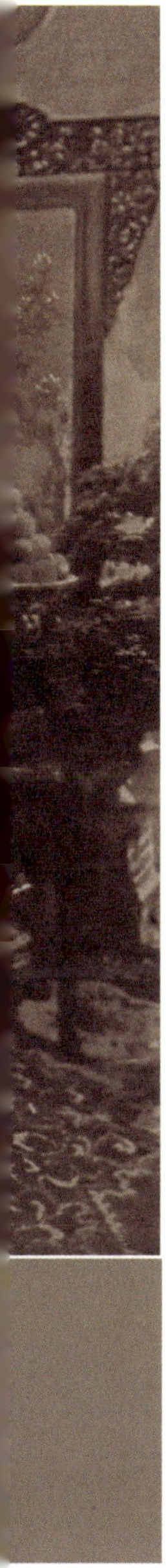

求，慈禧太后愉快地接受了。”

画报还将慈禧太后与世界历史上两位颇有影响力的女性相比，并猜度她的死因：“中国已故慈禧太后被称为中国的凯瑟琳·德·梅第奇[①]和中国的塞弥拉弥斯[②]。哪一个名号最贴近她的个性还有待商榷。慈禧太后是军官之女，生于1834年，16岁选秀入宫。凭着坚定的信念和天生的聪明才智，一步步地从卑微的贵人成为中国的实际统治者。她操纵着已故皇帝，对那个不幸的皇帝乃至整个中国产生了深远的影响。我们现在并不清楚她是正常死亡还是被谋杀，很可能会变成不解之谜。然而很多人认为是后者，他们觉得慈禧太后长长的护甲套很可疑。”

已故的中国皇帝，
刚在北京宫殿里去世

The Late Emperor of China, Who Has Just Died in His Palace at Peking.

评说慈禧太后，必须提及她晚年极其宠信的荣禄[③]。画报1903年4月18日报道荣禄死讯时，这样描述道：“荣禄不止一次被认为是中国皇位的幕后推手，毫无疑问，在铁帽子王李鸿章死后，他成为对皇太后最具影响力的人之一。1900年义和团之乱中，他发挥了重要作用。”

等到辛亥革命爆发，画报1912年1月6日报道时仍念念不忘慈禧太后，说“了不起的中国太后竭尽全力废除了她国家妇女的缠足”。[④]

---

① 即法国国王亨利二世的妻子，法国国王弗朗索瓦二世、查理九世和亨利三世的母亲。她对法国政治有过深远的影响，曾在1560—1563年以儿子（查理九世）之名义统治法国。

② 即尼诺斯国王的王后。她成功地接替了亚述王位。

③ 荣禄（1836—1903），满洲正白旗人。作为光绪朝中后期重臣，他在戊戌变法、己亥建储、庚子国变等重大政治事件中充当了关键角色。参阅：马忠文《甲午至庚子时期的荣禄与李鸿章》，《聊城大学学报（社会科学版）》2018年第6期。

④ 《光绪朝实录》卷四九二载，光绪二十七年（1901）十二月，慈禧太后颁布懿旨，劝导禁缠足，以期渐除陋习。

慈禧太后在去世之前，指定醇亲王3岁的儿子溥仪[①]继承皇位，而醇亲王[②]本人为监国摄政王[③]。当溥仪被昭告为帝后，他被过继于同治帝。《伦敦新闻画报》1908年11月28日报道：中国政局平静，尽管有一些宫廷内斗的流言。作为幼帝溥仪的摄政王，醇亲王代理国政，并召开了正式招待会，接见驻京外国使节。各国使馆派3名代表出席，表达了对光绪帝、慈禧太后的哀悼。

1908年12月12日，溥仪在太和殿登基，颁诏天下。《伦敦新闻画报》记述道："这位幼帝发布的第一条诏令就是尊奉先帝，并严惩给

① 即爱新觉罗·溥仪（1906—1967），1908年1月至1912年2月在位，由其父醇亲王载沣摄政。退位后仍住北京皇宫内，享受民国临时政府议定的清室退位优待条件。1917年，张勋曾拥其复辟，十余日而败。1924年，冯玉祥等发动北京政变，废除"大清皇帝"称号，将其迁出皇宫。次年，潜入天津，从事复辟活动。1931年九一八事变爆发后，在日本秘密护持下前往东北，次年成立伪满洲国，称帝，为日本傀儡。1945年日本投降，宣布退位。被苏军逮捕，押至赤塔，转入伯力监狱。1950年由苏联政府移交中国，被监禁于抚顺。1959年被释放，回到北京。1963年起在全国政协文史资料研究委员会任专员。1967年10月17日病逝于北京。著有《我的前半生》。

② 即爱新觉罗·载沣（1883—1951），道光帝之孙，醇亲王爱新觉罗·奕譞第五子，光绪帝载湉异母弟。娶荣禄之女。光绪二十七年（1901）被委派充任头等专使大臣出使德国。参见本书第66—67页。

③ 参阅：台北故宫博物院藏军机处档折件，《奏为议监国摄政王礼节由》（故机168242号）。

先帝治病的太医们。新帝最终钦定‘宣统’为年号。”

清廷统治者已知此时国家“大乱方般，海宇鼎沸，条约初定，人心未安”，若死守旧制再无出路，所以方才“殷殷求治，变法维新”。于是乎，为了求取变法改制的方法，清廷命荣庆、陆润庠、张英麟、唐景崇、宝熙、朱益藩、熙彦、乔树枏、刘廷琛、吴士鉴、周自齐、劳乃宣、赵炳麟、谭学衡等人轮班撰拟涉及经史、国朝掌故、各国历史的讲义，并经孙家鼐、张之洞核定，分班开讲。

清廷还派出留学生、职官出洋学习考察，如考察宪政大臣汪大燮、于式枚、李家驹分别前往英国、德国、日本考察外国宪法、国家行政制度、司法制度等。汪大燮考察归来后，将在英国收集的有关宪政的官方文书及少量学者著述加以精选精译，然后编辑成书，共计 14 种 48 册。宣统二年（1910）六月，汪大燮将一套副本咨送宪政编查馆，同时向朝廷呈报书单。

此外，清廷还变通旗制，创建新式陆军，重办海军；变科举，开学堂；预定官商合股之法，加紧修筑铁路，以便交通；等等。

《伦敦新闻画报》1910 年 6 月 4 日这样评述道：“有关中国即将觉醒的言论此起彼伏。我们沿海地方接待了众多到访的中国官员，如今我们中间已有永久定居的中国学生。种种迹象表明这个幅员辽阔的亚洲帝国自享几千年的文明，终于发现排他和自闭的旧政再不可行。”

中国皇帝溥仪，
他的父亲醇亲王，
即摄政王，以及他的弟弟

Pu-Yi, Emperor of China.
His Father, Prince Chun, Regent and Controller of the Nation, and His Younger Brother.
1909 年 2 月 13 日刊行

清廷力图自上而下变法图强，在政治、军事、教育、财经、外交等方面实施变革之策，而其上层人物的社会生活也随之悄然变化了。

《伦敦新闻画报》收到了特派画家所画的数幅与中国皇家有关的素描，其中一幅的标题为“被时间遗弃的紫禁城”。画家在信中这样描述道：“当我在酒店休息室坐着时，看见三四位衣着鲜艳的满族女子走进来，后面跟着两三名侍女，悄悄地进了里面的一个包间。我从酒店经理和几位在场的中国商人口中得知，其中有皇帝生母及一位公主。她们在一个隐秘的房间里吃西餐。十点钟左右，她们又像来时一样悄悄地离开。当时，许多欧美国家的女士先生穿着晚礼服在休息室里或坐或站，但他们都不知晓悄然走过去的中国贵妇的身份，仅是饶有兴致地打量着她们。中国上层贵妇中间似乎已然兴起出席西方宴会之风，对此我已习以为常。然而，中国上层男士出席西方宴会的却很少见。皇帝母亲一行人中皆是女眷，只有随从是男子。这是中国社会最高阶层发生的不寻常变化——允许中国的‘半神之人’[①]离开紫禁城，晚上去‘西方蛮夷’之地享乐。”

面对处于改制变革中的中国，画报记者这样评述道：“世界正在迅速凝结情同手足的伟大之谊，个别国家不能再孤立在外。那些不情愿的民族自我满足，进步停滞了几个世纪，英国传教士趴在他们耳朵旁去讲授伟大的现代课程。尽管如今这可能没

被时间遗弃的紫禁城：中国皇帝的母亲及公主在北京的酒店休息室里

The Forbidden Precincts Abandoned for the Time: the Chinese Emperor's Mother and a Princess of the Imperial Court in the Lounge of a Hotel in Peking.

1910年4月23日刊行

① 古代中国皇帝自称“上天之子”。画报记者在此便将紫禁城中的皇家比作“半神之人”，带有讽刺语气。

中国皇帝溥仪

1911 年 10 月 21 日刊行 Pu-Yi, Emperor of China.

有得到足够的重视，但历史会给予他们杰出的位置。”是的，画报记者忘记了英国东印度公司输入中国的鸦片之毒，忘记了列强铁甲炮舰燃起的战火，开始宣扬“基督教和欧洲的文明”，歌颂传教士的“无私、谦逊和英雄主义”。

画报记者还提出这样的疑问：“那么，在摄政王辅政下，统治着 4.3 亿民众的幼年小皇帝，难道真的能让中国觉醒吗？在儿子、侄子或者其他有血缘关系的家族男性成员中世代沿袭的帝制还将会继续吗？”①

《伦敦新闻画报》1911 年 10 月 21 日这样评说：“据了解，革命者的理想是推翻满族统治，实现人民自治，不管以后仍然是封建王朝统治，还是建立共和国制度。”

① 光绪三十三年（1907年）五月二十八日，清廷颁发谕旨，称“惟立宪之道全在上下同心、内外一气，去私秉公，共图治理”。1908—1910年期间，法部主事沈钧儒、翰林院侍读荣光、内阁侍读学士占风（宗室）、民政部右侍郎林绍年、都御史张英麟、礼部左参议曹广权等人先后上奏，从多个方面陈述了对“预备立宪”的意见。正如沈钧儒所直言：“朝廷立旨在于立宪，而伏睹比年以来所议行宣布之事，未必皆为立宪之要。”

第二章 影响国运的权臣大吏

CHAPTER TWO

Powerful Ministers Who Were Influential in Determining the Fate of Their Nation.

1842-1912

中国的外交

Chinese Diplomact.

1842 年 12 月 3 日刊行

CHINE

Feeling, as we always do, anxious to gratify the curiosity of o
readers, by obtaining for their entertainment sketches of everythi
novel and amusing, even when they occur in the most distant regio
of the habitable globe, we herewith present our friends with the sket
of an event which took place on board her Majesty's good ship Cor
wallis, lying in the Chin-Keang-foo river, and which is made intere
ing, not so much on account of our recent victories in that quarter,
being descriptive of the habits, manners, and personal d

1842 年 8 月初，英国舰队进逼至南京下关仪凤门外草鞋峡江面，扬言攻城。道光帝下谕以将军耆英[①]、乍浦副都统伊里布为钦差大臣，连同两江总督牛鉴作为谈判代表向英军求和。[②]8 月 20 日，钦差大臣耆英、伊里布与英国特命全权公使璞鼎查在英国军舰“康华丽号”[③]上签订《南京条约》[④]。《伦敦新闻画报》1844 年 1 月 6 日报道来自中国的重要消息——中、英签订了补充条约[⑤]；2 月 10 日报道回顾了签约过程：1843 年 10 月 8 日，璞鼎查在随从和几位先生陪同下来到亚娘鞋炮台（威远炮台）附近的一座建筑中与清朝钦差大臣耆英和广州巡抚程矞采签订该条约，并共进晚宴。签约地靠近林则徐销烟之地虎门。

---

① 耆英（1787—1858），历任副都统、侍郎、盛京将军等职。1842年 4月，被任命为钦差大臣，同伊里布一起赴浙江向英军求和。1843年，耆英再任钦差大臣，与英国签订《五口通商章程》、《五口通商附粘善后条款》（通称《虎门条约》）。1844年，与美国签订了《望厦条约》，与法国签订《黄埔条约》。1858年第二次鸦片战争期间，赴天津与英法联军交涉，因擅自回京获罪赐死。

② 《伦敦新闻画报》1842年 12月 3日报道中，从英国人视角详细描述了耆英、伊里布、牛鉴一行登上英船议和的情形。《道光朝实录》卷三七七载，耆英向道光帝上奏，记述了前往英船议和的情形：“是见该夷各船张挂红旗，车皆驾炮，人尽执枪，纷纷上岸，排列阵式，候时前进。该员弁等将照会付给。众夷目公商良久，始鸣炮传令，撤落红旗，夷兵次序回船。逆酋马礼逊等向告英吉利与中国通商，岂敢无故得罪中国之人。兵战连年，实出于不得已。现蒙准与通商，情愿听候商议。”耆英所言的“马礼逊”，为苏格兰传教士马礼逊（Robert Morrison，1782—1834）之子马儒翰（John Robert Morrison，1814—1843），子承父业，时任英国驻华商务监督处中文秘书兼翻译官。《南京条约》中文译本由马儒翰负责起草和确定。耆英等人将他误认为英方谈判代表。《伦敦新闻画报》报道称，马儒翰对于中、英签订条约极为重要。1843年 8月，马儒翰在澳门去世后，璞鼎查曾专程前往送葬。

③ 康华丽号（*H.M.S. Cornwallis*）是英国皇家海军三级战舰，设有 74门炮。也译作皋华丽号。

④ 《南京条约》是中国近代史上第一个不平等条约。共十三款，主要内容有：中国割让香港给英国；赔款 2100万银元；开放广州、厦门、福州、宁波、上海五处为通商口岸，准许英国在通商口岸派驻领事；英商进出口货物缴纳的关税税率，中国须同英国商定；等等。

⑤ 1843年，英国强迫清政府签订《五口通商章程》和《虎门条约》，作为《南京条约》的补充条款。英国从中又取得“领事裁判权”、“片面最惠国待遇”、在通商口岸租赁土地和房屋及永久居住的特权。

1843年3月3日，装载着中国赔款的5辆马车，在英国皇家第6步兵团士兵的押送下，从南安普顿火车站驶达英国铸币局。马车上总共装载有20余吨中国银锭。[①]《伦敦新闻画报》这样报道：“本周我们担负的任务令人愉快，不光是嘴上说说，而且用图画来描绘。最近签署条约规定的赔款——中国白银——安全抵达。我们的版画表现了搬运马车载着财宝在第6步兵团的护送下缓慢行进。该军团不是日报错误报道的第60军团。这笔财富在南安普顿经铁路中转，至铸币厂，此过程中第6步兵团担负护卫的荣耀之责。它们将被重新铸造，铸上英国君主形象……”“这些宽度为3—4英寸的银块，铸形像坩埚。每一银块的中央标有汉字，这些象形文字之所以有趣，还在于和大清皇帝与我国最近签订条约上的文字相似。”插画中的两位中国官员，他们负责监督将赔款交付给英国全权公使。

中国官员

Chinese Mandarins. 1843年3月11日刊行

① 《伦敦新闻画报》报道提及：价值75万银洋的中国银锭由“哥伦拜恩号”（*Columbine*）运抵；价值200万银洋的中国银锭由“谦恭号”（*Modeste*）运抵；价值100万银洋的中国银锭由“先驱号”（*Herald*）运抵；价值300万银洋的中国银锭由“布朗迪号”（*Blonde*）运抵。4艘英船均参与了中英鸦片战争。

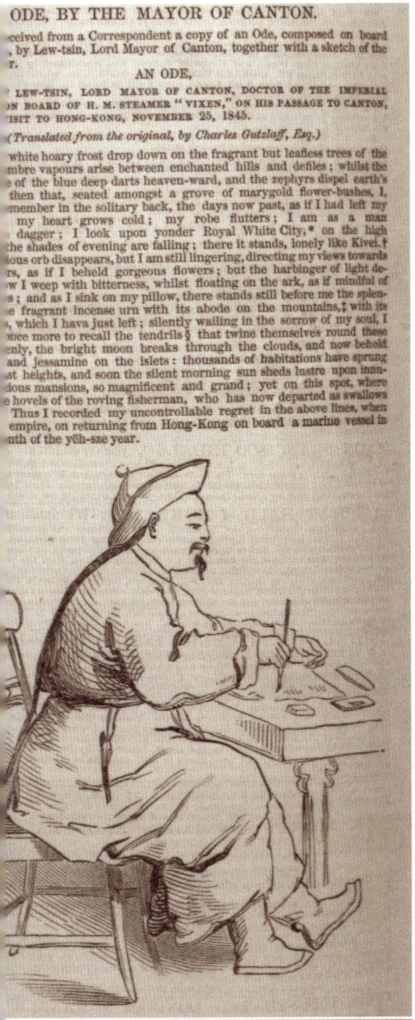
ODE, BY THE MAYOR OF CANTON.

ceived from a Correspondent a copy of an Ode, composed on board , by Lew-tsin, Lord Mayor of Canton, together with a sketch of the r.

AN ODE,

LEW-TSIN, LORD MAYOR OF CANTON, DOCTOR OF THE IMPERIAL ON BOARD OF H. M. STEAMER "VIXEN," ON HIS PASSAGE TO CANTON, ISIT TO HONG-KONG, NOVEMBER 25, 1845.

(Translated from the original, by Charles Gutzlaff, Esq.)

white hoary frost drop down on the fragrant but leafless trees of the mbre vapours arise between enchanted hills and defiles; whilst the of the blue deep darts heaven-ward, and the zephyrs dispel earth's then that, seated amongst a grove of marygold flower-bushes, I, member in the solitary back, the days now past, as if I had left my my heart grows cold; my robe flutters; I am as a man dagger; I look upon yonder Royal White City,* on the high he shades of evening are falling; there it stands, lonely like Kivei.† ous orb disappears, but I am still lingering, directing my views towards rs, as if I beheld gorgeous flowers; but the harbinger of light dew I weep with bitterness, whilst floating on the ark, as if mindful of s; and as I sink on my pillow, there stands still before me the splene fragrant incense urn with its abode on the mountains,‡ with its , which I hava just left; silently wailing in the sorrow of my soul, I nce more to recall the tendrils § that twine themselves round these enly, the bright moon breaks through the clouds, and now behold and jessamine on the islets: thousands of habitations have sprung st heights, and soon the silent morning sun sheds lustre upon innudous mansions, so magnificent and grand; yet on this spot, where hovels of the roving fisherman, who has now departed as swallows Thus I recorded my uncontrollable regret in the above lines, when empire, on returning from Hong-Kong on board a marine vessel in nth of the yĕh-sze year.

广州“诗人”知府

The Poet Mayor of Canton.

1846年1月31日刊行

1845年11月25日，国子监博士、广州知府刘浔到访香港，乘坐汽船“维森号”[①]返回广州，途中他写了一首颂歌。《伦敦新闻画报》记者收到了一份颂歌副本及刘浔的素描画像。在英国人眼中，刘浔俨然是一位有着文学气质的“诗人”。而这位主政广东首府的地方官昏聩无能，面对英国人进入广州城的蛮横要求，他违背民心，只知屈从退让，其结局是“暂行撤任，并杜绝夷人进城之请，以顺舆情”。[②]

① 维森号（*H.M.S. Vixen*）是英国皇家海军的一艘木浆单桅的蒸汽动力船。《伦敦新闻画报》曾报道该船于1842年3月23日离开开普敦，经毛里求斯，前往中国。

② 参阅：台北故宫博物院藏军机处档折件，《奏请将广州知府刘浔暂行撤任由》（故机077534号）。1842年，《南京条约》签订后，英国人强行要求进入广州城，并欺侮中国商民，群众奋起焚毁洋馆。钦差大臣耆英被迫通知英国人暂缓入城。《道光朝实录》卷四二四、卷四二六分别记载了道光二十五年（1845）十二月、道光二十六年（1846）二月有关“英夷欲进省城”的奏报，以及道光帝的谕令。1847年，耆英派员与英国人密订进城日期，数千群众闻讯闯入知府衙门，将之烧毁。《伦敦新闻画报》1847年6月26日这样报道：“那些计划行动的人必须非常了解中国民众的性格，因为其他任何族群都会复仇，那简直就是疯狂。当我们考虑到广州人口估计超过100万人，而且虎门要塞是河域的坚固防御，那么这一点就更为显而易见。若按部就班地指挥军事行动，仅以900名士兵的力量攻击百万人的防御，并想威胁这座城市，这本身就是精神错乱。”“中国人有军事组织，有一定的防御工事，有军械和大枪，在这种情况下，他们表现出其有所准备。然而，他们完全无力捍卫自己，却又在言行上表现出对我们的极端蔑视和他们的傲慢。”1849年，英国人重提入城要求，广州10余万民众齐集珠江两岸示威，英国人被迫放弃入城要求。

清朝钦差大臣在香港的出行仪仗队

Procession of the Chinese Commissioner at Hong Kong. 1846 年 2 月 7 日刊行

《道光朝实录》卷三九四载，道光二十三年（1843）五月二十六日至六月初一日，耆英带领广东按察使黄恩彤、四等侍卫咸龄轻装简从，坐火轮船前往香港，与璞鼎查会面。耆英之后向道光帝奏报“已将通商章程及输税事例粗定大局”。道光二十五年（1845），耆英奏称，德庇时[①]来信邀请他“定期定地会晤”，且十分期待他前往香港。此前，德庇时在璞鼎查陪同下曾到虎门与耆英会面一次，而耆英觉得这“未免相形见绌”。于是他答应邀约，定于同年十月二十一日起程前往香港，赵长龄、潘仕成随行。[②]

《伦敦新闻画报》摘引了《中国邮报》（*China Mail*）对此事的报道片段，并配有一幅插画。画面中：清朝钦差大臣耆英，身兼两广总督、提督、内阁大学士和宗室（红色顶戴和孔雀花翎[③]），乘八抬大轿；四周随从全是白水晶顶戴和黄铜顶戴。黑色花翎的是侍卫，还有充当翻译的郭实腊[④]先生。潘启官（红顶戴花翎）[⑤]，乘八抬大轿。粮储道（蓝顶戴），乘四抬大轿。额驸（蓝顶戴），乘四抬大轿。广东按察使（蓝顶戴），乘四抬大轿。跟着一队轿子，抬着一干重要官员。香港城的中国民众簇拥着这支队列。

---

① 即 J. F. Davis（1795—1890）。1844—1848年出任英国特命全权公使兼香港总督。

② 参阅：台北故宫博物院藏军机处档折件，《奏明前赴香港日期事》（故机 076538号）。

③ 翎子作为冠冕佩饰，自古有之。清代有羽翎制度，翎子是一种辨等威、昭品秩的标志物。翎子按照材质分为花翎、蓝翎和染蓝翎。花翎即孔雀翎，蓝翎用鹖羽制成，染蓝翎用靛蓝染天鹅毛制成。晚清时，鸦片战争失败，巨额赔款导致国库亏空、财政窘迫，清廷出现了用钱捐翎的例制。广州洋商伍崇曜、潘仕成捐数万两银子，无法褒奖，被赏赐戴花翎。参阅：李理著《清代官制与服饰》，辽宁民族出版社，2009年。

④ 即卡尔·弗里德里希·奥古斯特·古茨拉夫（Karl Friedrich August Gützlaff，1803—1851）。早期来华传教士，德国基督教路德会牧师，汉学家。也译作郭士立、郭甲利、郭施拉等。1831年到澳门任英国东印度公司翻译。鸦片战争期间，随英军到定海、宁波、上海、镇江等地活动，一度任英军占领下的定海“知县”。1842年8月参与签订《南京条约》，是英方3名翻译之一。1844年在香港设立汉会，又名福汉会。郭实腊在华活动长达20年，在传教、外交、著书等方面都广为涉猎。他一生著述多达80多种，其中关于中国的有61种，如《中国简史》（*A Sketch of Chinese History*，1834）、《开放的中国》（*China Opened*，1838）、《中国沿海三次航行记 1831、1832、1833年》（*Journal of Three Voyages Along the Coast of China in 1831, 1832 and 1833*）等。

⑤ 画报报道中将潘启官与潘仕成混淆。潘启官是广州十三行之一同文（孚）行行主袭用官名。潘仕成是近代史上一位颇有地位的人物，有着多重官商身份。他的黄金时代是在道光朝中后期，位高权重的耆英是其后台。

ouse to keep the peace. Whenever the " appeared at the win-
she was reverenced by the fanatic crowd like a saint. She did not touch
ck and diseased persons brought to her; but merely telling them to have
h," promised them, by the help of her spirit, a cure in three days. The
tal of the scenes enacted was so great, that the authorities were urged to
fere to prohibit it: but they preferred letting the absurdity wear out of

out the convention, or the consequences, indirectly, may be injurious to British interests, not only at Canton, but at all the other ports. There is a general feeling of confidence in the firmness and determination of her Majesty's Plenipotentiary to accomplish this and other important points. Trade has felt the effects of the agitation; but, once this question is set at rest, it will improve, and the feeling that it will be settled gains ground.

Princess Amelie and Eliza of Hohenlohe-Schillingsfurst, her Serene Hig
Countess Erbach Schomberg, and his Serene Highness the Prince
Philippsthal, attended by the Hon. Miss Mitchell and Capt. Bedford, vi
Royal Chinese Junk, *Keying*, and expressed themselves much deligh
the extreme novelty and interest of the exhibition. The Mandarin,
had the honour of being presented to their Royal Highnesses.

英国全权公使和
两广总督在虎门会谈

Conference Between Her Majesty's Plenipotentilary and the Viceroy of Canton, at the Bogue Forts.

1849 年 5 月 5 日刊行

1849年2月18日，清朝钦差大臣、两广总督徐广缙[①]与英国全权公使文翰[②]在虎门寨城提督公署会晤。宴会后，文翰邀请徐广缙前往停泊在沙角外洋的大火轮船上观览。徐广缙和盐运使赵长龄、候补知府铜麟、中军副将昆寿、提督赖恩爵一同乘舟前往。文翰同样设宴，殷勤款待，之后派小火轮船将徐广缙一行人送回虎门。火轮船“制作精巧，无论顺水逆流皆可破浪而行，瞬息之间往返六十余里”，这让徐广缙印象深刻。[③]

《伦敦新闻画报》这样记述此次会晤：“高起的坐榻上，文翰先生和徐广缙左右对坐，徐广缙正在招待文翰先生和‘黑斯廷号’[④]上的弗兰西斯·科利尔[⑤]爵士。仆人们正在上茶。在这条船上逗留一小时后，徐广缙与文翰先生携手到旁边的另一艘船上共进晚餐。宴席有88道菜，尽是中国珍馐美味，包括燕窝汤和鱼翅。

此次会晤进行了很久，想必十分重要。结果并没有透露——议题为开放广州城的问题。徐广缙已经向北京奏报，等待着皇帝的最终谕令。据说，广州城几乎所有受人敬重的士绅都乐见此事尘埃落定，他们对此感到倦怠，如今他们已不像稍早前论辩那样愤怒。引发恐慌的是对强盗和下层中懒散人员的担忧，而不是向我们开放城门的权利问题。官府能够且必须执行条约，否则其后果损害的英国利益，可能不仅在广州，还有其他口岸。全权公使完成这项任务及其他要务的坚定与果决大体上是令人放心的。贸易已受到这一冲突事件的影响。但是，问题一旦化解，贸易就会改善，而且我们对问题势必化解的想法日渐强烈。”

① 徐广缙（1797—1869），安徽太和人（另一说河南鹿邑人）。字仲升。道光二十七年（1847）任广东巡抚。次年六月，协办大学士、两广总督耆英留京，管礼部事，徐广缙任钦差大臣、两广总督接办夷务，布政使叶名琛任广东巡抚，按察使李璋煜任布政使，盐运使赵长龄任按察使。在粤期间，处理三件重要的涉外事件：道光二十七年黄竹岐事件、道光二十九年（1849）“反英军入城斗争”和澳门总督亚马留被刺杀事件。咸丰二年（1852），被授为钦差大臣，署理两湖总督，镇压太平军。次年二月，因汉阳、武昌失陷而被革职治罪。

② 即 Samuel George Bonham（1803—1863）。又译作文咸、般含、般咸等。1848—1854年任英国特命全权公使兼香港总督。

③ 参阅：台北故宫博物院藏军机处档折件，《奏报接见夷酋情形》（故机082775号）。

④ “黑斯廷号”（*H.M.S. Hastings*），载有74门炮的三级战舰，原本为东印度公司建造，1819年被英国皇家海军购买。1849年在东京湾海域与海盗作战。

⑤ 1848年4月，弗朗西斯·科利尔（Francis Collier）被任命为东印度及中国舰队的司令，不久在香港就职。同年10月，死于香港。《伦敦新闻画报》1849年12月22日对此作了报道。

澳门总督被刺事件

Assassination of the Governor of Macao.

1849 年
11 月 10 日刊行

1845 年 11 月 20 日，葡萄牙单方面宣布澳门为自由港，任命亚马留为澳门总督。亚马留一上任便实施了一系列铁腕政策，意欲殖民管治澳门。① 由此导致了亚马留被刺事件。《伦敦新闻画报》这样报道："1849 年 8 月 22 日傍晚，葡萄牙籍澳门总督若昂·费瑞拉·德·亚马留阁下在副官的陪同下，一如往常在距关闸门半英里处骑马。在离关闸门 300 码（约 275 米）的地方，他突然遭到 8 个中国人袭击，被从马上拖了下来。这群

① 道光二十九年（1845）二月二十九日，澳门总督亚马留驱赶粤海关澳门关部行台官员，致使行台官员基溥被迫迁至广州黄埔办公。六月又拆毁香山县丞衙署，驱逐清朝驻澳官员，越界在墙外屯兵筑炮台、毁坟墓、修马路，对华民强编门牌、迫缴地租，停止向清政府缴纳地租，强占澳门。参阅：邓开颂、黄启臣编《澳门港史资料汇编（1553—1986）》，广东人民出版社，1991年，第 236页。

人砍下了总督的头和手，消失在关闸门之外。副官也从马上摔了下来，受了重伤。众所周知，在广州和其他地方都有人悬赏总督的人头，毫无疑问，这一刺杀行为是得到中国当局唆使或纵容的，因为已故的总督令之十分憎恶。由于急于为总督复仇，葡萄牙士兵占领了关闸门，并摧毁了关闸门外的一座小炮台[①]，那儿有人开枪偷袭他们。在此过程中，7名葡萄牙士兵负伤，据说74名中国人被杀。

总督遇刺的消息一传到香港，英国皇家海军战舰‘亚马逊号’和蒸汽炮舰‘美狄亚号’随即驶往澳门保护英国属民，并藉此向葡萄牙当局表示称许和支持。一艘法国战舰和两艘美国战舰抱着同样目的停靠澳门。约60人的英国海军陆战队驻扎在岸上，一支分队控制了弗朗西斯科要塞。美国和法国的战舰也在此登陆。然而，令人担心的是，一旦这些战舰撤离，中国人还会犯下更多暴行，除非葡萄牙人采取安抚之策。”

《伦敦新闻画报》站在维护西方列强殖民扩张的立场上，极力美化亚马留：“亚马留先生之死在外国侨民区引起了普遍哀悼。他在处理中国问题上的魄力、勇气和坚毅，使他受到大家的尊敬和钦佩；但正是他在这方面的卓越表现使之成为暗杀的目标。”[②]

① 即北山岭炮台。

② 《伦敦新闻画报》1849年11月24日报道称：澳门总督亚马留被杀事件没有新进展。葡澳当局与两广总督徐广缙交涉，徐广缙回复态度“冷酷无礼”，并要求葡澳当局必须先释放被关押的3名中国人。《伦敦新闻画报》1851年1月25日报道葡萄牙巡洋舰“玛丽亚二世号”爆炸事件：1850年，葡萄牙特任海军上校库尼亚（Pedro Alexandrino da Cunha）为澳门总督，并派遣巡洋舰“玛丽亚二世号”及2艘海防舰前往澳门。10月29日，为了庆祝葡萄牙女王诞辰，“玛丽亚二世号”巡洋舰鸣放礼炮，意外发生爆炸，官兵被炸死，船也沉没。葡萄牙在华武力扩张的计划受到沉重打击。

《伦敦新闻画报》1858年2月13日报道“中国战事”配上这幅两广总督叶名琛[①]的画像，它是临摹中国画家作品之作。两广总督叶名琛是中国近代史上一个颇具争议的历史人物。《伦敦新闻画报》跟踪报道“中国战事”时不惜笔墨地描述具体中国官员形象，可见维多利亚时代参与中国战事的英国军政外交界人物对之印象深刻。1857年1月17日报道英军“炮轰广州”，其间如此讲述：“现任两广总督叶名琛喜欢炫耀其名，因为听上去他甚爱和平。他的前任徐广缙因于1854至1855年镇压太平军不力而被撤换。假如没错的话，新任总督叶大人是南方人，很有才干和手腕，从某种程度上讲，他刚愎自用，嗜杀成性。上任伊始，他一举击退一度威胁广州的太平军，镇压叛匪行动大获全胜。过去一年半中，他大开杀戒，为被太平军杀戮的家族亲属报仇。”在画报记者看来，广东的百姓并不反对英国人，而且一些富商谴责叶名琛顽固不化。画报表达出英国人对叶名琛的强烈不满，强调叶名琛以残暴著称——太平天国在广州作乱，叶名琛处决了十几万人；英军攻打广州城，他发布悬赏斩获外国人的告示，令

总督叶名琛

Commissioner Yeh. 1858年2月13日刊行

① 叶名琛（1807—1859），湖北汉阳人。字昆臣。进士出身。曾任陕西兴安知府、山西雁平道、广东布政使等职，1852年由广东巡抚升任两广总督兼通商大臣。1856年“亚罗号”事件，对英国采取妥协态度，释放了被捕人犯。1857年，英法联军进攻广州，不作战守准备，临战未予抵抗，每日迷信占卜。广州失陷后被俘，解往印度加尔各答，后死于该地。时人讥为“六不”总督，“不战，不和，不守，不死，不降，不走”。《伦敦新闻画报》1859年3月19日报道，叶名琛仍被关押在加尔各答，并称“若与中国签订和约，他将被释放”。

在香港的外国侨民恐慌不安。

英国人之所以在大众读者面前“塑造”叶名琛的形象，一方面，因为英国人围绕“亚罗号”事件与叶名琛展开几番交涉，从领事巴夏礼、特命全权公使约翰·包令[①]到舰队司令西摩尔[②]，他们都着实领教了这位总督大人的“傲慢固执”和迁延推诿。除了炮轰总督府衙，还要诉诸于报端，这是维多利亚时代英国人对中国发起的舆论战。另一方面，也是更为重要的一点，英国人是希望通过宣传叶名琛这样一位地方大吏的形象，来固化公众对天朝官僚阶层的传统印象，切割国家上层官僚体系与社会下层民众的关系，为其所谓战争的“正义性”提供合情合理的理由，且如报道所言：“我们与中国的友好关系处在危急时刻，正迅速演变为敌对行动，难以判断这种敌对行动何时终止。业已公开的决裂只因为中国官员拘押本国罪犯。”“英舰队司令的审慎与克制，证明其良好判断力和人性，分阶段的作战行动迫使叶总督认真对待英方要求，其目的是清晰无误地表明敌对行动是针对政府，而不是针对广州人民。”

与此同时，英国人对叶名琛的看法也带有“矛盾”，如1858年2月13日报道中这样写道：“叶名琛仍然顽固不化，我们不禁要赞赏他的勇气和耐性。”“叶总督也被抓获了，同时被抓住的还有八旗军的将军[③]和巡抚[④]。”2月27日报道称：身穿苦力服的叶名琛被带到了“刚毅号”炮舰上。3月6日报道以“抓获叶名琛”为题，详细介绍了英法联军攻占广州城的情况。3月13日报道也提及叶名琛，文字尽显英法联军的“神勇”。

---

① 即John Bowring（1792—1872）。又译作宝宁、宝灵。1849年任英国驻广州领事，1854年任英国特命全权公使兼香港总督。其生平经历可参阅1877年出版的《包令爵士自传体回忆录》（*Authobiographical Recollections of Sir John Bowring*）一书。

② 即Michael Seymour（1802—1887）。又译作西马糜各厘。英国皇家海军上将。1856年出任英国海军东印度及中国舰队司令，率舰队炮轰并占领广州，又北上攻占大沽口炮台。参见本书第88—89页。

③ 即穆克德讷。咸丰六年（1856）五月，被授为广州将军。

④ 即广州巡抚柏贵。第二次鸦片战争期间，柏贵始终主张妥协投降。英军攻入广州城，叶名琛被俘后被革职，柏贵署理两广总督之职，他积极配合英法入侵者对广州的占领。

咸丰八年（1858）四月，英法舰队直抵天津，俄、美表面说合，实际支持英、法的军事侵犯，以进京为要挟，逼迫清政府议和。办理夷务的直隶总督谭廷襄不断奏报。咸丰帝知道，在天津府城议和，假使列强恃强占踞，“岂不蹈广东覆辙，此皆万不能行之事”。但是，咸丰帝最后还是降旨派大学士桂良、吏部尚书花沙纳作为钦差大臣前往议和，并叮嘱道：“天津人烟辐辏，若令其在城内见面，恐居民惶惑；海口为逆夷占踞，桂良等未便前往，可于离城二三十里择地相见，须陈兵防卫，不可大意。”同年6月26日，桂良、花沙纳与额尔金勋爵①、海军上将西摩尔签订了《中英天津条约》。

《伦敦新闻画报》记述了签约现场的情形：“额尔金勋爵坐在正中首席位置，桂良坐在他的左边，花沙纳坐在他的右边，而西摩尔位居次席，与桂良并坐。桂良是

1858年6月26日，
中、英两国在天津签署条约

① 即 Earl of Elgin（1811—1863）。1857年维多利亚女王任命他为全权特使，来华统军作战，以武力逼迫清政府谈判签约。画报1859年9月17日报道，一本大部头的蓝皮书《额尔金勋爵出使中国和日本外交纪实录》（*Lord Elgin's Mission to China and Japan*）出版。此外，其生平经历可参见《1860年额尔金勋爵第二次使华期间诸事件的个人记述》（*Personal Narrative of Occurences During Lord Elgin's Second Embassy to China in 1860*）。

Signing of the Treaty Between England and China at Tsien-Tsin on June 26, 1858.

1858 年 10 月 2 日刊行

个 70 多岁的老者，整个过程中都显得非常紧张和激动。他的同僚则年轻些，镇定些，时不时拿起鼻烟壶，吸嗅一下。”画报还摘要刊登了《中英天津条约》条款内容 56 条。

对于《中英天津条约》的签订，画报记者评论道，它“不仅是结束数月的流血与苦难，而且很可能引领这个独特而美好的帝国的未来进入更光明的时期”。但是，英、法、俄、美等列强逼迫清政府签订《天津条约》，这种丧权辱国的不平等条约带给中国的绝不是光明，而是更苦难的黑暗！

画报 1859 年 7 月 30 日、8 月 13 日报道：俄国与清政府于 1858 年 7 月 1 日签订《中俄天津条约》，驻华全权公使普提雅廷[①]代表俄国签字。俄参议院对外公布了条约俄文文本，共 12 条。[②]

① 即 Е. В. Путятин（1803—1883）。1857年，在伦敦和巴黎的俄国海军特工获知英军远征中国的计划，并报告给圣彼得堡。沙皇亚历山大二世遂任命普提雅廷出使中国，目的是“要求清政府给予俄国与其他大国一样的权利和优惠”。普提雅廷经黑龙江江口、鞑靼海峡前往天津。

② 参阅：台北故宫博物院藏军机处档册，《奏为遵旨传知俄夷并进英法两夷抄录条约以及连日探访各情形密奏事》及附片《奏各夷条约已定遵旨覆奏事》（故枢 003132号）。

咸丰二年（1852）五月，云贵总督吴文镕曾在奏折中这样评价道：“臣等所闻人言军营在事诸人，文员中惟藩司劳崇光[①]一人有胆略、有血性。”

《伦敦新闻画报》1860年12月1日刊载了两广总督劳崇光的画像，并这样写道：“这是中华帝国最高行政长官之一，从前兼理夷务钦差大臣之职，叶名琛曾担任此职，其属下柏贵担任广东巡抚。叶名琛之后，总督之职先后由柏贵（署理）、黄宗汉[②]和劳崇光出任。这位长官职掌三司[③]，而三司虽无任何正式官署，却维持和指挥广州城周边地区中国人抵

① 劳崇光（1802—1867），湖南善化（今长沙）人，原籍浙江。字辛阶。道光十二年（1832）进士，授编修，累迁为广西布政使。咸丰朝，任广西巡抚8年，镇压太平军及其他起义军，后擢升为两广总督。同治朝初年授云贵总督。著有《常惺惺斋诗文稿》等。

② 黄宗汉（1803—1864），福建泉州人。字寿臣。咸丰七年（1857）冬，广州沦陷，黄宗汉被授任两广总督兼通商大臣。主张抗击英法联军，广招义勇，募集神枪手。到任后驻扎在惠州，联络绅民，办团练兵。在籍侍郎罗淳衍、京卿龙元僖、给事中苏廷魁给予密切配合，锐意收复广州，时人称之为“一督三绅团”。咸丰八年（1858）五月，英法联军再犯天津，直逼北京，清政府与英、法列强签订《天津条约》。英国领事宣布和议，广东新安镇乡勇义愤填膺，杀死张贴告示之人。英法联军派兵攻陷新安镇，要求必须查撤“一督三绅”。清政府认为黄宗汉“有碍和局”，将之调任四川总督。

③ 清代外官之三司，为布政使、按察使和学政。

两广总督劳崇光

Leaon, the Governor-General of Kwang-Tung and Kwang-Si, China.

1860年12月1日刊行

抗我们（英法联军）的军事行动。所有行动都以耆老或地方乡绅的名义，他们完全置黄宗汉总督解除武装的命令于不顾，导致史彬斯[①]爵士远征白云山不幸受挫，致使我们的部队始终处于惶恐不安境地，直到深圳被攻占，他们的军队最终瓦解。而在此期间，他们每晚都向联军阵营投掷燃烧弹，并且在夜间从两三处试图发起攻击，试图重新夺回城池。[②]自出任总督以来，他采取了最积极的措施，打击了广东河域的苦力贩卖[③]；在很大程度上，由于他的努力和政策，并在钦差大臣的支持下，中国劳工自由移民到英国、法国、西印度殖民地成为可能，并且奠定了良好的基础。”[④]

---

① 即 Charles van Straubenzee（1812—1892）。出生于军人世家。1857年被任命为驻香港英军司令，在第二次鸦片战争期间率军进攻广州城。1872年任马耳他总督。《伦敦新闻画报》1860年 12月 1日还刊发一则短讯：（英国）海军部已向国会通报，正在安排为 1856年 10月 12日至 1858年 6月 26日派驻中国的海军拨款 33000英镑，其中除了标准军饷，还额外给予每人一个月 30天的薪金补助。粗略估算，当时 33000英镑相当于今日人民币 6000多万元。

② 英法联军原本约定于咸丰十一年（1861）八月十七日退出广州城。因咸丰帝于七月十七日病逝，广东官民“缟素二十七日”。原定交城日期正在大丧期间，若此时撤兵交城必须举旗鸣炮，于礼不合。劳崇光与英法联军重新约定：九月十八日在观音山举行交城仪式。参阅：台北故宫博物院藏军机处档册，《奏为英法两国同时撤兵退出粤东省城，恭折驰奏仰祈圣鉴事》（故枢 003203号）。

③ 《大清律例》第 225条规定：“一切官员及军人等，如私自出海经商者，或移居外洋海岛等，应照交通反叛处斩立决。”

④ 《伦敦新闻画报》1861年 7月 20日报道谈及中国苦力和移民解决劳动力不足问题，以及英国移民法案。据相关统计，1801年至 1850年华人出国人数达 32万，此后 25年间出国人数猛增到 128万。《伦敦新闻画报》对海外移民和苦力贸易多有报道，其中往往涉及华人。英国人从事贩运中国苦力（华工），导致中国苦力大量死亡。1839年成立的“英国国际废奴协会”致力于废除全世界的奴隶制和奴隶贸易，该协会认为中国苦力贸易就是变相的奴隶贸易。柏贵署理两广总督期间，英、法入侵者迫使其同意招工合法化。1860年前后，两广总督劳崇光打击拐卖人口活动，同时在未奏请咸丰帝允准的情况下，承认华工出洋承工合法化，并逐渐建立了规范劳工出口的“广州制度”。这在很大程度上改善了华人劳工出国的现状，也为清政府日后制定劳工政策提供了参考。参阅：肖志伟、芮宏磊《咸同之际粤督劳崇光处理劳工出洋问题论述》，《湘潭大学学报（哲学社会科学版）》2005年第 3期。

《伦敦新闻画报》记者这样写道："联军旨在前往北京保护英、法两国大使馆，守其尊严，却在白河口惨败。近代以来，没有比此次惨败更让这个国家感到悲痛了，完全出乎公众意料之外。它似乎一下子摧毁了我们准备从《天津条约》中攫取的所有果实。它造成了可悲的生命伤亡，严重损害了我们武器在整个东方的威力。它再次让我们陷入一场在15000英里之外的战争，重重困难和种种不确定性必然伴随而来，尽管这个人口众多的帝国本质上并不好战。"报道所提及的正是1859年6月的大沽口之战，僧格林沁①率军重创英法联军。英军炮舰被击沉3艘，被重创3艘，死伤400多人。而清军方面，直隶提督史荣椿、大沽协副将龙汝元等人阵亡。②

1860年8月，英法联军重新集结，进攻大沽口北岸主炮台西侧的石缝炮台，直隶提督乐善阵亡，

清朝郡王僧格林沁

The Chinese General Prince San-Ko-Lin-Sin.

1861年4月13日刊行

① 僧格林沁（1811—1865），科尔沁左翼后旗（今属内蒙古）人。博尔济吉特氏。1825年袭封郡王。1853年为参赞大臣，率骑兵防堵太平天国北伐军，两年后击溃北伐军，晋封亲王。第二次鸦片战争期间，1859年在大沽口炮台督军力战，击沉英、法炮舰多艘，击伤英舰队司令何伯（James Hope）。1860年，被英法联军打败，大沽、天津失守。同年，率马队三千、步队二千、绿营兵五千，南下攻捻军。攻灭鲁西南长枪会军。1863年，在淮北击败捻军张乐行部，杀张乐行和苏天福等人。1864年，屡为捻军赖文光、张宗禹部所败。次年5月，在山东曹州高楼寨战役中被捻军所杀。

② 参阅：台北故宫博物院藏宫中档咸丰朝奏折，《奏明逆夷连日猖獗，奴才接仗各情形》（故宫129513号）。

僧格林沁认识到战局无法挽回，遂率军撤往通州。画报1860年10月20日报道："8月1日，清晨下雨，北塘方面有动静，炮艇四处飞驰，拖船载兵。不同船只发出的信号此起彼伏。炮艇准备战斗——顶桅落下，枪炮台升起——看起来非常威猛。法国炮艇为步兵配备了方形顶罩，用来掩蔽保护步兵。炮艇拖着载满身穿红色马裤的士兵的驳船，还有数只小船。一艘汽船外观奇特，船身漆成白色，前面有一门炮，伴随着一艘炮艇。临近中午，'科罗曼德号'[①]上的海军上将发出信号后，全部行动开始。我们各自列入红色舰旗、白色舰旗和蓝色舰旗之下，法国人从右路出发，然后我们出发。火炮筒装在靠近北塘炮台的小船上。部队离开北塘行进在泥泞道路上，所有人都希望听到炮台开火的炮声；但没有发生这样的事情，那里根本没有抵抗力。很快，炮台上法国和英国的旗帜在晚风中飘扬。我们发现了一些木枪和一些怪模怪样的器械，看上去似乎毫无战斗准备。这座小镇被占领了，联军在泥泞中过了一夜后，在此驻扎下来，攻占北塘行动便结束了。"

画报刊载的郡王僧格林沁像是根据摄影师贝亚托的照片绘制的。画报这样讲道："历史将会记住，中国人对英国战俘的虐待折磨和残暴杀害，导致了战俘关押地、几桩惨案发生地——皇家夏宫圆明园被夷为平地。[②]格兰特爵士迫使中国当局为受害者家属及受尽折磨的生还者支付30万两白银（约折合10万英镑）的抚恤金。法国也以同样原因向中国索赔20万两白银。"

---

① "科罗曼德号"（*H.M.S. Coromandel*）是英国皇家海军的一艘木桨运输船。它原本是客货轮船，1855年被英国海军购入，在中国水域数次参战，其间曾被击沉和打捞，1866年被出售。

② 据《伦敦新闻画报》1861年1月5日报道，英法战俘包括罗亨利（Henry Brougham Loch）和巴夏礼等6名英国绅士、1名英国皇家龙骑兵、13名法国人、19名印度骑兵。罗亨利、巴夏礼、6名法国人和11名印度骑兵得以生还。报道还详尽描述了英法战俘被关押在圆明园、后押解至北京西北郊山区的过程情形。英法战俘或其灵柩分四批，于1860年10月8日、12日、16日、17日先后被移交到英军营地或英军司令部。《伦敦新闻画报》为英法联军10月17日火烧圆明园的罪恶行径找到了一个理由——为战俘实施"正义报复"，还节选法军司令孟斗班（Charles Cousin-Montauban）给法国政府的报告内容，复现了圆明园被劫掠和焚毁的经过。英法联军对圆明园的劫掠与焚烧，目标不单单是无法用金钱衡量的世代集藏的中国艺术珍品、美轮美奂的园林宫殿建筑，更重要的是，英法联军要通过这样的野蛮报复行动击垮中国皇帝的心理防线。正如其记者所阐述的，"笼罩在北京上空的巨大浓烟柱将明确地警告中国政府，拒绝满足我们的要求会是多么危险和愚蠢。圆明园被烧毁肯定是对清王朝的一个沉重打击，破除了至高无上的皇权，驱散了民众心目中皇帝头上笼罩的光环"。

中国特使斌椿
The Chinese Commissioner Pin-Ta-Chun.
1866 年 6 月 23 日刊行

同治五年（1866）年初，赫德[①]要回国休假，临行前他向清政府建议，带几名同文馆学生到英国游历，以培养同英国打交道的外交人员。恭亲王奕䜣早有派人到欧洲各国考察的想法，于是选定斌椿[②]为首席代表，率领 3 名同文馆学生（英文馆张德彝、凤仪和法文馆彦慧）赴欧，名义为旅游观光，实际为考察西方社会。1866 年 3 月 7 日，斌椿等人从北京出发，先后游历了法国、英国、德国、比利时等 11 个国家，历时 4 个多月。[③]

《伦敦新闻画报》这样报道：“中国使团目前正在伦敦，它由特使斌椿（中国人尊称他‘大椿阁下’）、他的儿子广英和 3 名幕僚组成，爱德华·包腊[④]担任秘

① 即 Robert Hart（1835—1911）。1854年受英国外交部派遣来华，先在多地领事馆任职，后入职中国海关。1861年曾与费士来（G. H. Fitz-Roy）、德都德（H. T. Davies）共同代理海关总税务司，1863年接替李泰国担任中国海关总税务司，1908年回国。画报 1911年 12月 9日报道赫德在英国白金汉郡去世，并介绍了其生平。赫德在任内为清政府制定由外国人管理的海关制度，控制中国的财政收入，干涉中国的内政、外交。著有《中国论集》（*"These from the Land of Sinim": Essays on the Chinese Question*）等。

② 斌椿（1803—1871），1850年出任山西襄陵县知县，后经文祥介绍，做海关总税务司赫德的文案。斌椿使团是晚清政府派出的第一个访问使团。归国后著有《乘槎笔记》《海国胜游草》《天外归帆草》。

③ 参阅：《同治朝实录》卷一六五，同治五年正月上。台北故宫博物院藏军机处档册，《奏为派员带同官生游历泰西各国，现据禀报回京，谨将采访情形恭折奏闻事》（故枢003324号）。

④ 即 Edward Bowra（1841—1874）。近代中国海关英籍洋员，1872年升任粤海关税务司。1873年担任维也纳世博会中国馆的“帝国海关委员会”总监。他热爱中国历史文化，曾翻译《红楼梦》，撰写《广东史》。

书兼翻译，德善[①]先生在法期间充当秘书兼翻译；隶属伦敦外交部的布莱恩少校担任副官。特使（斌椿）在帝国担任过许多重要职务，现年64岁，出身满族。他见多识广，现任总理衙门章京。他的文学能力相当了得，自从抵达伦敦后他就一直忙于赋诗——正如他所说，文章完全不足以表达他的感受——不光是艺术和科学领域的欧洲奇迹，还有这个国家对之友好礼遇。他归国后，就立刻起草一份见闻报告，并提出自己的建议——将欧洲艺术和文明引入中国，以及与外夷交往的礼仪改变。他曾造访温莎城堡，并出席了白金汉宫的皇家舞会。他下榻于伦敦秣市广场查尔斯街的新联合酒店。离开英国后，他将访问圣彼得堡、哥本哈根、斯德哥尔摩、柏林、布鲁塞尔、汉堡、吕贝克和巴黎。他确实受派遣前往所有与中国签订条约的国家，归国途中，他会访问美国，横穿那片广阔的大陆，经由旧金山和太平洋回到中国，中间途经日本和社会群岛，这相当于进行了一次环球航行。自中国时代开始以来，可能从未有中国人——当然也没有其他中国官员——这样做过。我们有理由祝贺中国，也要祝贺欧洲，完成了这一使命。它的意义真的深远，如果我们把它看作一种承诺——旧的孤立封闭政策被打破，可能会更好理解。中国人的傲慢固执与西方人的无知憎恶，都会一一逐渐消去；最后，中华帝国将因人民的诚实、智慧及其耐心、勤劳，乃至丰富资源，变得强大，并将被带入我们自己的时代，共处一堂议事，增进友邦和睦。有此结果的部分原因在于外国列强的宽宏大量，中国被削弱之际有机可乘而他们却犹豫不决。另外还有威妥玛和赫德两位先生的个人努力，他们多年来一直为此目标而努力。威妥玛先生是驻华使馆参赞，赫德先生任中国海关总税务司，实际上是外交大臣。”[②]

① 即 Emile Des Champs。《伦敦新闻画报》1868年10月3日介绍了德善的履历，其为巴黎人，法学高材生，后成为丝绸商。1864—1873年在中国海关任职，曾任九江海关税务司、淡水海关税务司。

② 《伦敦新闻画报》自1866年5月30日开始陆续报道了斌椿使团的出访行程，其中6月9日报道维多利亚女王在白金汉宫舞会前私下接见了斌椿，6月23日报道斌椿出席了英国皇家园艺协会主席、布克莱公爵主办的大型交际酒会，威尔士亲王和爱丁堡公爵也出席酒会。《伦敦新闻画报》在报道中暴露出西方世界对中国始终所抱有的期待，如6月2日报道所言：“一个正式的中国使团首访英国，继续出访与中国订立条约的其他五大强国，这预示着中国进入了一个新时代……中国终于开放了。西方世界认定的所谓‘文明’和工业化成果——机车、铁路、汽船、便士报等——都将可能纷纷涌入。”

中国全权特使蒲安臣
及外交使团成员

The Hon. Anson Burlingame, Ambassador of the Chinese Empire, with the Members of the His Legation.

1868 年 10 月 3 日刊行

《天津条约》签订前，清廷只有派遣敕使的先例。1866 年，斌椿等人非正式的游历欧洲行动，促成清廷作出派遣大使出访的决定。总理衙门大臣恭亲王奕䜣、文祥等人奏请，并在海关总税务司赫德的支持下，美国卸任公使蒲安臣[①]接受委托，充任清廷特使。1867 年 11 月 18 日，蒲安臣与花翎记名海关道志刚、礼部郎中孙家谷一同被授予“办理各国中外交涉事务大臣”。英国驻华公使馆翻译柏卓安[②]、海关税务司德善分任使团左协理、右协理，另有英文翻译凤仪、德明（张德彝）和劳叶，俄文翻译桂荣、塔克什讷，法文翻译联芳和廷俊，文书庄椿龄、亢廷镛，随行人员一共 30 余人。清廷还依照《中英天津条约》，颁发了《出使条规八条》。11 月 25 日，蒲安臣一行离开北京，11 月 29 日抵达天津，乘坐英国炮艇“鸽子号”抵达大沽，然后乘坐美国炮艇“阿修罗号”于 12 月 10 日抵达上海。1868 年 10 月 1 日，蒲安臣会见英国外交大臣史坦利，11 月 20 日在温莎城堡谒见维多利亚女王。1869 年 1 月，使团前往巴黎，拿破仑三世于 1 月 24 日在罗浮宫接见蒲安臣。使团访问瑞典、丹麦、荷兰、普鲁士后前往俄国。1870 年 2 月 16 日，沙皇亚历山大二世接见了蒲安臣一行。2 月 23 日，蒲安臣病故于圣彼得堡。英、法、美驻俄大使出席葬礼。[③]同治帝下谕志刚等妥办蒲安臣的丧事兼拨银两，还加恩赏给蒲安臣一品衔，从出使经费中拨银一万两赏给其家属。

《伦敦新闻画报》报道的插画中，蒲安臣站在中间，志刚坐在其左边，孙家谷坐在其右边。他们身旁的两位欧洲人分别是柏卓安、德善。报道还详细地介绍了蒲安臣等使团主要成员的生平经历，并称蒲安臣为“大清帝国外交政策良性转向的推手”。

---

① 即 Anson Burlingame（1820—1870）。《伦敦新闻画报》介绍了蒲安臣的履历：生于纽约，从律师跨入政界，三次入选美国众议院议员，共和党重要人物之一。林肯总统任命他为驻维也纳公使，但奥地利拒绝接受。1861年转任驻华公使，1867年底卸任。1868年2月率领中国使团出访美、英、法、俄等国。同年7月，擅自在华盛顿与美国国务卿西华德签订《中美续增条约》（即《蒲安臣条约》），扩大美国在华利益。

② 即 John McLeary Brown（1842—1926）。《伦敦新闻画报》介绍了柏卓安的履历：爱尔兰人，毕业于贝尔法斯特女王学院。1872年进中国海关，升任税务司。后继任驻英使馆参赞。

③ 《伦敦新闻画报》持续报道了蒲安臣的出使行程，相关报道刊行于 1868年 2月 15日，1869年 1月 9日、1月 16日、1月 30日，1870年 2月 26日、3月 2日、3月 5日。参阅：台北故宫博物院藏军机处档册，《奏为出使各国大臣志刚、孙家谷办理出使事竣回京，据情代奏事》（故枢 003467号）。

驻伦敦中国正使
郭大人（郭嵩焘）

Kuo-Ta-Jen, the Minister of China in London.

光绪元年（1875）七月，郭嵩焘[①]、许钤身受命为出使英国钦差大臣，却迟迟未能启程。直至1877年1月21日，出使英国大臣郭嵩焘、副使刘锡鸿[②]，秘书、武官、翻译等7人，以及22名随员终于抵达英国南安普顿。《伦敦新闻画报》作了报道。[③]

画报记者这样评述道："中国使节抵达伦敦，这是近年来中国出现的新迹象，这表明她终于意识到自身在各国中的地位。此前，她一直冷漠地与世界相隔，沉迷于过往辉煌的幻梦中，但现在一束光投射其身。古代的辉煌令她骄傲，但仍笼罩着她的全身，如今她所见事物皆令之视野迷茫模糊。中国现在意识到，虽然她几个世纪以来一直勤于攀升崛起，但那些她从未想到过或者被她蔑视的其他国家，已一跃而过，不知何故挡在了她和巅峰之间。"

《伦敦新闻画报》介绍郭嵩焘和刘锡鸿这两位"中国外交先驱"时，指出他们的思想主张在某些方面是"对立的"：1858年英法联军侵犯大沽口，郭嵩焘被派赴天

① 郭嵩焘（1819—1891），湖南湘阴人。字伯琛，号筠仙，晚号玉池老人。学者称为养知先生。早年游学岳麓书院，与曾国藩、刘蓉相交往。道光朝进士，授翰林院庶吉士，因父母相继去世而丁忧回籍。1853年初随曾国藩办团练，被派赴南昌与太平军作战。曾向江忠源建议办水师抗击太平军。后曾国藩注重编练湘军水师，实由郭嵩焘最早建议。1857年授编修，次年入直上书房。1862年授苏松粮储道，迁两淮盐运使。次年升广东巡抚，后与两广总督瑞麟不合，被黜。1875年授福建按察使，未到任，命在总理衙门上行走。1875年首任驻英公使。1878年兼驻法公使。次年以病辞归。主张学习西方科学技术，办铁路、开矿务，整顿内务，遭到顽固派的攻击。对俄、英、法等国交涉采协和态度。著有《礼记质疑》《大学质疑》《中庸质疑》《养知书屋遗集》等。

② 刘锡鸿（？—1891），广东番禺人。字云生。咸丰年间任刑部员外郎。同治年间极力反对仿造外洋船炮，训练新式军队，发展工商业。1876年任驻英副使，与正使、洋务派官员郭嵩焘有思想分歧，遇事攻讦。1878年与郭嵩焘一起被清廷召回。回国后任光禄大夫，依旧坚持反对兴建铁路等一切兴革措施。1881年奏劾李鸿章"跋扈不臣，俨然帝制"，以"妄言"获罪被革职。著有《刘光禄遗稿》。

③ 同一期《伦敦新闻画报》还报道：西班牙因索伯拉那船案向清政府进行索赔，德国驻华公使正从中调解。清政府已正式通知法国政府将参加1878年巴黎世博会。

津为僧格林沁帮办防务，与僧格林沁意见相左，议事不合，遂辞官归乡。同样在1858年，刘锡鸿曾给两广总督叶名琛提出建议。画报记者假设道："要是这两位大臣的明智建议有人愿意倾听，那么想来事件进程可能会不一样。圆明园及其收藏的奇珍宝物可能还在，而叶名琛这位出色而固执的总督可以在他的祖国呼吸，而不是恒河岸边的俘虏。[1]但是，如果这些事件没有发生，中国的状况还会变成今天这个样子吗？"

驻伦敦中国副使刘大人（刘锡鸿）
Liu-Ta-Jen, the Assistant Chinese Minister.
1877年2月24日刊行

画报记者还将郭嵩焘和刘锡鸿作比较："郭大人大约59岁，而刘锡鸿从举止和外表上看比他小四五岁。郭大人，年少成名，文采卓著；入翰林后，其学识和品行受到咸丰帝的关注，咸丰帝任命他为编修，入上书房。他曾在不同时期担任过广东巡抚、兵部左侍郎和总理衙门行走（相当于外交副大臣）。刘大人，虽然也是一位才学卓群之人，但从未像上司（郭嵩焘）那样荣膺高官，除了当过刑部员外郎，他似乎从未担任过任何文职高官。而军事任职方面就大不一样，他在平叛太平天国、镇压捻军的军事战斗中曾任高级指挥[2]。"

画报1877年10月13日报道提及郭嵩焘回信给公谊会的伦敦会议代表，内容主要涉及打击鸦片贩运，他认为有必要进一步讨论，因为英国上海商会意在反对批准《中英烟台条约》[3]，问题关键就是"洋药（鸦片）厘税并征"。增收鸦片税，意在制止鸦片偷运贩卖，郭嵩焘建议公谊会劝阻英方不要阻挠条约批准。

① 这里指英军将被俘的两广总督叶名琛发遣到印度加尔各答。

② 《同治朝实录》卷四三载，同治元年九月，同治帝在谕旨中评价刘锡鸿"晓畅戎机"。

③ 《光绪朝实录》卷三七载，光绪二年（1876）六月二十八日，李鸿章奉旨前往烟台，与英国公使威妥玛会商，处理马嘉理案，之后签订了不平等的《烟台条约》。清廷随即命总理衙门拟定告示，移送各省遵照办理，并要求各地方官应当重视条约。《伦敦新闻画报》1876年10月14日报道称，《泰晤士报》收到上海的一份专电：清廷已于9月17日批准条约，并发布公告。另参阅：顾廷龙、戴逸主编《李鸿章全集》，安徽出版社，2008年，第7册奏议七，"密陈驰赴烟台预筹事宜折""驰赴烟台日期折""烟台议结滇案折"。

中国驻英、法公使曾纪泽
The Marquis Tseng, Chinese Ambassador to France and England.

《伦敦新闻画报》1879年1月11日报道，曾纪泽①携家眷抵达巴黎。1月18日报道，曾纪泽向法国总统麦克马洪递交了国书，随行的有参赞黎庶昌和翻译联芳、联兴等人。5月3日报道，曾纪泽出席英国皇家地理学会会议②，他用中文致辞，马格里③口译。报道还介绍了清政府颁布的《出使章程》④。

1879年7月24日，朴茨茅斯港，曾纪泽检阅当日将启航驶往中国的4艘伽玛型炮舰，英国负责军械的高官悉数出席，包括海军部主管凯古柏爵士、胡德上将。4艘炮舰是清政府向英国阿姆斯特朗厂订购的，装备有新式的野战炮和加特林机枪。⑤11月11日，由英国海军中校琅威理（William M. Lang）率队运送的4艘炮舰驶抵大沽口。李鸿章亲自前往海口接收，并观摩操演。⑥

中法战争爆发，主战的曾纪泽忙于展开外交交涉，甚

① 曾纪泽（1839—1890），湖南湘乡人。字劼刚。曾国藩长子。1877年袭侯爵，次年为驻英、法公使。1880年奉派兼任驻俄公使。参阅：台北故宫博物院藏军机处档册，《奏报行抵法国呈递国书日期》（故枢003790号）。

② 此次会议上，英国皇家地理学会理事会向俄国探险家普尔热瓦尔斯基和中国内地会（China Island Mission）成员麦卡悌（John McCarthy）颁发了奖章，表彰前者对中国西部多地的探险，表彰后者1877年对中国内陆的探险。普尔热瓦尔斯基著有《乌苏里札记》《从伊犁经天山到罗布泊》《蒙古与唐古特地区：1870—1873年中国高原纪行》等。麦卡悌著有《1877年穿行中国：从镇江至八莫》。

③ 即Samuel Halliday MaCartney（1833—1906）。又译作马格理、麦盖理、麦格理。1858年作为军医随侵华英军来华，后加入“常胜军”，参与镇压太平军。1864—1875年主持创建金陵机器局。1877年作为郭嵩焘使团随员赴英，自此任使馆参赞至1905年。

④ 光绪二年（1876）九月，总理衙门奏拟《出使章程》十二条，并奏定颁布。光绪三十二年（1906）十二月，外务部奏准变通《出使章程》。参阅：《光绪朝实录》卷四〇、卷五六八。

⑤ 《伦敦新闻画报》1879年8月16日报道，4艘战舰的名称为“埃普西隆号”（*Espilon*）、“吉塔号”（*Zeta*）、“伊塔号”（*Eta*）、“泽塔号”（*Theta*）。它们抵达中国后被命名为“镇东号”“镇西号”“镇南号”“镇北号”，列入北洋水师服役。

⑥ 参阅：戚其章《琅威理与北洋海军》，《近代史研究》1998年第6期。

中国总理大臣李鸿章
Li Hung-Chang,
the Prime Minister of China.
1884 年 1 月 5 日刊行

至无暇出席伦敦渔业博览会中国馆的开馆仪式。画报 1883 年 6 月 23 日和 30 日报道：曾纪泽抵达巴黎，与法国总理茹费理会面交涉，随即离开伦敦。“现在巴黎人都知道曾侯的观点和令人敬畏的李鸿章的情绪了。”“于是报社和坐在咖啡馆里的外交官们就胡思乱想了——中、法两国是彻底断交，还是暂时中断关系。曾侯既是驻英公使又是驻法公使，他只离开数日，所以没有理由断定谈判中断。”9 月，曾纪泽从伦敦返回巴黎，重启谈判，他与法国外长沙梅拉库简短会晤后寄电北京，奏报谈判备忘录，等待答复。同时，曾纪泽多次往返于瓦尔莱尔和巴黎，与法国驻英大使瓦定顿交涉。[①] 中、法开战势必令其他列强在华利益受损，于是英国、德国出面“调停与安抚”。报道这样评论：“俾斯麦亲王不仅指示德国的亚洲舰队集结于通商口岸，还敦促中国朝廷与法国达成协议。我们可以假设，如果危机真的恶化，巴黎和北京都能感受到他强大的影响力。此外，曾侯再来多尔奥赛码头之前，面临的困难倍增。”到了 11 月，曾纪泽对外称“中法战争不仅难以幸免，而且迫在眉睫”，但他仍在巴黎坚守，为了节省酒店开支就睡在邮车里。而沙梅拉库却辞职了，茹费理自任外长之职。临近年底，中、法在巴黎的谈判到了“双方都退无可退的地步”。海军上将孤拔[②] 在北圻发起新攻势，企图维持军事强势。黑旗军在清军支持下奋力抵抗。其他列强为保护各自在华口岸商贸利益及财产而出面调解，却遭到法国内阁反对。[③]1884 年 5 月 10 日，被解职的曾纪泽离开巴黎。5 月 11 日，李鸿章与法国特使福禄诺[④] 舰长在天津签订《李福协定》，即《中法简明条款》[⑤]。

---

① 《伦敦新闻画报》1883年 9月 8日、9月 15日、9月 22日、11月 10日、11月 24日、12月 22日、12月 29日报道。

② 即 Amédée-Anatole-Prosper Courbet（1827—1885）。中法战争中任法国驻远东舰队司令。

③ 参阅：李峰《曾纪泽与中法战争时期的英国调停》，《安徽史学》2004年第 3期。

④ 即 Ernest François Fournier（1842—1934）。福禄诺向李鸿章提出四点“议和”条件，其一是撤除曾纪泽的驻法公使之职。

⑤ 参阅：杨家骆主编《中法战争文献汇编》，台北鼎文书局，1973年，第 7册第 419页。

前驻英公使(曾纪泽)
Formerly Chinese Ambassador in London.
1890年4月15日刊行

《伦敦新闻画报》报道已故外交官曾纪泽时，对他赞誉有加："闻讯这位杰出的中国政治家和外交家最近在北京去世了，作为这一大帝国的才华卓著、赫赫有功的大使，他长期居住在英国和其他欧洲国家。他本名曾纪泽，生于1848年，乃声名显赫、颇有影响的大臣曾国藩之子，封号'侯'，相当于'侯爵'。在国子监就学后，他步入仕途，陪伴其父左右做私人幕僚，太平天国运动爆发后一路征战与治政，直至1877年承袭爵位。1878年，他获得了首个高官之职——驻英、驻法的特命全权公使。当崇厚[①]被派往圣彼得堡谈判解决伊犁问题时，他正在任上。中国方面否决了《里瓦几亚条约》[②]，指示曾侯作为钦差大臣前往圣彼得堡，以寻求更体面、更妥帖的解决方案。他的外交取得了成功，1881年的《圣彼得堡条约》[③]使伊犁回归中国，并恢复了与邻国俄罗斯帝国的关系。而在与法国政府就北越问题的长期争论中，他表现出同样的能力。曾侯在欧洲居住8年后，于1886年回国，在总理衙门行走并帮办海军事务。在过去三年中，他被认为是继李鸿章总督之后中国最重要的人物之一。"[④]

① 崇厚（1826—1893），满洲镶黄旗人。字地山，号子谦，别号鹤槎。晚清外交界重要人物之一。先后参与和普鲁士、丹麦、荷兰、西班牙、比利时、意大利、奥地利等国签订约章，担任通商大臣等要职，代表总理衙门与各国交往，兼办制造、练兵、海防等事务。1871年5月，沙俄趁中国边疆危机出兵侵占伊犁地区。1878年，崇厚出使俄国，展开谈判。次年，崇厚擅自与沙俄签订条约，遭免职严惩。《伦敦新闻画报》1880年2月7日对此有报道。

② 又称《中俄交收伊犁条约》。

③ 又称《中俄伊犁条约》《中俄伊犁改订条约》。《伦敦新闻画报》1880年8月7日和28日报道曾纪泽抵达圣彼得堡，并得到沙皇亚历山大二世接见。曾纪泽出使俄国，目的是改订崇厚与俄国擅自签订的《里瓦几亚条约》。《伦敦新闻画报》1881年1月29日报道，中、俄两国批准签订《伊犁条约》，中国收回伊犁和特克斯河地区。同年8月27日报道，曾纪泽与俄国外交部亚洲司司长兼副外交大臣吉尔斯（Николай Карлович Гирс，1820—1895）正式换约。

④ 《伦敦新闻画报》1881年4月23日报道，驻英公使曾纪泽的叔父曾国荃被任命为陕甘总督，接替前任左宗棠，负责西北边陲要务。

善庆，已故醇亲王，李鸿章
General Shan, the Late Prince Ch'un, Li Hung-Chang.
1894 年 8 月 25 日刊行

同治十三年（1874）十月，广东巡抚张兆栋代前江苏巡抚丁日昌上奏其所拟的“海洋水师章程”。[①] 清廷谕令总理衙门筹议该章程，福建巡抚王凯泰、湖南巡抚王文韶、直隶总督李鸿章、两江总督刘坤一、浙江巡抚杨昌濬等人上陈折片，各抒己见。中法战争前的1879年，清廷认识到“海防关系紧要”，特别是“近来东洋狡焉思逞”，于是批准总理衙门的奏请，谕令南北洋大臣实力筹办海防。[②]1883年，总理衙门内设立海防股，此为海军衙门[③]的前身。海军衙门以醇亲王奕譞为督办，直隶总督兼北洋大臣李鸿章为会办，正红旗汉军都统善庆[④]、兵部右侍郎曾纪泽为帮办。

《伦敦新闻画报》以“中国三大巨头”为题介绍了醇亲王、善庆将军、李鸿章，称他们为“中华帝国三位杰出的国家公仆”，并指出“已故醇亲王奕譞作为总理，与李鸿章一起推动了中国陆军和海军的现代化建设”。报道还提及李鸿章常被称为“中国俾斯麦”，并配图表现李鸿章乘船从天津回保定府。画报1894年8月11日报道了李鸿章“被年轻无知的中国皇帝褫夺了黄马褂”，并评论道：“这位实际掌控中国外交政策30余年的鼎鼎大名的总督如今垂垂老矣。他是所有欧洲人都非常尊敬的外交家，他的洞察力和坚韧令人印象深刻。中国外交大多情况下是在与‘洋鬼子’打交道，这或许确实如此。”画报还引述了道格思[⑤]的新书对于李鸿章的评述。

① 参阅：台北故宫博物院藏军机处档折件，《代前江苏巡抚丁日昌奏报所拟之海洋水师章程事》（故机118005号）、《丁日昌所拟海洋水师章程之清单》（故机118006号）、《奏报遵议丁日昌所递海防条陈，请饬南北洋大臣等会议》（故机118016号）。

② 参阅：《光绪朝实录》卷一〇三，光绪五年十月下。

③ 全称“总理海军事务衙门”，又称“海署”。

④ 善庆（1833—1888），满洲正黄旗人。作战骁勇，历任杭州将军、绥远将军、宁夏将军、江宁将军、福州将军，因而《伦敦新闻画报》报道称之为“名将”。

⑤ 即 Robert K. Douglas（1838—1913）。1858年来华。曾任职于英国驻广州领事馆、驻华公使馆、大英博物馆汉文藏书部。1903—1907年任伦敦大学中文教授。著述颇多，有《中国故事》（*Chinese Stories*，1893）、《李鸿章》（*Li Hung-Chang*，1895）、《中国》（*China*，1899）等。

中国议和特使张荫桓在“中国皇后号”上
Chang Yen Hoon, Chinese Peace Envoy, on Board the "Empress of China."
1895 年 3 月 9 日刊行

甲午战争期间，光绪二十年（1894）十月至十二月，围绕遣派全权大臣、媾和条件、会商地点等事宜，清政府通过美国驻华公使田贝、美国驻日公使谭恩的中间调停[①]，与蛮横的日本政府反复交涉。清政府最终决定由张荫桓[②]和邵友濂作为全权大臣前往日本会商。随同出使的人员包括参赞官候选道伍廷芳，二等参赞官刑部郎中顾肇新、内阁侍读端良，三等参赞官候补道梁诚、候选道黄承乙，随员兵部候补郎中钱绍桢、分省补用

① 1894年 10月 31日，清政府向美国驻华公使田贝（Charles Denby）提出调停请求。美国同意调停，并非为了帮助清政府，其根本目的是为了操纵议和，以求在日后与其他列强的争夺中谋求更多的在华特权与利益。田贝在 1885—1898年任美国驻华公使。

② 张荫桓（1837—1900），广东南海人。字皓峦，号樵野。早年以山东巡抚阎敬铭的幕僚身份开启仕宦之途。因其才识受到李鸿章赏识，1885出任驻美国、西班牙、秘鲁三国公使。1890年回国后以太仆寺卿任总理衙门大臣，参与财政、外交决策，成为甲午至戊戌时期的朝中重臣，也是戊戌变法的“幕后人物”。戊戌政变后，被发配新疆。《伦敦新闻画报》1898年 10月 1日报道：“继慈禧太后的政治盟友李鸿章倒台后，其主要对手张荫桓和康有为被检举，前者以叛逆罪入狱。关于光绪帝被迫或自愿退位的消息已公开，另有传言说光绪帝已死于暗杀或毒害。消息真真假假，扑朔迷离，清廷内斗和派系之争已有两三个星期。”

威海卫的日军总部
The Japanese Headquarters at Wei-Hai-Wei.
1898 年 3 月 12 日刊行

知府沈群、湖北候补同知张桐华、江西候补知县张佐兴、前山东昌邑县知县招汝济、山东候补盐赵世廉、候选训导沈功章，东文（日文）翻译补用直隶州知州罗庚龄、分省补用知县卢永铭，等等，共 23 人。对此《伦敦新闻画报》这样评论道："东亚战争期间，派出的议和使者不止一位，却都未成功。"

光绪二十一年（1895）元旦，张荫桓、邵友濂一行乘坐美国货运商船"中国皇后号"从上海起程，到神户后换船，1 月 31 日抵达广岛。同日，日本明治天皇任命伊藤博文、陆奥宗光为全权办理大臣。次日，中、日两国全权大臣在广岛县厅会晤。[①] 会晤伊始，伊藤博文、陆奥宗光便以张荫桓、邵友濂作为议和代表所持全权证书授权不足为由，无理刁难，拒绝继续谈判，随后宣告此次议和谈判终止。[②] 2 月 4 日，张荫桓、邵友濂一行被强行要求离开广岛，暂住长崎，12 日离开长崎，21 日回到上海。[③]

① 1895年 1月 27日，在广岛的日本阁僚及大本营的高级幕僚举行御前会议，会议确定了媾和条约方案，包括朝鲜"独立"、割让土地、赔偿军费及在华通商航海权等重点。

② 日本早有预谋，广岛会晤从一开始便注定失败。议和期间，日本派出舰队攻袭威海卫炮台，意在攻占刘公岛，完全消灭北洋水师。日本要通过战争取得更大军事优势，在和谈中夺取更多利益。此外，日本始终谋求清政府派出奕䜣或李鸿章来日本和谈。

③ 光绪二十一年正月二十日，即将赴日议和的李鸿章给上海的张荫桓寄电，自称"致被新命，茫无所措"，竟然还希望张荫桓"进京商办，密授机宜"。参阅：《李鸿章全集》第26册电报六，G21-01-181。

李鸿章和中国使团抵达圣彼得堡

Arrival of Li Hung-Chang and Extraordinary Chinese Embassy in St. Petersburg.

1896 年 4 月 27 日刊行

（俄国《世界画报》）

1896 年 2 月 10 日，光绪帝授李鸿章为“钦差头等出使大臣”，赴俄国参加尼古拉二世的加冕典礼，并前往英、法、德等国联络邦交。李鸿章访欧随带人员包括：兵部候补主事于式枚、分省补用道塔克什讷、记名海关道罗丰禄、升用分省补用知府联芳、候选知府林怡游、浙江试用同知薛邦龢、升用直隶州补用知县柏斌、直隶试用县丞麦信坚、北河试用县丞张柳、分省试用县丞洪吉昌。另有洋员参赞五人：俄国人柯乐德（Vicor von Grot）、德国人德璀琳、法国人穆意索（A. Mouillesaux de Bernières）、英国人赫政、美国人杜德维（E. B. Drew），他们均在清政府海关税务司署效力多年，通晓中文。围绕李鸿章访问顺序，英、德、奥等国与俄国展开了外交角力。4 月 27 日，李鸿章在乌赫托姆斯基亲王[①]的“专程迎候”下乘船抵达敖德萨，再坐专列快车到圣彼得堡。李鸿章与俄国财政大臣维特、外交大臣罗拔诺夫展开谈判，期间沙皇两次接见李鸿章。[②]《圣彼得堡新闻》详细地记述了李鸿章的俄国之行，同时批驳了其他国外报刊，尤其是英国方面有关俄中缔结密约的传闻。而事实上，6 月 30 日，李鸿章代表清政府与俄国签订了《御敌互相援助条约》，即《中俄密约》。

① 1890—1891年间，乌赫托姆斯基亲王曾陪同俄国皇太子尼古拉东游历练，历经意大利、埃及、印度、锡兰、暹罗、新加坡、荷属东印度群岛的爪哇，以及中国、日本等国家和地区。著有《尼古拉二世皇帝陛下东方旅行记》（又译《俄太子东游记》）。

② 《伦敦新闻画报》1896年3月14日、5月2日均有报道。参阅：王光祈译《李鸿章游俄纪事》，中华书局，1928年。

德、中两国政坛老手在露台上交谈

The Grand Old Men of Germany and China Conversing on the Balcony of the Palace of Friedrichsruhe.

1896 年 7 月 18 日刊行

1896 年 6 月 13 日，李鸿章乘火车于抵达柏林。6 月 25 日，已退隐的奥托·冯·俾斯麦[①]在私邸腓特烈斯鲁厄（即弗里德里希斯鲁庄园）与李鸿章会晤。罗丰禄[②]陪同在场。《伦敦新闻画报》《泰晤士报》《纽约时报》等报刊均报道了二人会晤。

《伦敦新闻画报》1896 年 7 月 11 日以“李鸿章在德国”为题报道：李鸿章访问德国受到德国皇室的热烈欢迎，盛况空前。因此，人们对他访德的政治意义“难免夸大其词”。但李鸿章在访德的最后一站却“大大降低了人们的奢望”。在科隆商会的欢迎宴会上，德璀琳代表李鸿章致答谢词，并明确表明李鸿章希望此访不会引起“不合理的期望”。他的来访旨在增进中德两国之间更友好地了解，促进中国更详尽地了解现代德国工业。而李鸿章对德国造船和枪炮制造中心留下了深刻印象。

---

① 即 Otto von Bismarck（1815—1898）。德意志帝国首任宰相（1871—1890），人称“铁血宰相”“德国的建筑师”及“德国的领航员”。

② 罗丰禄（1850—1903），字稷臣。福建船政学堂精英，第一届赴欧留学生。1880年，学习期满回国后成为李鸿章幕府核心成员，在北洋水师营务处工作，曾协同丁汝昌及林泰等起草《北洋海军章程》。后任天津大沽船坞总办，大沽船坞是我国北方最早的近代化船坞，是北洋水师最早经营的军事基地。作为李鸿章的私人秘书和翻译，罗丰禄在随同李鸿章访欧期间，在各种场合代表李鸿章发表演讲。1896年，出任驻英公使兼意、比两国公使。参阅：台北故宫博物院藏军机处档折件，《奏报谒见英国君主呈递国书日期》（故机 140757号）。

《伦敦新闻画报》报道：73 岁的李鸿章已到访欧洲数国，会见了当地社会名流。7 月 4 日抵达荷兰海牙，得到威廉敏娜女王及她的母亲、摄政王后艾玛的接见；7 月 8 日，李鸿章从海牙抵达布鲁塞尔，得到比利时国王利奥波德二世的接见。李鸿章因旅途劳顿放弃前往维也纳，之后前往巴黎，在爱丽舍宫受到法国总统福尔和部长们的隆重欢迎。8 月 3 日，李鸿章将抵达伦敦，在英国逗留数周。作为信使和全权特使，李鸿章将带着中国皇帝给维多利亚女王的亲笔签名信，觐见女王。因此，英国准备以国宾礼接待李鸿章，并公费招待他。①

8 月 2 日，李鸿章一行从法国勒阿弗尔乘坐由法国政府雇佣的大西洋公司专船，抵达南安普顿，然后乘火车前往伦敦。英国首相兼外交大臣索尔兹伯里②以及外交副大臣寇松③会见了李鸿章。

李鸿章阁下抵达南安普顿

Arrival of His Excellency Li Hung-Chang at Southhampton.

1896 年 8 月 8 日刊行

① 《伦敦新闻画报》1896年 7月 11日、7月 18日报道。

② 索尔兹伯里，原名罗伯特·盖斯科因 - 塞西尔（Robert Gascoyne-Cecil），英国保守党领袖，曾三度出任首相（1885—1886，1886—1892，1895—1902）。

③ 即 George Curzon（1859—1925）。曾于 1892 年来华旅行，在天津直隶总督衙门会晤了李鸿章。1894年出版《远东问题：日本、朝鲜、中国》（*Problems of the Far East: Japan, Korea, and China*）一书。《伦敦新闻画报》连篇报道中日甲午战争时曾多次引用寇松在该书中

李鸿章在奥斯本宫觐见女王：
向女王转达中国皇帝的问候

Li Hung-Chang's Visit to the Queen at Osborne:
His Excellency Reading an Address from the
Emperor of China to Her Majesty.

1896年8月15日刊行

8月5日，李鸿章在英国德文波特海军司令及诸军官的陪同下登上“艾伯特号”皇家游艇，“维克多利亚号”旗舰鸣礼炮19响。“艾伯特号”出港后便穿行于斯皮特海德海域内的英国各舰队之间，目的是让坐在甲板上的李鸿章能够仔细观摩，而各舰队也都纷纷致礼。“艾伯特号”最后抵达怀特岛东考斯的圣三一码头，李鸿章和随行人员在此乘坐皇家马车，在皇家仪仗队陪同下前往奥斯本宫。

李鸿章在奥斯本宫觐见了维多利亚女王。他转呈了光绪帝的信件，并带来了光绪帝的礼物：一个带盖玉瓶、两个皇家御用黄地青花瓷盘、一个剔红漆花瓶。[①] 李鸿章本人也送礼给维多利亚女王：青花大花瓶、香炉和剔红漆碗。维多利亚女王授予李鸿章维多利亚皇家勋章——骑士大十字星勋章，罗丰禄则受封爵士。

所阐述的内容。此次会晤中，寇松也将此书赠与李鸿章。

① 参阅：《李鸿章全集》第16册奏议十六，“请钦颁精美礼品片”。

1896年8月15日，李鸿章在霍瓦登堡与英国前首相格莱斯顿[1]会面。《伦敦新闻画报》这样报道："这次会见活动可谓画面感满满。对于出席会面的人来说，这可能是一段永恒回忆（一位目击者所写）。格莱斯顿先生和中国总理对外宣称，他们二人对这次会见都兴致盎然。但他们此前从未有过直接或间接的交往，直到李鸿章致信格莱斯顿先生，实际上表明'我非常想见到您'。格莱斯顿先生便立即回信称'我将很高兴见到阁下'。"

这幅插画呈现了他们会面的场景：李鸿章正在格莱斯顿先生和随从的搀扶下下楼。画报这样评述道："中、英两国大人物的身体状况形成了鲜明对比，尽管格莱斯顿先生比李鸿章年长十多岁，依然对李鸿章照顾有加。"

李鸿章在霍瓦登堡拜会格莱斯顿

Li Hung-Chang's Visit to Mr. Gladstone at Hawarden Castle.

1896年8月22日刊行

① 即 William Ewart Gladstone（1809—1898）。19世纪中后期英国政坛核心人物之一，自由党领袖，曾四次组阁担任首相（1868—1874年，1880—1885年，1886年，1892—1894年）。他是维多利亚时期自由主义改革运动的核心政治领袖，奉行"自由帝国"思想。

李鸿章亲历英格兰货物的卸货过程，这是英中贸易发展的首要而真实的见证，也是他近期访英之行的成果

Li Hung-Chang Witnessing the Unloading of Goods from England, the First Tangible Evidence of the Development of Our Commercial Relations with China, Resulting from His Recent Visit to This Country.

1896 年 10 月 31 日刊行

《伦敦新闻画报》1896 年 10 月 31 日这样调侃式报道："李鸿章再次阐释了中式幽默。中日战争打响的时候，外界纷纷传言李鸿章的黄马褂、顶戴花翎，或其他诸如此类的穿戴饰品都被褫夺了。可如今的说法是，他被任命为外交大臣的那一天，因为未获旨意就觐见太后而受到中国皇帝的斥责。不过，李鸿章访问欧洲和美国之后，他将在政坛重新掌权树威，并且比之以往更有权势了。于他的人格魅力而言，这称得上是件好事。他从美国带回的自行车能不能有魅力呢？或许他借着教太后了解这台奇妙的机器之机，便可未经获旨意即去觐见。"

同一期的《伦敦新闻画报》还报道了清政府驻英公使馆诱捕孙中山事件[①]，并且评论道："为中国政府服务的英国人有时会自欺欺人，但马格里[②]爵士可能已经考虑到，诱骗一个人进入使馆并将之送回中国，这种想法对伦敦来说太东方化了。"

① 参阅：贺跃夫《孙中山伦敦蒙难获释后与记者的两次谈话》，《中山大学学报（社会科学版）》1985年第 4期。

② 马格里时任中国驻英公使馆临时代办。参见本书第 52页注③。

李鸿章缅怀他的前盟友：在圣保罗大教堂拜谒戈登将军墓

Li Hung-Chang's Remberance of His Former Ally: His Visit to the Tomb of General Gordon in St. Paul's Cathedral.

1901 年 11 月 16 日刊行

李鸿章参加索尔兹伯里勋爵在哈特菲尔德家中为他举办的游园会

Li Hung-Chang at the Garden Party Given by Lord Salisbury in His Honour at Hatfield House.

1901 年 11 月 16 日刊行

1901 年(光绪二十七年)11 月 7 日上午 11 时，李鸿章在北京去世。《伦敦新闻画报》11 月 16 日报道回顾了李鸿章的生平，主要从他 1862 年任江苏巡抚始与西方接触开始边叙边议：

一是，李鸿章上任后，欧美列强一直武装援助清廷镇压太平军，李鸿章既知列强援助的重要性，又怀疑其动机，因此彼此隔阂不断，延误作战。个性强硬的戈登接手“洋枪队”指挥权后，迫使李鸿章让步。李鸿章制造苏州杀降事件后，戈登又以辞职为要挟索要拖欠军饷。二是，李鸿章任官从两江总督、两广总督直至直隶总督，将近 30 年，中华帝国整个腐败体制都压在他身上。中日战争期间，他初任陆海军的总指挥，但不久就被降职取代，黄马褂和顶戴花翎被褫夺后又恢复，这在西方确实成了一个笑话。三是，1896 年出访欧洲和美国成为李鸿章仕途生涯中难忘的一年。出访中，他对关乎国家革新的工业和科技问题特别感兴趣。回国数日后，他被任命为总理衙门大臣，因事被罚俸一年，却辞官不成。李鸿章支持太后，反对皇帝，1898 年被免除总理衙门的职务，这被认为是英国外交的成功。然而，钟摆再次摆动，李鸿章很快重新掌权，但其星光再次黯淡，出任两广总督。四是，义和团起事，八国联军进入北京，李鸿章重新回到京城主持和谈，他向朝廷展现了自己的手段，一味地推诿拖延。

1896 年，李鸿章下榻卡莱恩酒店

Li Hung-Chang's Residence in Carlyon House Terrace, 1896.

李鸿章在比利时科克里尔铸造厂

Li Hung-Chang at Cockrill Foundary, Belgium.

中国铁路开拓者：1896 年 8 月 18 日，李鸿章在格拉斯哥的海德公园机车厂

The Pioneer of Chinese Railways: Li Hung-Chang at the Hyde Park Locomotive Works, Glasgow, August 18, 1896.

八国联军攻占北京，清政府批准了《议和大纲》。在德国新任公使穆默[1]的不断催逼下，1901年6月5日，清政府授醇亲王载沣为头等专使大臣出使德国，并按照《议和大纲》的要求为德国驻华公使克林德[2]被杀“致达歉忱”。载沣时年18岁。

7月12日，载沣使团从北京启程，途经上海、香港等地，9月3日抵达德国波茨坦。9月4日，载沣觐见了德意志帝国皇帝威廉二世，新任出使钦差大臣荫昌[3]陪同觐见。

9月4日，德皇在波茨坦的新皇宫里接见醇亲王载沣

① 即 Alfons von Mumm（1859—1924）。1900年出任德国驻华公使，任期短暂。光绪二十九年（1903）五月十五日，在仁寿殿觐见慈禧太后，呈递德皇的礼物。1909—1911年调任驻日公使。

② 即Klemens von Ketteler（1853—1900）。1899年出任驻华公使。1900年6月20日，克林德乘轿前往总理衙门抗议，遇到端亲王载漪的虎神营章京恩海所率队伍，对战中被枪杀。

③ 荫昌（1859—1928），曾就读同文馆德文馆，任驻德使馆翻译，后入军校学习。1896年，奉命挑带旗兵前往德国学习兵法。1899年，德国强占胶州湾，奉命从北洋学生中挑选精通德语的人才以备翻译之用，并协助与德交涉。1901年7月，任出使德国钦差大臣兼出使荷兰大臣。参阅：台北故宫博物院藏军机处档折件，《奏谢充出使德荷国大臣恩》（故机146313号）。

The Kaiser Receiving Prince Tchun in the New Palace at Potsdam, September 4.

1901 年 9 月 14 日刊行

这幅插画由宫廷内官冯·鲁兹伯爵绘制。画面中，德皇右手位站立者是弗里德里希王子、陆军元帅博克－波拉赫，左手位站立的是冯·恩德伯爵，而醇亲王载沣左前方站立者是德意志帝国总参谋长毛奇元帅，其身后站立者为梁诚[①]。

随同载沣出使的人员有：前内阁侍读学士张翼[②]，副都统荫昌任头等参赞，记名直隶候补道梁诚任二等参赞，候补道麦信坚、浙江候补道刘祖桂任三等参赞，以及翻译官、随员、学生、医官、护卫等。[③]其中有洋员随行，如提督李希德、北洋水师花翎副将巴斯、随员劳鹤。[④]

① 梁诚（1864—1917），广东番禺人。1875年入选第四批留美幼童。留学回国后任总理衙门章京。1902—1908年任驻美国、秘鲁、西班牙、古巴、墨西哥等国公使。1910年 3月出任驻德国公使。参阅：梁碧莹《梁诚：一位让弱国外交闪光的外交家》，《学术研究》2013年第 6期。

② 张翼（1846—1913），顺天府通州（今属北京）人。曾先后任开平矿务局督办，兼办北洋铁轨商路，帮办关内外铁路事务，督办直隶暨热河矿务，筹建秦皇岛码头。八国联军侵华期间，天津海关税务司德璀琳勾结英军，逼迫张翼出卖开平矿务局代理总办权。

③ 参阅：爱新觉罗·载沣著《醇亲王载沣日记》，群众出版社，2014年，卷三。

④ 参阅：台北故宫博物院藏军机处档折件，《奏为出使德国随带前往洋员请照章颁给宝星以示鼓励》（故机 147704号、146920号）。

9 月 7 日，列强全权代表在北京西班牙公使馆签字

The Signature by the Plenipotentiaries of the Powers at the Spanish Legation, Peking, September 7.

1901 年 9 月 30 日刊行

1900 年 8 月 14 日，北京城沦陷。8 月 28 日，八国联军列队闯入紫禁城，耀武扬威。《莱斯利周刊》配图（见右图）报道："中国紫禁城的'奇观'——官吏和宫廷侍从为刚刚亵渎圣城的联军得胜军官们端茶上水，捧上水果干果。"

1901 年 9 月 7 日，清政府代表与列强十一国的全权代表在北京东交民巷的西班牙公使馆正式签订了《议和大纲》的"最后议定书"，即《辛丑条约》。画面前排人物从左到右依次为：荷兰公使克罗伯①，日本公使小村寿太郎，意大利公使萨尔瓦葛②，比利时公使姚士登③，奥匈帝国公使齐干④，西班牙公使葛罗干⑤，俄国公使格尔思⑥，德国公使穆默，英国公使萨道义⑦，美国代表柔克义⑧，法国公使鲍渥⑨，联芳，李鸿章，庆亲王奕劻。

---

① 即 F. M. Knobel（1857—1933）。1895—1902年任荷兰驻华公使。

② 即 Giuseppe Salvago Raggi（1866—1946）。1889—1901年任意大利驻华公使。

③ 即 Maurice Joostens（1862—1910）。1900—1904年任比利时驻华公使。1897年，清政府与比利时签订借款合同，修筑卢汉铁路。其间，姚士登在利奥波德二世授命下充当了主要推手，他还积极促成了李鸿章访问比利时。参阅：台北故宫博物院藏军机处档折件，《奏议筹建卢汉铁路息借洋款事》（故机 140884号）、《奏为卢汉铁路议借比国洋款，业经臣等议定草合同，奏准签字在案等由》（故机 142718号）。

④ 即 Moritz Freiherr Czikann（1847—1909）。1896—1905年任奥匈帝国驻华公使。

⑤ 即 B. J. de Cologan（1848—1921）。1895—1902年任西班牙驻华公使。

⑥ 即 Михаил Николаевич Гирс（1856—1924）。1898—1901年任俄国驻华公使。

⑦ 即 Ernest Mason Satow（1843—1929）。1900—1906年任英国驻华公使。其著述颇多，如《1851—1871年的远东》（*The Far East, 1815-1871*）。光绪二十七年（1901）十一月初四日，萨道义致函奕劻，要求复核张荫桓被革职处死一案。清政府为了保住初定的"和局"，随即追复张荫桓的原官职。

⑧ 即 William Woodville Rockhill（1854—1914）。1884年来华，出任美国驻华使馆参赞。1885—1889年、1891—1892年两次率队到清朝中央政府管辖的蒙藏地区"探险"，著有旅行日记。1905—1909年出任驻华公使。

⑨ 即 Paul Jean Baptiste Beau（1857—1927）。1901—1902年出任法国驻华公使。

《伦敦新闻画报》1912年1月27日这样报道：“一身农夫装扮的袁世凯①，是个十足的垂钓人，兼有托尔斯泰②和艾萨克·沃尔顿③的气质。他可能是中华民国的第一任大总统。”而早在1902年10月4日，袁世凯便已在画报中露面，当时他刚刚继李鸿章后署理直隶总督兼北洋大臣。报道称，8月15日，袁世凯抵达天津，他身穿黄马褂、乘坐大轿，接受礼炮欢迎。袁世凯来津的目的是接收八国联军进行军事殖民统治的临时机构——天津都统衙门④。9月29日，八国联军移交了北京至山海关的铁路⑤管理权，袁世凯和督办铁路大臣胡燏棻⑥负责接收。

① 袁世凯（1859—1916），河南项城人。字慰庭。1882年随淮军提督吴长庆入朝鲜，五品同知衔。1885年被李鸿章保荐为三品道员。1895年，以浙江温处道衔，在天津小站训练“新建陆军”。戊戌变法期间，向荣禄告密，出卖维新派，取得慈禧太后的宠信。1899年升山东巡抚，镇压义和团。1900年八国联军侵犯北京时，参加东南互保。1903年为练兵处会办大臣，扩编北洋军为六镇，成为北洋军阀的首领。1907年调军机大臣、外务部尚书。1909年初被摄政王载沣罢免。1911年武昌起义后，出任内阁总理。1912年3月任中华民国临时大总统。1915年2月，准备称帝。护国战争起，1916年3月被迫取消帝制，仍称大总统。

② 即列夫·托尔斯泰（1828—1910）。俄国文豪。大半生住在亚斯纳亚·波良纳庄园。

③ 即 Isaak Walton（1593—1683）。英国作家。著有《钓客清话》（*A Compleat Angler*）。

④ 天津都统衙门，全称为“暂行管理津郡城厢内外地方事务都统衙门”，于1900年7月30日成立，设在直隶总督衙门。《光绪朝实录》卷五〇三载，光绪二十八年（1902）七月，清廷谕令“先咨询袁世凯接收天津一切章程”，自此袁世凯开始与列强交涉接收天津，过程异常艰难。参阅：骆宝善、刘路生主编《袁世凯全集》，河南大学出版社，2012年，第10卷第410—411页，“天津交还前往接收情形折”。袁世凯奏称，天津文武各官的衙署大多被入城的八国联军摧毁，因此暂时在海防公所办公。

⑤ 即京榆铁路。1900年八国联军占据京榆铁路。

⑥ 胡燏棻（？—1906），历任直隶天津道，广西按察使，顺天府府尹至总理各国事务大臣，刑

1909年摄政王载沣将袁世凯免职。[①]等到1911年辛亥革命爆发，《伦敦新闻画报》再次关注到袁世凯，记者这样写道：“在中国当前的危机发生之前，袁世凯在朝廷并不得宠，被以足疾为由罢免了一切职务，赋闲在家。袁世凯隐居在黄河北岸彰德府一座高墙大院里，过着乡绅文士的日子，每天或作诗或在菊园间沉思。夏天，他就扮成农夫，每天耕作在田间，或浇菜园。照片中的袁世凯身穿农民衣服，坐在湖边小船上钓鱼。这张照片是他送给著名的法国记者让·罗德斯[②]的。这位记者指出，中国摄影师对照片进行了修饰，因而袁世凯看起来年轻了许多。几个月前，当他被要求成为一名共和党人时，他这样回答：‘一个50岁的女人不可能安全地换丈夫。’然而，最近有消息说，他将被任命为中华民国第一任大总统。我撰写本文时，此消息还未确定。”

手握重权，
后被罢黜，
如今再度掌权：
中华民国临时
政府总统袁世凯

Omnipotent; then an Exile;
Now in Power Again:
Yuan Shi Kai, President of
the Provisional Government
of the Chinese Republic.

1912年1月27日刊行

部、邮传部右侍郎。1894年，奏请练兵经费及开办粮台、统筹洋员练兵、山海关防务、外洋订购军火及沿江各省协济饷械必须陆运等诸事；1895年，奏请创办邮政以删驿递、津芦铁路拟借洋款举办等事；1898年，奏请精练陆军、酌设武科章程并于各省府厅州县分设学堂教习等事，还与中英银公司订立关内外铁路借款合同；1901年，奉命筹办善后事宜，会同袁世凯办理关内外铁路事宜；1902年，筹议京师善后，奏请创设工巡局。

① 《伦敦新闻画报》1910年9月17日报道：“慈禧太后去世后，大部分能干、开明的大臣都被免职，包括军机大臣袁世凯。”报道提及袁世凯提拔推举的唐绍仪（1862—1938）：“唐绍仪回国后一直赋闲，近日获得新的任命，希望这标志着摄政政策的改变。”唐绍仪是广东人，1874年赴美留学，1881年学成归来，被派往朝鲜帮助税务司开设海关，得到总理朝鲜交涉通商事宜的袁世凯的赏识与举荐，后任驻朝鲜总领事；1901年任直隶津海关道；1904—1906年任全权大臣，率张荫棠、梁士诒等人，与英国全权代表费利夏（S. M. Franser）谈判西藏问题；1906年任督办铁路大臣、邮传部左侍郎、兼署外务部右侍郎、会办税务大臣；1907年任奉天巡抚；1908年任专使美国兼考察各国财政大臣。

② 即Jean Rodes（1867—1947）。法国《时代报》（*Le Temps*）驻华记者、作家。

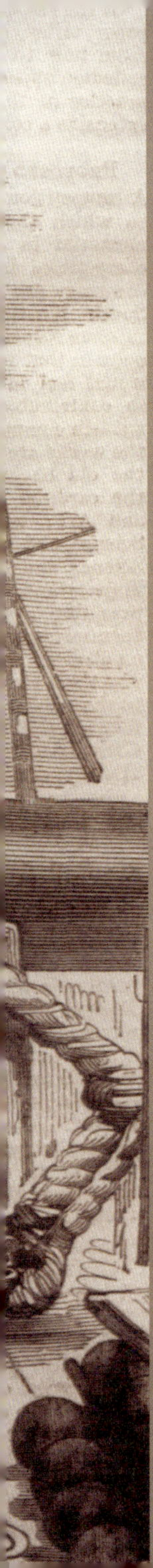

第三章 外患内乱下的九州

CHAPTER THREE

Internal Troubles, External Threats: China.

1842-1912

中国炮台
Chinese Fort.

中国兵勇
Chinese Soldier.

1842 年 7 月 9 日刊行

中国炮兵和大炮
Chinese Artillerymen and Gun.

军官
Military Mandarin.

《伦敦新闻画报》1842 年 7 月 9 日报道："图片展现了中国炮兵练习火炮的情景。火炮用于战争极大地吸引了中国人的注意，他们开始意识到火炮的价值，最近宁波发生的事件并不会降低火炮在军队中的重要性。[①] 关于宁波事件的详情和通过陆路传递的其他东方新闻见于本报第 4 页和第 5 页。无论是图中炮兵的外貌，还是他们正在悠然自得研究的火炮装备，看起来似乎都不可怕。事实上，不论是否上膛，相对于敌人而言，中国火炮反而对自己人更危险。因此，即使火炮被缴获，也不会有被毁掉的麻烦。然而，如果这种情况持续下去，中国人将会比以前更加精通战争技巧。同时他们正在从西方派出的教授他们如何放炮的'蛮夷'那里接受最昂贵的教训。当他们完全掌握了火炮的奥秘后，显然对它就不会再有更多的需求。"[②]

《伦敦新闻画报》1842 年 8 月 6 日报道记述了 1842 年 4 月 12 日清军在宁波与侵华英军作战的情况："中国人在向西约 11 英里（约 18 千米）处驻扎了约 6000 名勇士，企图切断我们的补给。约 1100 名士兵组成的部队乘船登陆，与敌对峙，并发起进攻。中国人四处散开，有 600 至 700 人死亡。他们的战斗比以往任何时候都更加坚定，因此我们遭受了损失，有 3 人丧生，10 人受伤。部队第二天返回营地。"此外，来自中国的消息报道表明，英军一直关注清军在黄埔和广州之间河段加固防御工事的所有行动。

---

① 1842年 3月 10日至 4月 14日，清军在浙江东部的定海（今舟山市）、镇海（今属宁波）和宁波等三地出兵，计划夺回被入侵英军占领的城镇，但最终失败。《伦敦新闻画报》1842年 7月 9日报道，英军当时已探听到清军这一军事行动计划，并得知领兵的是宗室大臣、道光帝之侄、扬威将军奕经。奕经因抗击英军不利，被解职。咸丰三年（1853），奕经奉旨防御太平军，病死于徐州。参阅：《道光朝实录》卷三五七至卷三七一。

② 在近代中国的海防体系中，炮台是至关重要的一环。第一次鸦片战争前，清朝在广州珠江虎门出海口水道两岸先后建成了大角炮台、沙角炮台、威远炮台、镇远炮台、靖远炮台、横档炮台、永安炮台、巩固炮台、大虎炮台，炮台连同木排铁链、水底石堆、暗桩，在虎门水道构成了一个具有三重门户的防御体系，它被认为是清朝最大最坚固的海防要塞。道光二十一年（1841）正月初八日，清朝对英国宣战。在大角—沙角战役和上横档战役中，这一海防体系却被英军轻松摧毁。究其原因，武器装备落后是一大因素。清军火炮的铸造技术远落后于英军大炮，使用的轻武器也是鸟枪、弓箭。更为重要的是，清朝海防思想落后于时代，难以将炮台建设成为可抵御近代化舰队的防御工事，木排铁链根本无法抵挡英军的蒸汽动力铁甲炮舰。清朝也缺乏一支训练有素的海军。正如洋务派代表丁日昌（1823—1882）所言："沿海兵制散而无统，今宜变通旧制"，而且"即沿海炮台，亦呆无所用"，"此其所以不能胜也"。参阅：张侠等编《清末海军史料》，海洋出版社，1982年。

帝国信使

Imperial Messenger.

1842 年 8 月 6 日刊行

这幅插画中的帝国信使，其传递[①]的是有关鸦片战争赔款的消息。画报记者这样写道："我们的读者知道，天朝除了这笔赔款之外，还以割让香港作为议和的代价。"[②]

同一期报道中记述，英船"乔治四世号"正从英吉利海峡斯皮特黑德港口启程前往中国，为英军运送 400 吨面包。此外，报道还透露了当时侵华英军的舰船规模和兵力："现在前往中国的最后一批增援部队已抵达，我们在中国水域将有 56 艘战舰，其中 17 艘汽船、40 至 50 艘运输船，以及 15000 名战斗人员，不包括岸上的水手。我们已经杀死了近 8000 名中国人，缴获并摧毁了 1819 门大炮。"[③]

---

① 在清代，邮政传书递命，发挥着维系朝政运转的重要功能。清代历朝十分重视驿政建设，将之视为皇政的一部分。到了道光、咸丰年间，外邮机构在口岸初设，外国邮政制度逐步被介绍入华。参阅：蔡维屏《交通、邮政与近代中国社会变动》，《史学月刊》2016年第8期。

② 《道光朝实录》卷三七七载，道光二十二年（1842）七月初七日，耆英奏称，英方将索讨赔款及通商口岸等议和条款开列清单，交给谈判代表塔芬布等携回，并称如果清政府同意，英方就不再动武；若是不同意，英方将开战，侵扰其他省区。参阅：台北故宫博物院藏宫中档道光朝奏折，《奏报英夷请求各款委员连日会议，业经粗定条约》（故宫 112321 号）。

③ 《伦敦新闻画报》1842年 7月 16日报道，时任英国财政大臣乔治 •柯乐科（George Clerk）提出的有关中国战争的总费用议案，经一番讨论后表决通过。1845年，乔治 •柯乐科加入枢密院，并被任命为贸易委员会副主席和铸币局局长，直到 1846年保守党政府垮台为止。

《伦敦新闻画报》这样报道："一件非常有趣的藏品刚被收入海德公园角的'唐人馆'。这名全副武装的'水勇'①，是直接从中国运来的，据称是带到英国的唯一标本。这名水勇是个士兵，他骑在硕大而中空的皮筏上，手持三叉戟等兵器。在最近的中、英遭遇战之前，水勇被认为是与英国水手实力旗鼓相当的；可现在，我们怀疑中国人一定很满意他们的这悲催的发明，凭此来对抗惯于横行洋面的'海上霸主'。一个拥有活字印刷术、火药和指南针这三项现代最重要发明或发现的民族，与此实在太不相符。有人认为，水勇更适合于和平时期在内湖捕鱼。需要解释的是，水勇乘坐的'马'是由充了气的猪皮做成的筏子。水勇一手拿着火绳手枪，一手拿着套着铁环的三叉戟。他通过摇晃三叉戟所发出的声音来吓唬蛮夷。所穿服饰是普通中式衣服，裤腿卷到大腿之上。"

① 康熙三年（1664），清朝在东北吉林设置船厂，造战船，始建水师营（初名"水手营"）。雍乾时期，以八旗水师为核心、辅以绿营水师的海防体系初步形成。鸦片战争前，海防主要由八旗水师和绿营水师负责，而人才匮乏始终是清代水师的一大问题。鸦片战争中，旗营水师人才缺乏、粮饷待遇差、训练不足、战斗力弱、水战武器落后等种种问题彻底暴露，后果严重。战事急迫，清廷不得不招募水勇。《道光朝实录》卷三三七载，道光二十年（1840）七月，道光帝据闽浙总督邓廷桢（1776—1846）等奏报，下谕"酌带官兵，雇募水勇，赴浙协剿"。自此招募、广募、添募水勇已成道光朝、咸丰朝、同治朝、光绪朝战事用兵的常态，直至光绪三十三年（1907）。

CHINESE WATER-BRAVE.

A very interesting item has just been added to the popular "Chinese Collection," at Hyde-park Corner. It has been received direct from China, and is a "Water-brave," with all his warlike accoutrements, and is believed to be the only specimen of the kind ever brought to England. The Water-brave is a soldier mounted upon a large hollow body, and armed with a trident weapon, &c., a fit antagonist, it was thought, before the late encounter, to cope with British seamen; but, by this time, we suspect the Chinamen must be satisfied of their sorry contrivance to withstand those who are accustomed to "rule the waves;" whilst it is altogether unworthy of a people who have been the authors of three of the most important inventions or discoveries of modern times—the art of printing, the composition of gunpowder, and the magnetic compass. Nevertheless, it has been suggested that

CHINESE "WATER-BRAVE."

the "Water-brave" might be more advantageously employed in the peaceful pursuit of lake fishing.

It should be explained that the "horse" whereon "the brave" rides is made of pig-skin blown into shape; he bears a match-lock pistol, and upon the trident are iron rings, which he shakes to intimidate "the barbarians." The costume is the ordinary Chinese dress, the trousers being tucked up.

中国水勇

Chinese "Water-Brave."

1844 年 7 月 6 日刊行

进入咸丰六年（1856），马嘉理事件[①]和“亚罗号”事件相继发生，英、法、美列强提出“重订条约”要求，三国公使联手，步步紧逼。咸丰帝得到奏报，在密谕中先讲更定条约万难准行，又称英国人“狡诈成性，遇事生风”，告诫叶名琛与英国人交涉，不能“过于峻拒，激成事端”，也不能“一味通融，授之以柄”。[②]

在外交交涉和武力威吓无果的情况下，1856年10月，包令和西摩尔下令炮轰广州。攻破城墙后，英军首次进入广州城，西摩尔“拜访”了总督府衙。英军虽然只有区区500人，但清军的防御不堪一击，从未沦陷过的广州城在缺乏正规军驰援的情况下，被英军水兵和海军陆战队队员攻破。但是，英军兵力不足以在城内守卫一个据点，因此，在西摩尔到过总督府衙后，英军撤出了广州城。攻入省城、摧毁府衙并未实现英国人所要的所有效果，尤其是让叶名琛屈服、让广州放弃抵抗。

《伦敦新闻画报》继续报道后续战事：以“杖鱼号”为首的英舰分队攻袭坚守“法国炮台”[③]要塞的广州水师，遭到猛烈反击。广州水师英勇对战，但风力木船与蒸汽动力的铁甲炮舰难以持久相抗，停泊于“法国炮台”要塞的广州水师兵船全部被摧毁。珠江入海口的虎门要塞，虽有重兵把守，但很快也被英军占领。

中国官兵

Chinese Mandarin and Soldiers.

1857年1月17日刊行

① 参见本书第97页注①。

② 《咸丰朝实录》卷二〇三载：咸丰六年六月，叶名琛奏报，英、美、法等国要求重订条约。英国公使包令、美国公使伯驾（Peter Parker，1804—1888）、法国公使顾思（Marie Rene Roussel De Courcy，1827—1908）欲再次乘船北上。

③ 即东定炮台（东水炮台），习称“东炮台”。《粤海关志》载，东炮台属广东水师提标后营。

值守街市的士兵

Chinese Street Guard.

1857 年 2 月 28 日刊行

这幅速写画的是广州值守的士兵。画报记者这样描述道："清军中相当一部分步兵仅仅起着'城镇警察'的作用。而且我们发现，清军任务分派中竟然有一条'胆怯者守城门'。也可能正因为如此，虽然所画士兵身边立着长矛等武器，但他抽着烟袋，一副闲适样子，看上去并不令人生畏。"

画报记者借着这一场景针对清朝的兵制军规、训兵武备、八旗兵战斗力展开了一番散议：

清朝兵制条例听上去很有道理，如"仗可百年不打，国不可一日无防"。如果他们能够将兵制和兵法实施运用得当，那么一定能训练出一支纪律严明的军队。又如，按照军规：战时须勇往直前，贪生怕死者斩，首级示众。杀敌必定论功行赏。若战死疆场，家属受到优厚抚恤。怯懦投敌者，受死；冲锋在前，未必死；畏惧退缩，必死。军官应将此军规贯彻落实到士兵身上，令之奋勇作战、杀敌立功。但是，在画报记者看来，这条军规的制定是可疑的，因为镇江府的失陷[①]这一"可悲后果"说明这一军规对于八旗兵是毫无效力的，防守镇江府的正是八旗兵。再如，另一条军规：须武备精良，保持火药干燥。画报记者所见实情则是：清兵弹药匣如此劣质，一阵雨过后，火器营就完全失去了战斗力。

画报记者还列举了多条清军的军规条例，最终得出的结论是：在中国军营中，军规形同虚设。

① 即指道光二十二年（1842）六月，英军攻陷镇江府城。《道光朝实录》卷三七五载，守城的清军与英军相持了七八个昼夜，数位清军将领率官兵迎敌，如参赞大臣、四川提督齐慎，江南提督刘允孝，京口副都统海龄。把总周兆熊坚守阵地，杀死英军头目一名。

中国“叛匪”(太平军) Chinese Rebels. 1857 年 3 月 14 日刊行

英法联军炮轰广州城垣，焚烧民房、铺户，广州十三行也被烧成灰烬，这激起了广州诸地民众抗击外敌、反侵略的仇恨怒火。[①]英、法两国原本想靠军事行动胁迫清廷同意“修订条约”，但面对此种新情势，英、法公使及使团前往北京的行动不得不搁置，因为即使在香港，他们也感受到了某种危机。《伦敦新闻画报》从入侵者视角记录了广州民众和清军抗击英法联军的诸多行动，作了大篇幅报道：1856 年 12 月底，从广州返回香港的“大鳍蓟号”邮船上，中国水手起事，包括西班牙驻澳门领事迪亚斯在内的 11 人被杀，船只遭劫；1857 年 1 月 9 日，“飞马号”客轮在珠江受到 53 艘清军兵船追袭；英舰队司令西摩尔的旗舰“乌木号”也遭到清军水师兵船的偷袭。画报记者在英国皇家舰艇“交战号”

① 参阅：《咸丰朝实录》卷二一二，咸丰六年十一月。

上寄出的家书也有真实记述:“离开香港 3 个月以来,我们从未停火,白天划桨,黑夜靠蒸汽机,伤亡染病,死亡接连不断。”不分昼夜的无休止的战斗让英军士兵“感到疲惫不堪”,他们“群情激奋,却也谈不上愉快”。“在距离我们 3.5 英里(约 5.6 千米)处的珠江江面上有 500 艘敌船。假如他们有勇气,并且清楚自身力量,那他们足以吞吃掉我们。”“他们数量多得像海滩上的沙砾,这个星期以来,我们 4 艘军舰中的 3 艘牵制了 400 艘敌船及 1.5 万人,使他们难以抵近。那些兵船并排列队,看上去十分可惧。”清军想用火药炸毁英军的“火轮船”,运用了海防漂浮鱼雷,舢板或木筏装载着各式火药装置顺流而下。这令英舰队十分苦恼担心,“从上游漂下来的火药数量如此巨大,足以把我们都送上天去”。西摩尔为此制定“焚烧敌船”军事行动,行动实际上烧毁了中国人的一切,“连装满鸡鸭鹅猪的集市也没放过”。然而,“白天可能被枪弹击中,晚上军舰可能被炸沉”,在中国进行这场战争已让英军士兵感到“厌恶和疲惫”,他们心里祈求和伤员一样,希望下次写信时“同样在回家路上”。

爆发于 1851 年的太平天国运动此时也如火如荼。画报记者在报道中这样假想:“如果太平军占领广东省,将之并入太平天国中,虚弱的清政府遭受沉重打击,或许完全瘫痪,整个广东陷入比两年前被叛匪占领时更糟糕的境地。那样一来我们将得以立足此地,这对于我们十分有利。”

用滑竿运送伤员的中国“叛匪”(太平军)

Chinese Mode of Carrying the Wounded.

1857 年 3 月 14 日刊行

中国“叛匪”(太平军) Chinese Rebels. 1857年3月21日刊行

《伦敦新闻画报》1857年3月14日报道：“在中国的战事进入到一个惨烈阶段，所有军事行动都很成功，倘若再给敌人一个沉重打击，整个战争就将结束。”画报记者认为，军事占优的英国人对于中国的认识还很肤浅，并且说“这是一个被世界误解的民族”。当日报道还刊载了中国兵船插图，对比第一次鸦片战争前旧式中国兵船与第二次鸦片战争时新式中国兵船，以此表明中国实战兵船的重大改进，涉及船型式样、船体构造、武器装备、船帆质地、水兵驾船技术等。例如，清军最高等级的兵船所用武器装备，不再是20年前那种装配在船舷的火绳枪，而改为大炮，和英军护卫舰一样，有的大炮口径和吨位甚至超过英国制造的大炮。画报记者提及观察到的特殊现象：中国水师在诸多方面改进了兵船，有一点完全没有改变——船首的“大眼睛”[1]。

① 中国木帆船的船首都有“龙目”。传说龙目可以观天时识风云。1883年伦敦国际渔业博览会中国馆展出了这种船模。

1857 年 8 月 29 日刊行　The Battle of Fatsham Creek.　佛山水道之战

画报 3 月 21 日报道：截至 1857 年 1 月 30 日，来自香港的消息表明，贸易停滞，当地的欧洲人忧心身家安危。而此时伦敦上议院正在讨论即将派往中国的增援军队的官兵军饷和津贴。由报道可知，英国国内出现了对约翰·包令的质疑和抨击。而画报记者将这些反对者称作“始终是对中国一无所知的人”，认为包令拥有支持者——在中国香港和 5 个通商口岸港的全体英国人，以及所有与中国开展贸易、其金钱利益在战争中遭受严重损害的伦敦和利物浦的大商人。画报把包令描述为“中国的朋友和爱好和平的人”，其动武开战是“不情愿的”，是“被迫采取艰难而特殊的立场”，但事实上武力威吓与胁迫自始至终是英国在中国攫取利益的必选手段。同时，他们似乎知道中国的潜在力量，忌惮中国的强大。画报引用古伯察[①]的著述：“中国也将能为一支海军提供取之不竭的资源。中国拥有漫长海岸线，大半生与海为伴的渔民人口庞大，撇开这些不说，光是内陆那些纵横的江河和浩渺的湖泊就布满了渔船和商船。中国能够提供不计其数的船家子弟，他们身手矫健、熟谙水性，能够成为远征作战的优秀水兵。……中国人很快就能制造出模仿欧洲军舰式样的兵船，不需数年，他们定能建立起一支前所未有的强大舰队。”

---

① 即 Père Évariste HUC（1813—1860）。法国入华遣使会会士。道光十九年（1839）夏到达澳门，道光二十一年夏到蒙古地区传教。古伯察用了 6年时间穿越中国内陆，广泛接触各阶层人士，包括信徒、官员、商人、平民。著有《鞑靼西藏旅行记（1844—1846）》和《中华帝国纪行》。《道光朝实录》卷四二八、卷四三〇载，时任驻藏大臣琦善奉命将进入中国西藏拉萨传教的古伯察、秦神父（即约则噶毕，Joseph Gabet）驱逐出境。参阅：耿升、继光《关于法国传教士古伯察西藏之行的汉文史料》，《西藏研究》1991年第 1期。

广州的军事辎重队
The Military Train, Canton.

1858 年 3 月 20 日刊行

英军第 2 步兵旅在广州的司令部
Head-Quarters of the 2nd Brigade, Canton.

1857 年 11 月，英、法、美、俄四国公使和使团悉数汇聚香港，三批英国海军陆战队乘坐炮舰也陆续抵达，港口礼炮不断，英法联军攻打广州的战役即将打响。随同英法联军登陆广州的还有一支军事辎重队。《伦敦新闻画报》这样描述道：“军事辎重队队员全是中国人，他们身穿黑色中式衣服，胸前斜挎着一条带有中英文编号的白布带，头上戴着标有‘军事辎重队’英文字样的尖顶竹篾斗笠。队员们操着一口洋泾浜英语，听起来令人好笑。这支 700 人的辎重队承担着马匹的劳作——拉炮车，背弹药，等等。据画报记者讲，在出发前香港舆论对军事辎重队颇多诋毁，认为队员们将会投靠他们的同胞，不肯前往广州，甚至担心他们背后耍阴谋搞破坏。但事实证明，辎重队表现得很出色，其幽默、服从和勤劳的特质令世人震惊。这些具有超强忍耐力的苦力们不知疲倦地

军事辎重队拆除广州贡院的号舍

1858 年 6 月 26 日刊行 The Military Train Levelling the Cells at Examination Hall, Canton.

从早到晚把物资运往前线却毫无怨言。假如他们发现自己的画像刊登在报纸上，想必会很开心。因为中国人非常喜欢用《伦敦新闻画报》糊墙和糊船。”

参与攻占广州的英军第 2 步兵旅由格雷厄姆上校率领。画报这样报道：“从拱门到城东门的街上整天挤满了乞丐、盲妇和儿童。格雷厄姆上校将城门内的第一家店铺当作司令部。当我们路过时，他像个磨坊主，满身尘土，清理出大量散落在地的大米，送给外面的饥民。一位 70 岁的老人住在司令部后面的庙中，他拒绝搬走，说只要能得到些许大米、烟草和茶叶，就会留在那里。老人被告知，一旦英国海军陆战队离开，他可能找不到如此好相处的闯入者（皇家炮兵）。而他却说不在乎，因为他的 3 个孩子（指一同隐居的人）在轰炸中被炸死了，自己心里已没有一丝害怕。”

攻击广州白云山的练勇
Attack on the "Braves" Near the White Cloud Mountain, Canton.

1858年8月14日刊行

一场野蛮的劫掠后的广州闹市

英法联军攻占广州城后，占领者费尽心思，想让遭受战火蹂躏的广州城恢复商业活力，昔日人来人往、热闹喧嚣的街市变得冷冷清清。英、法两国特使额尔金、葛罗[①]给广州街市搞出一套新招牌。然而，这些招牌在一夜之间都被偷走了。

画报记者这样记述道：“距离宣布议和、解除封锁，已经过去一段时间了，但是到目前为止还没有明显的贸易复苏的迹象。很少有人回来，这条河也不再像去年2月那样挤满了本地船只。现在的珠江呈现出一种荒凉而忧郁的景象，虽然有一些帆船，但数量很

① 即 Baron Gros（1793—1870）。法国全权特使。又译作噶罗。

Appearance of a Busy Street in Canton
After a Visit from "Ye Barbarians."

“复仇者”归来

1858年10月9日刊行

Return of the Avengers.

少，已不复以往的繁荣。”珠江两岸的商铺大多数都关闭着，而英法联军炮轰广州城时它们还都开门营业，店铺里有人干活儿。英国人作出很多努力，想跟当地商人做生意，但都落空了。“英军的大炮和炮弹都运回了香港，哨兵的毛瑟枪不再上膛。英军士兵接到命令，上街不准带枪。可士兵们犹豫是不是要执行。”

一名被清军俘虏的英军士兵获释归来，他穿着天朝官服，说自己“好吃好喝，未受虐待”。画报记者由此写道，“说明当地中国人已懂得‘文明战争’的性质”。英国人将自己发动的入侵他国的战争称为“文明战争”，这恐怕只能是盎格鲁－撒克逊的文明逻辑了。

1850 年以来，自满好战的国民心态在英国日盛。1860 年 1 月，英国远征中国的增援部队已在组建中。画报报道："英、法远征中国或许印证了这句话，即大国不打小战争。据说，英国对付天朝帝国要动用的陆军的人数不少于 2 万人，而法国分遣队则将增加到 3 万人，再加上两国海军附属陆战队，这支部队很可能在北京引发恐惧和战栗。"2 月，发自中国的有关"中国敌对行动"的信函陆续呈报给英国议会。约翰·罗素[①]勋爵在信中指示卜鲁斯[②]：要求中国政府就"背信弃义"在白河攻击英军正式道歉，交换《天津条约》的批准书，准许英国使节乘战舰前往天津，并由官方迎送至北京。他还进一步暗示，如果中国政府不及时满足这些要求，英国政府将要求巨额赔偿。[③] 英国议会也存有其他声音。陆军将军埃文斯（George de Lacy Evans）爵士发起动议谴责 1858 年英军攻击白河，支持对华和解政策，并建议任命"一位经验丰富、性格温和、判断力强的全权特使，与中国皇帝进行重要谈判，并指导和协助女王陛下为此部署的海军和陆军。"罗素勋爵回应

① 即 John Rusaell（1792—1878）。两度出任英国首相（1846—1852年，1865—1866年）。

② 即 F. W. A. Bruce（1814—1867）。又译作卜鲁士。1858年受命来华交换《天津条约》批准文书，在大沽口受阻。画报 1859年 3月 12日报道，卜鲁斯被任命为英国驻华公使兼商务总监。

③ 《伦敦新闻画报》1860年 1月 14日、2月 11日报道。

7 月 5 日，英军陆战队在大连小孤山湾登陆

天津，在白河河堤上

Landing of British Troops in Pearl Bay,
Talien-Wan, on the 5th of July.

Tien-Tsin, on the Banks of the Peiho River.
1860 年 10 月 13 日刊行

道："我们政府已对中国采取了非常温和的做法，指示大使要求中国为其所犯'暴行'道歉，并应时就势采取其他自认为必要的措施。由于两国相距遥远，不可能通过及时指令来约束全权特使的自由裁量权。目前，身在巴黎的额尔金勋爵将前往中国，与葛罗男爵共同行动。如果与中国政府的谈判失败，我们将要求他们赔款以补偿我们的军费开销。"然而，法国外交官巴士东[①]警告法国政府不要坚持敌对中国、发动远征，远征耗资不低于 1000 万英镑，却无法依靠赔款来补偿，因为中国国库正亏空着。英国政治家约翰 · 布莱特（John Bright）也深感失望，认为政府即将进行一场"血腥的和代价高昂的战争"。[②]

4 月，额尔金启程前往中国，远征中国的英法联军占领舟山，舰队集结在金塘，英军在印兵团开拔前往中国，英国还在好望角为远征军设立了疗养院，以备接收伤病员；5 月，英、法特使发出的最后通牒被清廷拒绝，所有口岸被封锁；6 月，英法联军开始北上；7 月，英法联军集结在大连湾，向白河开拔。

① 即 E. J. Blancheton。1857—1866年任法国驻华使馆翻译。1878年任驻汉口领事。

② 《伦敦新闻画报》1860年 3月 24日报道。画报还引述《黑木》杂志题为"在中国的战争与进步"一文，辩称"战争对大英帝国利益的必要性"。

大连湾的乡村小道
A Village Street, Talien-Wan.

购买当地人的鸡蛋和家禽
Purchasing Eggs and Fowls of the Natives.

大连湾民居里
Interior of a Cottage at Talien-Wan.

1860 年
10 月 13 日刊行

《伦敦新闻画报》特派画家兼记者跟随英法联军登陆大连湾后，四处游走观察，并发回这样的报道：“这是阳光明媚的一天，天空无云，今天早上我去了六里屯，同村民一直待到晚上。这里街道宽阔，房屋几乎都是石头建造，屋顶铺茅草，但是有些商铺用灰砖建造，屋顶铺瓦。我走进一间房子，住户请我坐下，十分礼貌友善。当他们吃晚饭时，便让我进去。我估摸他们觉得蛮夷并不喜欢他们的日常饭菜，就偷偷给我煮了一些鸡蛋，还坚持要我喝烧酒。他们吃饭时，我趁机‘摆脱了他们’，这才完成此画作。这里的所有房屋都有一张用砖和粘土垒造的火炕，火炕上铺着席子。一张火炕可坐 6 人。冬天时，睡觉的人必须在火炕上取暖，但这似乎并没有伤着他们，你们在其他任何地方都找不到比这更强或更健康的一套家什了，火在炕下燃烧着，烟从屋外的烟囱里冒出。许多房屋都用牛皮纸糊墙，但大多数房屋只是土皮墙，随着经年累月的烟熏，土褐色变成了赏心悦目的斑斓色。而地板就是建屋起基的土地。他们在火炕上放上一张小桌，鞋就脱在地上，至少一些人是这样的，有身份的人（绅士）会穿着白袜。他们说这里没有茶，人们喝水，吃饭喝烧酒。饭后，他们像往常一样用清水漱口，并穿上脱掉的外衣，因为中国人在就餐时会更衣。他们是多么令人愉快的人！登陆后，每个人都喜欢他们。长官特别提示不要掠夺，尽管我们此前稍有放纵——无故惊扰了人们。这是海湾的一面，在这里他们很是信赖我们，会不断地提供粮食；而另一面，同伴们过得无聊，尝够了腌牛肉的盐味。这真是个好天。我坐在午后的日头下，没遮阳伞，画着画。这是 7 月，过去两周里，天空一直万里无云，夜晚清凉，太阳刚落山便有浓浓的露水滴下来。”

“舢板方能驶入白河河口。大船驶入渤海后不得不在望得见浅海岸边时抛锚。入口处设有堡垒，只有涨潮时炮艇能越过。我们在 1858 年曾占领炮台，中国人又重建加固，由此我们在 1859 年遭受了如此惨败。这些炮台就在入口内，堡垒有重炮。大沽屯位于堡垒上方，那里有一栋风景如画的建筑——府衙。白河一直蜿蜒至天津。它的深度是有规律的，河流中央是沙洲，岸边坡地逐渐抬升，高过河流。”

此时为咸丰十年六月，咸丰帝接到僧格林沁奏报——大沽口两岸危急，由六百里加紧发去朱谕、密谕，一再命令专意扼守大沽口炮台的僧格林沁应当以大局为重，撤回天津，保卫京师。七月初五日，白河北岸石缝炮台失守后，僧格林沁遵旨退守通州。

1860 年 12 月 8 日刊行　Interior of the North Fort Peiho.　白河北岸石缝炮台内景

9月21日，英国皇家龙骑兵与清军骑兵在京郊遭遇战中近距搏杀

The King's Dragoon Guards Closing with the Tartar Cavalry in the Engagment Near Pekin on the 21st of September.

9月21日，法军攻占京郊的八里桥

The French Attack on the Bridge Pa-Li-Chian, Eight Milles from Pekin.

1860年12月22日刊行

Weighing the Compensation Money Exacted from the Chinese for the Released British Prisoners and for Families of Those Who were Murdered.
1861 年 4 月 13 日刊行
称量恤金（清廷赔付给获释的英国囚犯及亡者家属）

Arrival at Tien-Tsin of a Portion of the Chinese Indemnity Money, Escorted by Chinese Troops.
1861 年 4 月 20 日刊行
清军押送赔款抵达天津

“通州为京师屏蔽，而天津实为通州门户。”咸丰帝谕令给守军续拨饷银，激励军心，但两地仍失守了。他转而派桂良赴津和谈，又派载垣、穆荫前往通州办理和局，都无法实现他焦盼的“抚局”。1860 年 9 月，英法联军兵临京城，担负守城专责的恭亲王奕䜣奉命和谈。英、法称兵挟制，攻占安定门，以“洗劫京师”为要挟，逼迫清政府一概允准其各项要求，甚至在城墙下贴出布告，宣称其行径的“正义性”。咸丰帝斥责臣下懦弱无能，而他最终也“委曲将就，以期保大局”，并谕令从宗人府所存工程银中拨银 40 万两。10 月 22 日，清政府赔付的恤金 30 万银子被押送至英军司令部。10 月 24 日，额尔金在将官和仪仗队护卫下，乘十六抬大轿穿行北京城，来到大清门东侧的礼部衙门，与恭亲王奕䜣签订了《中英北京条约》。[①] 该条约共 9 款，其中将《中英天津条约》规定的赔款增为 800 万两，外加恤金 50 万两。12 月 13 日，卜鲁斯致信奕䜣：赔款首付已收到，应是 50 多万两银子。英国人雇佣中国银匠协助称量银锭。

① 《伦敦新闻画报》1860年1月5日、1月26日报道。参阅：《咸丰朝实录》卷三二三至卷三三〇。

一群纪律严明的中国士兵与欧洲军官

Group of Disciplined Chinese Soldiers with European Officers.

1863 年 8 月 20 日刊行

同治元年（1862）2 月，清廷允准江苏巡抚薛焕的奏请，谕令其会同江浙士绅，与英、法迅速筹商，借助英、法武装力量“剿贼”。3 月，美国人华尔（F. T. Ward）组建的洋枪队（后称“常胜军”）和英舰队司令何伯、法舰队司令卜罗德（A. L. Protet）所率军队及炮舰在上海大举攻袭太平军，之后他们在江苏多地镇压太平军。同时，法国海军参将勒伯勒东（Albert-Édouard Le Brethon de Caligny）和宁波海关税务司日意格（P. M. Giquel）组建了“常捷军”，在浙江镇压太平军。“常捷军”受时任浙江巡抚左宗棠的节制。崇厚在天津也组建了由英国人训练的洋枪队。9 月，华尔在慈溪被打死，白齐文[①]暂时统领“常胜军”，但英国欲推荐他人。1863 年 3 月，戈登[②]统领“常胜军”。

《伦敦新闻画报》数次报道戈登在华的消息。8 月 20 日报道：“这是一队纪律严明的中国人及其外国长官。在欧洲教官领导下，他们成为本国军队的一支，并很好地用于

① 即 H. A. Burgevine（1836—1865）。常胜军受时任江苏巡抚李鸿章的节制。白齐文因与李鸿章等屡屡发生争执冲突，终被“解去兵柄，听候查办”。1863年 8月，殴伤苏松粮道杨坊，抢去预备军饷，率众投奔苏州太平军。1865年 5月，在福建漳州被拘捕，押解途中溺亡。另参阅：《李鸿章全集》第 1册奏议一，“白齐文滋事撤换片”“轮船济贼并白齐文私叛片”；第 2册奏议二，“拿获白齐文片”“白齐文覆舟溺毙折”。

② 即 C. G. Gordon（1833—1885）。1860年 9月被派到中国参加第二次鸦片战争，任英军工兵队指挥官。1862年 5月到上海与太平军作战。统领常胜军后，协同李鸿章的淮军与太平军作战。1863年 4月，被授为总兵；12月，诱降太平天国纳王郜永宽等，助李鸿章占领苏州。

清朝官兵的服饰
Costumes of Imperial Mandarins and Soldiers.

太平天国官兵的服饰
Costumes of Taeping Officers and Soldiers.
1864年10月29日刊行

平定中国叛军。他们充分证明，只要有好领导，中国人同样能训练出守纪英勇的士兵。”9月19日报道：“戈登上尉在7月27日决战中取得胜利。被拿办的白齐文带着500名喽啰投靠了叛军。”10月31日报道：“《中国陆路邮报》称，北京和北部港口没有重要消息。各国在华租界似乎一切都很平静。戈登上尉继续与叛军作战。据说，他占领了太湖的一座岛屿，马格里则占领了丰城，这无疑是执行戈登的计划。占领之地是座大城市，之前从未经历炮火的受训部队占领了该城，据说他们表现得很好。”

画报还报道：“白齐文的手下未再攻击清军。传言他们将被带去攻打宁波。李鸿章发布告示称，谁能让白齐文脱离叛军，无论其是死是活，都能领赏1000英镑。欧洲各国驻上海领事向李鸿章提出抗议，认为这一悬赏告示违反条约规定。李鸿章作了解释，但拒绝撤回告示。英、法、美、俄和普鲁士的领事联合发出警示，任何人加入叛军或试图诱使他人加入都将受到法律允许范围的最严厉惩罚。因毗邻苏州，上海军火贸易遭受到重重困难而陷入低迷，现已采取积极措施加以遏止。法国总领事已通知法租界的所有居民必须在固定日期之前报告他们拥有的武器。英国领事提醒驶入内地的轮船及其他船只，它们可能会因越过小溪口的海关而被查扣。在宁波，事态正在得到缓解。据说，训练有素的部队表现良好。广东和澳门，一切都很安静。”

英国军官在厦门训练中国士兵
English Officers Drilling Chinese Soldiers at Amoy.
1875 年 10 月 2 日刊行

厦门、宁波、上海自 1843 年 10 月起开埠通商。《伦敦新闻画报》记者当年这样评说此事："对于英国商人和制造商来说，这必然极具商业吸引力。……与这个国家的贸易看来很快将成为英国目前追求的最有利可图的贸易。"[①] 画报记者道出了英国发动鸦片战争及其后续在华一切行动的根本目的。

① 《伦敦新闻画报》1844年 8月 17日报道。

画报1875年9月18日以“训练中国军队”为题报道：“本周来自上海的电报给我们带来了令人震惊的情报，即英、中两国关系可能即将破裂。驻京的英国公使威妥玛先生中止了外交谈判，并威胁要在两周内离开。争议的主要问题是中国政府拒绝传唤对马嘉理先生被杀事件①负责的云南省级长官②。英国政府进一步要求，《天津条约》有关更公平地对待在华英国人及其他外国人的条款应由官方在《京报》上公布。但这一要求被拒绝了，因为中华帝国一直努力向自己的臣民隐瞒它以前对欧洲列强的让步程度。由海军上将赖德③指挥的英国海军中队正驻扎烟台，但希望战争可以避免。如果事实证明这是不可避免的，那么结果是毫无疑问的。中国虽然做了很多，但自上次战争以来，在火炮改进、军队组织纪律方面仍然存在着明显的缺陷，这令其在军事较量中显得较为软弱无力。一些英国军官最近受雇于厦门和其他地方训练当地部队，我们展示了其中的一个例子。”④

① 同治十三年（1874），英国再次派出以陆军上校柏郎（H. A. Browne）为首的探路队，在近200人的武装士兵护送下，探查缅甸陆路交通。英国驻华公使威妥玛派出驻上海领事馆职员马嘉理（A. R. Margary）南下迎接。同年十二月，马嘉理到缅甸八莫与柏郎会合后，向云南边境进发。光绪元年（1875）正月二十二日，在云南腾越地区的蛮允附近与当地的少数民族发生冲突，马嘉理与数名随行人员被打死。此即“马嘉理事件”，或称“滇案”。《光绪朝实录》卷四、卷六至卷八、卷十、卷二〇、卷三〇载有清政府对此事件的处理过程。光绪元年五月十七日，湖广总督李翰章遵旨赴滇查办此案。参阅：台北故宫博物院藏军机处档册，《奏为遵旨赴滇查办英国马嘉理被戕一案，吁恳敕下总理衙门抄发全卷以便核办》（故枢003605号）。另参阅：方英《合作中的分歧：马嘉理案交涉再研究》，《史学集刊》2014年第4期。

② 即云南巡抚兼署云贵总督岑毓英（1829—1889）。19世纪中期西南边疆危机中，岑毓英坚决抗敌，力图把侵华列强挡在云南之外。马嘉理事件发生后，他积极辩驳，据理力争。参阅：台北故宫博物院藏军机处档册，《奏为查明英国翻译官马嘉理被贼实系野人劫杀，现在拿办情形》（故枢003606号）。在中法战争中，岑毓英率军奔赴前线，展开宣光战役，虽未取胜，但沉重打击了入侵的法军，为东线镇南关战役的胜利提供了有利条件。

③ 即A. P. Ryder（1820—1888）。1874—1877年任英国驻华海军司令。

④ 早在同治三年（1864）十一月，威妥玛就曾致函奕䜣，以协同防堵闽粤“贼匪”为借口，建议调取外国军兵到福建，并提议约请教习，按照外国战法操练当地驻防的八旗兵。参阅：台北故宫博物院藏军机处档折件，《奏报闽粤贼踪逼近海滨，请饬严杜勾结入海》（故机101201号）之附件《照录威妥玛原函》（故机101206号）。

《伦敦新闻画报》1883年7月7日以“中国军事准备”为题报道，法国在河内的敌对行动引发了中、法两国的外交冲突。[①]英国之所以“真心希望”这场外交冲突不会导致战争，是因为“如果海军强国封锁中国海岸，英国商贸将遭受巨大损失和伤害。报道称，1881年，中国19个通商口岸进出船舶的总吨位（不包括香港，否则能增加一半）为1664万吨，其中1033.2万吨的船舶挂英国国旗，4767吨的船舶挂大清国旗，72.8万吨的船舶挂德国国旗，仅有13.6万吨的船舶挂法国国旗。英国和其他国家的船舶在中国从事非常广泛的沿海贸易，有着巨大的商贸利益，显然不希望被干扰停止。报道公布了一组数据：1881年，除香港之外，中国19个通商口岸的进出口外贸总额为4650万英镑，其中与英国的贸易额至少3500万英镑，与整个欧洲大陆国家的贸易额约为450万英镑，另外与美国的贸易额则为400万英镑。报道还讲道：“相比之下，法国在中国沿海的商贸利益较小，而英国的商贸利益则非常大。因此，我们的政府将利用其对中国的影响力进行劝和。

法国和中国的冲突：上海制造局，查验中国制造的来复枪并装箱

① 1874年3月，法国与越南阮朝签订《法越和平同盟条约》，意在割断越南与中国的宗藩关系，由法国完全殖民“保护”。1882年4月，法国海军中校李维业（H. L. Rivière）受命率兵攻占河内城，之后攻占海阳、南定等省。越南阮朝在危机下请求中国出兵援助。清政府派出军队援越抗法，并招抚刘永福率领的黑旗军，协同抗击法军。参阅：《中法战争文献汇编》第3册第325—347页，“李维业远征记”。

The Dispute Between France and China: Examining and Packing Chinese Manufactured Rifles at the Arsenal, Shanghai.
1883年7月17日刊行

但是，中国政府现今比以前能更好地备战——拥有铁甲炮艇、正规火炮，部分军队配备来复枪。”①

画报特约画家描绘了上海制造局的场景，工人们正在查验中国制造的来复枪的枪弹，这些枪弹将被装箱运往兵营。画报还报道，上海制造局能为战舰和炮台制造重达20吨的大炮，“定远号”铁甲舰将会装备此种大炮。

战场上，刘永福率领的黑旗军顽强抗击法军。法国海陆两军虽在多数战役中占上风，但均无法取得底定全局的战略性大胜。法军进攻基隆被击退，又在镇南关遭冯子材军重创，导致了法国茹费理内阁的倒台。而清廷为掩饰战场败绩，于光绪十年（1884）三月十三日罢黜由恭亲王奕䜣领班的军机处，任命礼亲王世铎、额勒和布、阎敬铭、张之万、孙毓汶为军机大臣，庆亲王奕劻、周德润入总理衙门，史称“甲申易枢”。战场上相持不下，在英国及赫德的“调停”下，清政府与法国进行和谈，签订停战协定。李鸿章在天津与法国驻华公使巴德诺（Jules Patenôtre）签订《中法会订越南条约十款》，重申《中法会议简明条款》，承认法国在越南的殖民统治，同意法国在云南、广西边界通商等内容。

① 中法战争发生在1883年12月至1885年4月。1882年2月9日，南洋通商大臣、两江总督刘坤一奏报上海制造局支用款项（光绪二年正月至光绪三年十二月），总共支银约为96.7134万两，其中制造枪炮、弹药等支银约为17.5866万两，轮船经费支银约为21.9917万两。由此可以了解到清政府的一些军备情况。

《伦敦新闻画报》1883年9月29日刊载了两幅插画：一幅是两三年前在上海所画的，展现了正在维修中的中国炮艇；另一幅是官员和水雷学堂[①]学员在白河大沽口炮台的合影。右边发胖的老年男子是出身名门望族的罗荣光[②]，曾在李鸿章手下，参与镇压太平军。紧挨着的是刘含芳[③]。小桌另一边，坐在曾翻译旁边的唯一的欧洲人是水雷学堂教习柏专敬[④]。

画报报道："下面的消息应当广为人知，

中国备战：一艘炮艇正在上海维修

Chinese War Preparation: Overhauling a Gun-Boat at Shanghai.

中国的鱼雷军

A Chinese Torpedo Corps.

1883年9月29日刊行

① 《同治朝实录》卷二九二载，同治九年（1870）十月，天津机器局告成。1874年12月，李鸿章上奏《筹议海防折》，论及水雷对海防之重要性。1875年，天津机器局东局开始研究和生产水雷。1876年4月，天津水雷学堂创立，培养专业人才。1881年，天津大沽成立水雷营。大沽、大连、威海等地随之先后创办水雷学堂。

② 罗荣光（1834—1900），湖南乾城人。字耀庭。1862年，随李鸿章淮军入上海，在华尔洋枪队任职，与太平军作战。1872年，李鸿章出任直隶总督，罗荣光被调为大沽协副将。

③ 刘含芳（1840—1898），曾在淮军前敌营任事，兼领北洋沿海陆前敌营务处。1881年奉命筹办旅顺、威海鱼雷营、水雷营，修建水雷土船坞。

④ 即J. A. Betts（1846—1892）。1874年来华，先后在天津机器局东局水雷学堂、福州船政学堂、广州黄埔鱼雷局鱼雷学堂任教习，教授电报和鱼雷技术。中法战争期间（1883—1885），两广总督张树声、张之洞任内均下令在虎门至广州一带航道布设水雷，布雷作业由柏专敬实际负责。

1888 年 2 月 4 日刊行 Chinese Submarine Torpedo Experiments. 中国鱼雷潜艇测试

并且它应当会让法国与中国之间悬而未决的争端冲突缓和下来。近年来，中华帝国的海军及军力通过采用现代科学方法和装备得到了改善，特别是防御能力，其旨在抵抗攻击，甚至是来自欧洲强国的攻击。两三年前，我们的画家在上海曾画下中国炮艇整体维修。但如今，中国已拥有一支规模虽小但效率很高的舰队，包括数艘铁甲舰、炮塔舰和载有重型火炮的蒸汽动力护卫舰，但鱼雷装备可能是其海防中最有效的。”画报还讲道：“总的来说，法国和欧洲不能忘记，今日之中国不是 1860 年的中国。因此，我们可以确信，目前中国有很好的兵工厂，有最好的英、美制造的机器以及英国工程师，此外天津、上海、南京、福州和广州等通商口岸以外的地方小厂林立，它们由当地监管。天津有大型火药厂，日产四五吨上等火药，细粒的、大粒的、丸状的、柱状的，各种都有。还有一些建立四五年的弹壳制造厂，它们每天稳定生产 8000 个雷明顿弹壳，若是满负荷作业时，每天可以生产 20000 个弹壳。金陵机器局制造了一流的加特林机枪和轻型野战炮。上海一直在生产重炮，至少可以发射 12 吨炮弹而不会炸裂。除了他们自己的机器局生产制造之外，中国政府一直进行大宗采购。两江总督左宗棠最近通过德国商人为温彻斯特卡宾步枪购买了 1700 万发子弹。同时，近些年还大量购入鱼雷、步枪、枪棉、火炮和炮艇。[1] 如果中国被迫参战，那么它将成为一个强大的对手，但我们希望外交斡旋能够维护和平。[2]”

① 参阅：陈松年《北洋海军购置蚊船、铁甲船史实补正》，《安徽史学》2018年第 6期。陈先松、焦海燕《北洋海军购置雷艇考述》，《安徽史学》2017年第 1期。

② 中法战争期间，英国、德国都积极“调停”，并且明争暗斗，其目的在于操纵中、法两国“和议”，以维护和扩大各自在华权益，以及列强共同侵华的统治秩序。

正在通过福州桥的士兵

《伦敦新闻画报》1883年9月15日报道："在过去一周中，英国公众被法中战争[①]涉及的重大问题所吸引，我们的邻居法国同样如此，尽管其关注度不高。之所以希望最终找到达成和平协议的坚实基础，这也是主要理由之一。数天前，中国驻欧首席外交代表曾侯[②]离开伦敦，前往巴黎与法国外长沙梅拉库重新交涉。据说，他们的简短会晤令人满意，但没有产生结果。显然，返回英国的中国公使与沙梅拉库再度会晤之前，正等候来自北京的新旨意。需要解决的关键问题是边界划分，以及给予安南王国（或更准确说是河内省）独立，而中国政府坚持在那里保留中立地带，以避免与欧洲列强接触。导致"和议"不幸延迟的原因涉及两大方面：一方面，在华拥有巨大利益的德国担当了调解人，俾斯麦亲王不仅命令德国东亚巡洋舰舰队集中停靠通商口岸，而且已敦促中国政府与法国达成协议。我们可以假设，如果危机真变得严重起来，他对巴黎和北京都将产生强大的影响力。另一方面，曾侯再次前往多尔塞码头前，他面临的困难可能已倍增。"

该报道还提及英国轮船"汉口号"事件，

① 光绪九年（1883）十一月十三日，法国将领孤拔（A. A. P. Courbet）率军，向驻防山西（河内西北）的清军和黑旗军阵地发动进攻，中法战争正式爆发。七月初三日，法国海军对马尾港发动突袭，福建水师仓促应战。不到1个小时，由11艘舰组成的福建水师被法军摧毁。

② 曾纪泽曾先后与数任法国外长佛起希尼、杜格、沙梅拉库进行针锋相对的交涉，力求维护国家利益和尊严。参阅：《中法战争文献汇编》第5册第79—85页，"曾纪泽与法外部往来照会"。

Soldiers Crossing the Foochow Bridge.
1884 年 9 月 6 日刊行

并指出："法国在安南的行动在中国民众中激起了一种'非常危险的情绪'，但现在中国人的仇恨不是仅限于针对人数少的在华法国人，而是不分青红皂白地针对欧洲人。如果和平协议得以尽快敲定，聚集通商口岸的民众的高涨情绪可能会被抑制。而战争一旦爆发，软弱的清政府无力阻止民众对外国侨民的愤怒，可能导致大规模屠戮，这将迫使英国政府采取强制措施。所有这一切都可预见到和令人担忧。但法国似乎执意冒着引发全面战火的风险，坚持对华提出虚幻而不公平的要求。"画报所指"虚幻而不公平的要求"，就是赫德在 1884 年 8 月 1 日的一封信中所讲的——"法国人决心索取大量赔款，使谈判无望"。赫德猜测法国"企图得到 1000 万法郎，但将准备接受 500 万或 600 万法郎"。

《伦敦新闻画报》1883 年 9 月 15 日报道："已预料到的中法关系之破裂发生了，中国政府拒绝接受法国的最后通牒。"而当时身在巴黎的驻法公使李凤苞①也与茹费理辞行，准备回国。

① 李凤苞（1834—1887），江苏崇明（今属上海）人。字丹崖。1878年出任驻德公使，后兼任驻意、荷、奥三国公使。1884年，许景澄担任驻法、德公使兼驻意、荷、奥三国公使，其到任前暂由李凤苞兼署驻法公使。李凤苞在晚清海军建设方面颇多贡献。1885年 3月 21日报道，李凤苞在柏林短暂停留，聘用了 125位海陆军官兵，出任清军教习、顾问。参阅：台北故宫博物院藏军机处档折件，《奏为出使德国大臣李凤苞现在兼办铁舰事宜拟请暂留一年事》（故机122645号）。

朝鲜汉城附近的集市

Native Market Near Seoul, Corea. 1894 年 7 月 28 日刊行

《伦敦新闻画报》自 1894 年 7 月开始持续报道中国与日本之间“一触即发的战争”。画报记者在分析战争成因、中日两国军力及备战情况的同时，用了不少笔墨介绍了朝鲜的朝政、社会、经济以及民众生活，涉及民族个性、衣食住行、宗教信仰等。例如，7 月 28 日报道这样描述：“因日本干涉朝鲜，中国和日本相互宣战的传言似乎受到质疑，但是，两国军队及战舰正迅速集结，派往朝鲜沿海地区。画报插画呈现了当时朝鲜半岛东南端的釜山港景象。釜山距日本南部通商口岸长崎约 160 英里（约 257 千米），长崎位于九州西海岸，日本轮船定期往来于两地，航行时间约 16 个小时。釜山是良港，南北绵延三四英里，东面有长岛为屏障。人们普遍居住茅草屋顶的木屋。这里有开阔的平原、起伏的丘陵，距海岸几英里分布着数座山脉。日本人、中国人和朝鲜人各有定居地，但日本人居多，有两千多人。朝鲜人勤于耕作，种植优良的粮食和蔬菜，但生活与邻国中国、日本颇为相似，他们主要食鱼，晒干的鱼翅是他们的极品美食。”

就在这篇报道刊发的前两日，中、日在丰岛发生海战：7 月 25 日，完成护航任务的北洋水师战舰“济远号”“广乙号”“威远号”返航，在朝鲜丰岛海域遭到日本海军第一游击队“吉野号”“浪速号”“秋津洲号”三舰截击。“济远号”“广乙号”两舰奋起反击，战斗中“济远号”帮办大副沈寿昌、二副柯建章等官兵数十人中弹阵亡，“广乙号”伤

在中国运兵船的甲板上
On Board a Chinese Troop-Ship.
1894 年 8 月 4 日刊行

招募的中国新兵正在登船
Chinese Levies Embarking on a Transport.
1894 年 8 月 11 日刊行

亡 70 余人，两舰退出战场后。悬挂英国国旗的“高升号”运输商船被日本巡洋舰“浪速号”击沉。运输舰“操江号”无力抵抗，成了日军的战利品。

日本未经宣战，击沉受雇的英国运输商船“高升号”，引发了关乎国际法、关乎“文明国家”与“野蛮国家”的舆论论辩。剑桥大学国际法教授韦斯特莱克、牛津大学国际法和外交学教授胡兰德公开发声，为肇事的日本炮舰辩护，而日本乘机继续制造和扩大舆论声势。清政府除了外交交涉，缺乏有力回击。《伦敦新闻画报》8 月 11 日报道引述了他们的理由与观点，认为“日本完全有权将这艘运输船视为敌方船只”，“摧毁这艘船乃别无选择的必要之举”。令人欣慰的是，中国学者重新反思这一历史事件，经深入研究分析，作出了检视与批判。[1] 为此，英国政府于 8 月 12 日、20 日分别在长崎、上海举行了海事法庭听证会。

① 参阅：戴东阳《高升号事件爆发后两位英国国际法学者的舆论宣传》，《中南大学学报（社会科学版）》2020年第 4期。徐碧君《中日甲午高升号事件的国际法分析》，《求是学刊》2019年第 1期。另参阅：杨家骆主编《中日战争文献汇编》，台北鼎文书局，1973年，第 6 册第 30—35页，“东乡平八郎击沉高升号日记”。

《伦敦新闻画报》1894年8月25日刊发了一组战争群像：祭拜神将的民众、清朝正规军、乘轿行军的清朝武官。同时，画报对清军水师力量发表了一番评论：“中日战争已经发生的事件表明，海军行动将发挥最为重要的作用。黄海海域的战舰中队的战斗力还算是保持平衡，但面对野心勃勃的日本，中国拥有广阔的海岸线以及大河口、通航内河，人口稠密的商业城镇汇集于此，这都需要进行防卫。因此，显而易见不能缺少鱼雷艇、炮艇、浮动炮台。一些中国炮艇为英国建造。”[1]

画报还讲道，山海关的防卫已经大大加强，以确保铁路免受日本可能的袭击，附近停靠着4艘日本炮艇。遵照李鸿章的指示，2300人增援驻扎在此的陆军，这支部队被认为足够强大，足以抵御一支日本海军舰队突破中国舰队防线闯入山海关。迄今为止，唯一发生的事件是，李鸿章最喜欢的战舰“济远号”遭袭，造成16人丧生，“济远号”姊妹舰“镇远号”被击沉。海军丁将军指挥北洋水师在渤海湾搜寻日本军舰，但获报未见敌舰。

画报1894年9月1日以“东亚战争”为题报道：“中、日两国都拥有强大的陆军与海军，两国近期在朝鲜和黄海爆发的军事冲突影响至深。两国博弈旨在争夺朝鲜的控制

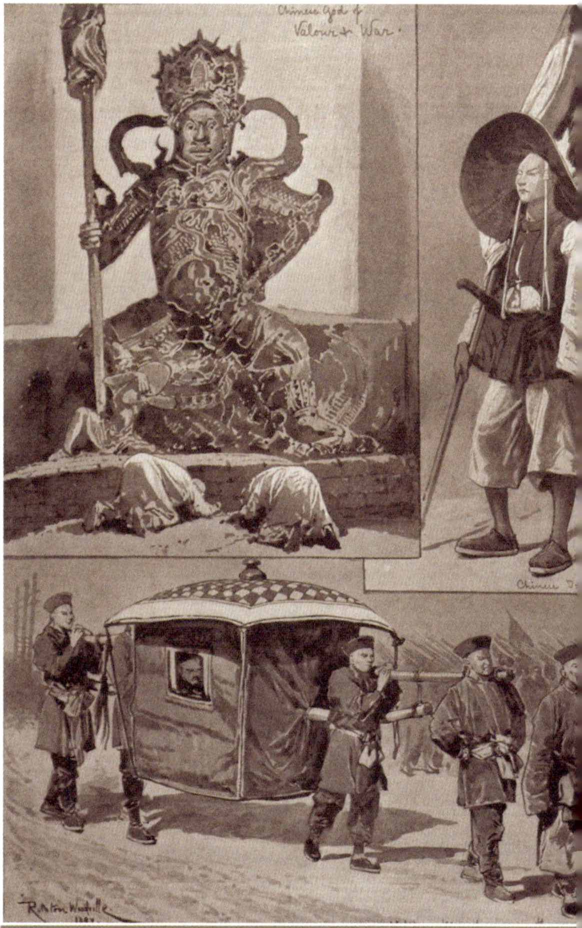

中国战争群像
Chinese War Sketches.
1894年8月25日刊行

① 参见本书第100—101页。

行军中的中国内陆非正规军

Chinese Irregular Troops from the Interior on the March.

1894 年 9 月 1 日刊行

权，朝鲜夹于二者之间且发展十分落后。”画报报道反映了英国对中日战争的基本态度：一方面出于帝国霸权意识，英国妄图主导东亚事务，并不希望俄国在中日之间主导“劝和调停”，另一方面中日战争势必对英国政略以及贸易方面产生巨大影响，维持东亚和平，有利于维护其既得利益，尤其是商业利益不被破坏。策划、发动、推进甲午战争的日本外务大臣陆奥宗光讲得很透彻，出面调停的英、俄两国“维护自身利益这点上如出一辙”。[①]而当英国确保自身利益不会遭受损害后，便与其他列强一样坚守“中立”了，且如画报所讲：“在关键问题上，如中国对朝鲜的宗主权是否合法，日本以国民定居于朝鲜各地为由强迫朝鲜国王进行内政改革，中、日两国几乎没有征求欧洲人的意见，因此，他们必须自己解决这一争端。”

拈香叩拜、祈求护国神关帝护佑江山万年社稷永固的中国皇帝，一心指望外国调停的总理衙门大臣们，终究不能给国家和人民带来和平。

① 参阅：〔日〕陆奥宗光著，赵戈非、王宗瑜译《蹇蹇录：甲午战争外交秘录》，三联书店，2018年，第七章“欧美各国的干涉”。

《伦敦新闻画报》报道称："据说，自1881年[①]和1885年与法国作战以来，中国制造兵器大有改进。寇松阁下刚出版新书《远东问题》[②]，在他看来，这应当参照当下与日本的战争，并指出'庆贺得过早了'。"

画报紧接着介绍清朝兵制，并引述《远东问题》一书的内容：中华帝国的八旗兵的兵力规模，统计人数不一，名义上在23万至33万之间，但寇松讲，"无论如何，具备实战的兵力远低于10万人，或许不足8万人。其中精锐部队驻扎满洲，总兵力达3.7万人，在那里直面强敌俄国，同时盛京、锡林和乌苏里江沿岸有大批驻军。京畿卫戍部队从旗兵中抽调，其下辖禁卫八旗，有4000至6000人。与旗兵并列的是营兵，为国家正规军，对应称为'绿旗兵'（即驻京绿营）或'五营'（即巡捕五营）。地方驻军由勇营承担，中华帝国有18省，各省设有一支绿营军，绿营军受地方巡抚或总督指挥。绿营总兵力人数为54万至66万之间，可投入实战的则为17万至25万。营兵实际上更应称作民兵，约三分之一多是招募而来，完全没接受过组织训练，也难以整合作战。这支部队还包括非正规军，如太平天国

李鸿章的欧式装备炮队在实战

① 即指1881年法国第二次侵入北圻。

② 寇松《远东问题》一书分为十四章，第八章至第十一章集中论述中国，其中第十章标题为"所谓的中国觉醒"，其论述问题正是曾纪泽发表在《亚细亚季刊》（1887年第一期）上的《中国：沉睡与觉醒》中所讲的。

Li Hung-Chang's European-Drilled Artillery in Action.
1894 年 9 月 8 日刊行

运动时期的雇佣军、蒙古旗兵和其他骑兵，名义上规模为 20 万人，实为不足 2 万人，且缺乏军事价值。营兵中唯一一支严整正规军是直隶营兵，称为练军。在 1860 年战争后，练军最初由洋教习操练，并在镇压太平天国运动中得到壮大。此后，直隶总督李鸿章保持和加强练军兵力，并且采用普鲁士军队建制和操典。练军名义上规模为 10 万人，但可动员兵力不超过 3.5 万人，驻守大沽口炮台、北塘炮台、直隶和旅顺港。它有时被称为"黑旗军"，武器装备有现代火枪、克虏伯后膛炮、士乃得步枪、哈奇开斯机枪、雷明顿步枪、毛瑟步枪，兵饷也优于旗兵。"

画报又称，清朝陆军总兵力在和平时期不超过 30 万人，战时约为 100 万人，要求其驻防这样一个帝国——面积为亚洲三分之一，相当于半个欧洲；人口为亚洲一半，与欧洲相等，兵力远远不够。

画报最后讲道："直隶省重镇天津，位于北京东南 80 英里（约 128 千米），北临渤海湾，由总督李鸿章直辖，他也是帝国总理衙门大臣。在 1859 年和 1860 年战争中，英法联军舰队对大沽口炮台的首次攻击并不成功，船只困在泥滩，无助地暴露于岸上中国炮台之下。如今已有铁路通达天津，北京成立了一所军校。在李鸿章支持下，天津开办了教习枪炮操作、步枪射击、军事工程的学校[①]。"

① 即光绪十一年（1885）正月成立的天津武备学堂。又称陆军武备学堂。

《伦敦新闻画报》1894年9月29日报道："自从鸭绿江口战役之后，中日战争再没有发生过如此轰动一时的事件。然而，估计由湘军组成的中国军队与在朝鲜屡屡取胜的日本军队之间将会爆发一次交战。[①]湘军装备匮乏、纪律松弛，可能也需要补给。在日本舰队面前成功登陆的湘军人数，说法不一，有的说是7000人，也有的说是38000人。针对日本在朝鲜北部的行动也有不同解释，可能意味着他们将进军满洲或中国境内，最终进军北京；或者可能想阻断鸭绿江上临时扎营的中国援兵。与此同时，日本的战争军事机器正狂热而有力地运转：8万新兵将马上奔赴前线，日本内阁已召开特别战争会议，东京乃至全国都处于狂热中。而我们在中国所听到的除了混乱还是混乱。据说，皇太后[②]正在为军事筹款，中国一线主力军在平壤战役中遭到瓦解，迫使她转向依

中国官兵战地扎营

Bivouac of Chinese Soldiers.

1894年9月8日刊行

① 1894年8月，中日甲午战争开战。清军在平壤会战、黄海海战中接连惨败，日本从而控制了朝鲜全境和黄海制海权。日本的作战大方针是将战火烧向中国境内。10月下旬，清军在鸭绿江口阻击日军入侵国土。清军在此次战役中再次失败，日军得以长驱直入，进犯中国辽东地区。

② 即慈禧太后。

中国海军将领丁汝昌：
朝鲜鸭绿江口登陆战的指挥官

Admiral Ting, of the Chinese Navy. Commander in the Recent Battle at the Mouth of the Yalu River, Corea.

1894 年 9 月 29 日刊行

靠新兵，但他们没有按照欧洲方法去武装或训练。直隶总督李鸿章首当其冲，要承担来自总理衙门的种种愚行的压力，还被拔去花翎而蒙辱。这些幼稚的微小举动，与日本作战中所采用的现代的商业化方法，形成了强烈对比。有关鸭绿江口战役的参战舰队未有确切消息。很有可能中国人已经失去了制海权，丁汝昌将无法再公开与日本军舰直面对峙。① 如此一来，中国可谓是战败，无力回天。如果北直隶海峡②两岸的制海权都归于日本，中国在朝鲜夺回失地的希望就渺茫了。从日本这边来看，本周最令其不安的传言是俄国向朝鲜北部派遣军队以维持中国边陲秩序。这一消息来自俄国、日本、德国三方，但措辞相当模糊且相互矛盾。当然，如果俄国插手，所有围绕这场战争的盘算都会被打乱。”

---

① 1898年 9月 16日，北洋水师提督丁汝昌率舰队护送援军在鸭绿江的大东沟登陆，9月 17日返航途中，在黄海海面遭遇日本联合舰队，由此爆发了震惊中外的黄海海战。参阅：杨家骆主编《中日战争文献汇编》，第 6册第 36—71页，“泰莱甲午中日海战见闻记”。

② 即渤海湾。

《伦敦新闻画报》1894 年 10 月 6 日报道：“中日战争是一场大战。如果说有关战争进程的五花八门的报道中有什么属实的，那就是中国陆军和海军的力量已完全瓦解了。的确，帝国的解体和覆灭似乎是不可避免的。北京受到了严重威胁，以致于欧洲的定居者和使节处于极度危险中，他们可能不得不冒着中日战争的炮舰战火，前往条约口岸寻求庇护。至于战事和社会局势将如何发展，实在难以确定。据说，李鸿章在他早先受辱之后，已重获皇家宠信，得到了皇太后——可能是中国真正的统治者——的大力支持。中国军队似乎陷入混乱状态，全是手无寸铁的征召新兵。临阵叛逃、愤怒的农民（指朝鲜甲午农民战争）、严惩处决，都在平壤战役溃败中得以反映。军需后勤如此无可救药的腐败和低效，面对猛攻的日本人是否还有什么战斗力实在令人怀疑。目前，战争利益诉求聚焦在入侵者正在做什么，有两份最具启发性的电报，一份称日本士兵已在黄河和天津之间的山东省海岸登陆，另一份称结束平壤战役的日本大军向着满洲里和奉天北上，这似乎表明日军意在南北夹击北京。”

时间进入 11 月，《伦敦新闻画报》报道：“总理衙门大臣恭亲王奕䜣在 11 月 3 日召见各列强公使，承认中国无力抵抗日本，并呼吁他们干预促和，中国愿意放弃对朝鲜的宗主权，并向日本支付巨额战争赔款。”就连画报记者

9月16日，日军攻占朝鲜平壤
The Capture of Ping-Yang, in Corea by the Japanese Army, September 16.
1894年11月24日刊行

"高升号"被日舰"浪速号"击沉
Sinking of the Chinese Troop-ship "Kow-Shing" by the Japanese Cruiser "Naniwa Kan."
1894年10月6日刊行

都不无失望地说："中日战争在报纸上似乎已黯然失色了。……随着中国陆军和海防的全面崩溃，中日战争接近了尾声。旅顺港是大清国的主要海军基地，从海路由此可逼近京畿地区，直抵天津和北京。旅顺港连同中国战舰可能很快就将落入日本人的手中。"①

画报11月24日报道回叙了平壤战役："平壤，大同江边的大城镇，乃是朝鲜西海岸海上交通要道的重要入口，叶志超将军率领中国军队两万人驻守，他因为在此战役中失败而被定斩监候。他遭到了日本陆军大将山县有朋的袭击，后者兵力强，分三支独立的纵队，沿着不同的道路进攻中国军队的防御工事，于9月15日攻占了防御工事，并于次日早晨天亮前发起了猛攻。中方亡2300人，伤四五千人，还有更多的人被俘，其他的人四散而逃。日方损失很小。"画报还报道："日军逼近旅顺港，防御工事非常坚固，中日战争似乎临近危机。但中国军队是否会积极防御尚且不确定，尽管所有退路都被占领地峡②的敌人切断。而中国舰队在海路上也不处于有利位置。"

① 《伦敦新闻画报》1894年11月3日、11月10日、11月17日报道。

② 指金州地峡，位于辽东半岛的蜂腰部。光绪二十年（1894）九月二十六日，日本陆军大将大山岩指挥侵华日军第二军在辽东半岛花园口登陆，占领貔子窝，进犯金州。旅顺守将正定镇总兵徐邦道率部奔赴金州，会同金州副都统连顺的守军共同御敌。十月初八日，一场激战后，金州失陷。

《伦敦新闻画报》1894年12月8日回叙战事时评述："占领旅顺港，是最惨痛的胜利之一，也是军事优势最有力的证明之一。[①]战况接着可能是日本海军袭击中国渤海湾沿海城镇，除非中国迅速屈服——除了放弃对朝鲜的旧宗主权，答应巨额赔款和割让领土的要求，或许包括台湾岛。报道还称，美国驻日和驻华的外交官们正在听取中、日双方意见，以便调停，促成和谈。"

被俘的清军官兵

1895年新年伊始，战事并没有停止，日军正在全力推进攻占北京的最后一道防线——山海关。此时，率领湘军驻防山海关的湖南巡抚吴大澂上奏称："请以一身任之，断不使倭兵越关一步，并请俟各军到齐，率行东征。"画报1895年1月19日报道，德国工程师为清政府在山海关修筑一道防御工事。[②]画报记者评述道："1793年，中国皇帝在热河接见马戛尔尼伯爵使团，那里距万里长城的山海关并不远。热河有占地8000平方英里（约12874平方千米）的皇家猎苑，其面积超过威尔士公国。如今守卫猎苑的蒙古兵撤离去抗击日本人，乡民在宫苑偷窃，对这个没落朝廷大有不敬。中国可能四分五裂，那些地方政权各有军队，临海的还有海军。这意味着中国长期

① 《光绪朝实录》卷三五二载，旅顺在势孤援绝的情况下失守，其间既有徐邦道等将士的誓死勇战，也有龚照玙、黄仕林、赵怀业、卫汝成等人的临阵退逃。清廷以"调度乖方、救援不力"为由，将李鸿章革职留任，摘去顶戴；以北洋水师救援不能得力为由，将丁汝昌革去尚书衔，摘去顶戴。清廷在谕令中称："旅顺不守，系兵力不能相及，与退缩坐视者迥异。"然而，旅顺告警之际，清廷的王公大臣们却在为慈禧太后"六旬万寿"庆典忙碌着。

② 参阅：欧阳红《德国与中日甲午战争》，《安徽史学》2015年第4期。

1895 年 1 月 26 日刊行

以来期望对外开放贸易往来成为现实。北京自身有高墙护卫，可是就 1860 年我们在安定门的经历来讲，这些古老的防御工事毫无作用，只有在中世纪才有用。因此，要是山海关倒下了，一切皆失。”

画报 1895 年 1 月 26 日报道：日军在野津道贯率领下，沿着渤海湾向北行进，直逼北京。日军首先夺取位于辽河河口的牛庄及其海港，那里驻有大量清军，并仍在集结兵力。1 月 16 日，在通往满洲奉天的路上，位于牛庄西北 25 英里（约 40 千米）的海城发生了一场战斗。清军兵分两路，各有 12000 人或 14000 人，配备有野战炮，他们从两个方向对日军师团发起进攻。① 该日本师团由桂太郎指挥，人数仅为参战日军总兵力的三分之一左右。经过不到两个小时的战斗，清军被击退，伤亡 900 人，日军伤亡不超过 50 人。1 月 19 日，渤海湾南岸的滕州府城遭到日本舰队的炮轰，部分日军在威海以东荣成（成山头）登陆。

画报同一期刊发的插画表现了被俘的清军官兵形象。日本将关押清军战俘的战俘营称为“捕虏厂舍”，除了部分战俘转运至日本本土，其余大部分关押在朝鲜平壤、辽东半岛的海城等地。② 此外，画报还报道，清政府授命的议和特使预计于 1 月 26 日从天津启程，前往日本马关，从那里乘坐日本轮船前往横滨和东京。

① 《光绪朝实录》卷三五五载，光绪二十年十二月，前任黑龙江将军依克唐阿亲率马步营前往辽阳，与吉林将军长顺会合，东西夹击，堵剿日军。

② 参阅：王铁军《甲午战争时期日本的战俘政策研究》，《军事历史》2020年第1期。

黑旗军搭建横跨潟湖的竹桥，便于在日军攻打堡垒时撤离 Constructing a Bamboo Bridge Across the Lagoon, by Which to Retreat When the Japanese Attack the Forts. 1895 年 6 月 8 日刊行

1895 年上半年，《伦敦新闻画报》持续关注中日和谈。3 月 2 日报道：中日战争预计很快结束。总理衙门围绕议和的必要性与地方督抚商议。李鸿章去日本议和前在京面见了光绪帝。3 月 30 日报道："在中国位高权重的"李鸿章遇刺，面部受轻伤，并未危及生命。4 月 6 日报道：中、日停战三周，在马关的和谈结束，约款内容扩大到山东和直隶，包括毗邻京津的所有海湾沿岸地区，以及福建，包括福州和厦门的通商海港、澎湖列岛和台湾岛。日本舰队已占领澎湖列岛，部分军队已在台湾岛海岸登陆，预计它们将被日本"永久征占"，由此日本"领海"向西南延伸近 1000 英里（约 1609 千米），与上海和广州之间的中国海岸相对。李鸿章的伤口渐愈，但子弹仍嵌在颊骨里，长子李经方代表他出席谈判。[①]4 月 27 日报道：中、日两国在马关签订议和条约，澎湖列岛和

① 有关中日马关议和过程，参阅：《李鸿章全集》第 26册电报六，光绪二十一年二月至三月间

The General of the "Black Flags" Inspecting the Fortifications at Takow.

黑旗军将领巡视高雄的防御工事

"Black Flag" Soldiers Laying Down Mines at the Entrance to Takow Harbour.

黑旗军士兵在高雄港入口布水雷

台湾岛割让给日本。6 月 8 日报道：中日和谈期间，一直住在广岛的日本天皇在 5 月 30 日返回东京。李经方前往台湾。[①] 日本舰队已在台湾岛北部海岸登陆。《马关条约》签订后，署台湾巡抚唐景崧接连发电给总理衙门，称："和议割台，全台震骇"，"全台义勇誓死守御，如倭来收台，惟有开仗"。帮办台湾军务的刘永福在台南率领黑旗军抵抗日军。画报插画描绘了刘永福指挥黑旗军士兵在高雄港旗后山与陆地之间的潟湖之上搭建竹桥，准备防御日军。

诸条电文。其中光绪二十一年三月初七日电文（G21-03-022、G21-03-023）中，李鸿章详述了日本提出的赔款、割地、通商等缔和诸条款。光绪二十一年三月二十三日（1895年4月17日）午刻电文（G21-03-083）中，李鸿章称"事已定，押已画，不及候旨"。

① 李鸿章、李经方父子面对台湾兵民奋力反抗割让，一度以"忧劳成疾"和"商交台湾，事体繁重"为由拒绝受命，拖延不行。参阅：《李鸿章全集》第 26册电报六，光绪二十一年四月电文（G21-04-124、G21-04-127）。

德国占领胶州湾：在青岛付钱给中国车夫

The German Occupation of Kiao-Chau: Paying Chinese Wheelbarrow Men at Tsingtan.

1898 年 4 月 9 日刊行

《伦敦新闻画报》1897 年 11 月 27 日报道，德皇威廉二世以曹州教案（又称巨野教案）为借口，11 月 7 日电令东亚巡洋舰舰队司令狄特立克斯[①]率舰队强占胶州湾。[②]画报 12 月 8 日报道，德国将会要求中国割让或永久租借胶澳地区；12 月 11 日又报道，德皇任命亨利亲王为司令，率舰队和海军陆战队启程前往中国，意在强化驻军。而此时的清廷生怕开战，电令山东巡抚李秉衡迅速查办完结教案，电告驻德公使许景澄[③]与德外交部交涉；之后再派翁同龢、张荫桓与德国驻华公使海靖[④]论理。面对"图占海口蓄谋已久"的德国，清廷的所作所为都无济于事。光绪二十四年（1898）二月，李鸿章与海靖签订《胶澳租界条约》。事后，总理衙门奏称："胶澳事起，中外交涉愈形棘手。"

画报 1898 年 4 月 9 日报道："至少有四分之一的青岛居民被德国人当成了苦力，他们现在整天都在海岸担负运输任务。我的素描中表现了这些人得到了报酬。德国官员收

① 即 Otto von Diderichs（1843—1918）。又译作棣利斯。

② 兵科给事中高燮曾闻讯，于光绪二十三年（1897）年十月二十七日上奏折《奏报德人垂涎胶澳，宜尽早防范事》，称"为今之计惟有坚持定见，始终不将胶澳让给德人"。

③ 许景澄（1845—1900），浙江嘉兴人。字竹筼。1884年出任驻法、德、意、荷、奥等国公使，次年兼任驻比利时公使。1897年任总理衙门大臣兼工部左侍郎，并任中东铁路公司督办。庚子事变中被清廷处死。《光绪朝实录》卷二二七载，光绪十二年（1886）四月，许景澄出使归来上奏，条陈海军应办事宜六条，包括在胶州湾设海军基地。

④ 即 Edmund von Heyking（1850—1915）。1896—1899任德国驻华公使。

将货物从仓库运到胶州湾青岛港

Conveying Stores from the Shore to Tsingtan, the Seaport of Kiao-Chau.

从青岛邮寄第一套速写

Posting His First Set of Sketches from Tsingtan.

1898 年 4 月 9 日刊行

买了一些工头去雇佣劳工。劳工们累得汗流浃背，时常会招致一通咆哮。雇佣价是每天 5 便士，可他们的所得很少能超过 4 便士。”画报还讲道：“中国佬变成了苦力，他的主要任务是将货物和弹药从港口码头运送到不同的堡垒或仓库。港口码头由已故的中国巡抚①建造，但尚未完工，约 150 码（约 137 米）为石头修筑，还有 50 码（约 45 米）为铁码头。事实证明，这一码头为德国人的登陆提供了极大便利。货物上岸全凭汉子们的肩膀，但下了码头去往各处设防点，就得用形状奇特的手推车了。”

画报特派画家梅尔顿在邮局②给报社邮寄第一套青岛速写。他在信中写道：“看到中国人和德国人一起寄信或买邮票，我觉得很有趣，忍不住寄给你一幅现场速写。”画面中，一名德国士兵正在整理信件，一名中国男孩正在忙着给挂号信和其他信件盖邮戳。门口站着扛枪的哨兵。

① 即北洋海军帮办大臣、山东巡抚张曜（1832—1891）。光绪十七年（1891）五月，张曜陪同李鸿章检阅海军、巡视海防后，遂联衔奏请在胶州湾和烟台建筑炮台，驻军设防。

② 1896年 3月，总理衙门遵旨议办邮政，将海关邮政局改为大清邮政官局。德国强租青岛后，在前海栈桥西面建筑了海关监督署及邮政局。海关税务司由德国派遣，海关监督由中国派遣。

德国旗杆竖立在青岛衙门前

German Flagstaff Erected in Front of the Government House, Tsingtan.

青岛衙门里的星期日下午

Sunday Afternoon in the Yamen, or Government House, Tsingtan.

1898 年 4 月 16 日刊行

《伦敦新闻画报》报道："中国前任总兵[①]住过的衙门，现已被新任胶澳总督[②]及其属僚所占。在这座建筑的外面是一面墙，墙上有龙[③]等奇特图案。墙后有个梯台，上面竖起了旗杆，并设置了哨兵——实际上，它是作为海湾船只的信号站。我听说，这面墙和龙象征中国人希冀祛除邪祟。""星期天，一艘舰船的乐队在衙门里演奏。我很想看看欣赏陌生的异国音乐的中国人。总督踱来踱去，与他的属僚、当地的中国长官交谈着。""风和大海不是每天允许运送物资和弹药上岛。通常风很大，海陆交通艰险重重；但在顺风天，已故中国巡抚建造的码头上便热闹极了。用舢板拖出物资，就像画中所描绘的那样，然后中国苦力采用各种方式搬运。两三个欧洲人重量的货物需要 6 人或 8 人搬运。他们时不时要喘口气，有时就躺在货物下，于是苦力、弹药或物资混乱成一团。"

① 即登州镇总兵章高元（1843—1913）。1892年率军移防青岛，1897年因主战被清廷调离。

② 即第一任胶澳总督罗森达 (Carl Rosendahl)。1899年 2月离任。

③ 应是中国古代神话中的神兽獬豸，能辨善恶忠奸。

英国占领威海卫：
金霍尔上尉宣读公告
The British Occupation of Wei-Hai-Wei:
Captain King-Hall Reading the Proclamation.
1898 年 6 月 23 日刊行

日本人撤离威海卫：
三好茂臣将军向英、中两国祝酒
The Departure of the Japanese from Wei-Hai-Wei:
General Mioshi Proposing the Health of
the Two Empires—Great Britain and China.

1895 年 1 月，日军在山东荣成湾登陆，偷袭威海卫炮台，封锁港口。李鸿章避战求和，清军陆上防备也不足，威海卫最后失守。北洋水师困守刘公岛，众士兵积极抵抗，而部分贪生怕死的将领胁逼提督丁汝昌投降。丁汝昌宁死不降，于 2 月 11 日自杀。北洋水师就此覆灭。日本驻军占据威海卫两年半。1898 年，英国驻华公使窦纳乐以“制俄之跋扈”为由要求租借威海卫，又以替中国垫付赔款为条件要求日军撤离威海卫。5 月 24 日，英国派兵进驻威海卫，“水仙花号”舰长金霍尔，驻芝罘（烟台）领事金璋①，清政府办理威海卫交涉事宜委员、山东候补道严道洪和“复济号”管带林颖启（原北洋水师“威远号”管带）等人在刘公岛西海岸（黄岛）参加了交接仪式。7 月 1 日，奕劻、康寿恒与窦纳乐签订了《订租威海卫专条》②。山东海防至此门户洞开。

① 即 L. C. Hopkins（1854—1952）。1874年来华，初为英国使馆翻译生。1895年任驻上海副领事，1897年任驻烟台领事，1901—1908年任驻天津总领事。对汉学颇有研究。

② 又称《中英议租威海卫专约》。参阅：《光绪朝实录》卷四一九、卷四二〇。

中国童子军及其长官王国丁

The Boy Soldiers of China and One of Their Commanders, Wong Kwok Ting.

中国童子军接受检阅

The Boy Soldiers of China in Review Order.

1899 年 6 月 17 日刊行

1899 年，《伦敦新闻画报》介绍了三本新书：道格思的《中国》、阿诺特·里德的《从北京到彼得堡》[①]、贝思福的《瓜分中国》[②]。三位作者各自从外交官、记者、海军上将兼议员的视角观察中国现状、分析中国未来，表达了英国及其他列强进一步争夺攫取在华利益、瓜分中国的行动意图。英国加紧探查中国长江中上游流域，英议会和伦敦商会都讨论如何在该地区扩张商业利益，维护英国在华的商业霸权。[③]

光绪二十四年（1898）五月，光绪帝在上谕中讲道："今日时势，练兵为第一大政，练洋操尤为操兵第一要著。惟须选教习以勤训课。核饷力以筹军实。"同年八月，他责成袁世凯专办练兵事务，再次讲"修明武备，实为第一要务"。[④] 画报记者这样描述："中国的每一个旗营都有自己的童兵，他们训练有素，纪律也比其他军队要好得多。他们带着旧式燧发枪。""上个月，南方各省军队三年一次的大型考核，产生了这种变化。"

① *From Peking to Petersburg.* By Arnot Reid.

② *The Break-Up of China.* By Charles Beresford.

③ 《伦敦新闻画报》1899年 1月 28日、2月 18日、3月 4日、3月 25日报道。

④ 参阅：《光绪朝实录》卷四一九、卷四二六。

中国事变中的群角：义和团团员

Actors in the Chinese Drama: a "Boxer."

1900 年 8 月 18 日刊行

从 1900 年 6 月开始，《伦敦新闻画报》有关中国的报道聚焦义和团运动。画报称，义和团运动于 1897 年秋天在山东发起，波及德国占领的胶州湾及大片地区，于是德国人派兵舰武力镇压。① 画报还讲："慈禧太后因疯狂仇恨欧洲人而'偏爱'义和团，一位将领甚至因反对义和团而受到斥责。义和团被允许成群结队地在北京街头巡逻，随时可能袭击欧洲人和教徒。新教教徒由少量的英、美海军陆战队守卫，天主教徒待在法国人教堂中，由几名法国兵守卫。"为此，画报呼吁"所有欧洲国家的政府必须团结起来避免这场危机"。

画报 7 月 7 日报道：英舰队司令何伯带队闯入天津白河，见到多年前被摧毁的大沽口炮台又已重建，英炮舰被阻拦在河道中。8 月 5 日，约万人的八国联军在北塘与清军 8000 人激战。战罢，联军伤亡的主要是俄国人和日本人，达 400 人，而清军退往北京。此时在上海，列强军舰停泊在此，包括 14 艘英舰，海军上将西摩尔刚去过南京。俄国扩大了在满洲的军事占领，但也受到清军顽强抵抗，作战清军使用了新式枪支。画报称，英国政府为了表明"严肃担负自身的军事责任"，决定派遣两个印度旅前往中国作战。就像 41 年前一样，英国"不会在无关紧要的谈判上逗留"，"不会限制有效武力的推进"，其目的是镇压义和团、惩罚清廷统治者。

① 事实上，《清实录》中有关"义和拳"的记载最早见于乾隆年间。《光绪朝实录》卷四一八，光绪二十四年四月，山东巡抚张汝梅电奏山东、直隶交界有私立义民会，后查明义民会即义和团。

进入8月，《伦敦新闻画报》报道北京的外国使馆陷入围困中，并指出报刊上出现了“故意捏造的耸人听闻的故事”。画报还大加赞赏德皇威廉二世面对即将开拔远征的德国军队发表的“匈奴演说”，赤裸裸地宣扬帝国观、殖民观下的“狂热复仇心态”。[①]同时，美国海军陆战队已从马尼拉出发前往中国。

这幅插画表现的是义和团在街头向民众进行反洋教、反外国侵略的宣传。画报记者这样评议：“在中国政治中，漫画[②]和海报的价值多年来已得到充分认可。而滑稽木偶戏在议论国内外政治方面独树一帜，有着最大自由度；除此之外，任何持有与当权者不相符的意见表达都会被立即压制和严惩。中国的秘密社团总是利用这些手段来传播教义，而义和团更是如此。猪总是代表传教士。竖立着的画板是一种义和团在全国各地传布亦宗教亦政治的图画。”1900年的义和团运动是中国近代反洋教运动的高峰。义和团运动与晚清反洋教思潮息息相关，而其根本成因是“反列强侵略”和“中西文化冲突”。就如画报报道涉及的来华外国传教士，如郭实腊、马儒翰、麦华陀等，他们无一例外都与列强的殖民侵略有着直接或间接的关联。

反洋教斗争工具：中国木偶戏

The Chinese Punch-and-Judy as an Anti-Foreign Instrument.

1900年8月25日刊行

① 参阅：路遥主编《义和团运动文献资料汇编·中文卷上》，山东大学出版社，2012年，第54页“德皇誓师”。邓剑歌《殖民心态，民族狂热与自我省思——1900年德国媒体中的义和团镜像》，《全球传媒学刊》2020年第2期。

② 揭帖漫画在义和团运动中也多被使用，如《鬼拜猪精图》《射猪斩羊图》《雷击猪羊图》等。参阅：王明伦选编《反洋教书文揭帖选》，齐鲁书社，1984年。

中国军队阵法：吹号擂鼓集结军队
Chinese Army Types: Trumpets Soudning the Assembly with Big-Drum Accompaniment.
1900 年 9 月 1 日刊行

义和团运动爆发，八国联军侵华，沙俄也乘机在满洲全面实施军事占领，中国军民予以奋力抵抗。《伦敦新闻画报》1900 年 9 月 1 日报道记录了 7 月 16 日黑龙江“海兰泡[①]惨案”的一幕：“河的更远处或满洲一侧，看得见中国阵地前沿，死亡的数百名中国人的尸体阻断了江流数日。”

《伦敦新闻画报》之所以关注沙俄在中国的一举一动，根本上是因为英国妄图捍卫商贸霸权，攫取在华最大利益。1895 年之后，英、俄矛盾日渐加剧。[②]《泰晤士报》驻远东记者柯乐洪[③]在 1900 年出版了《俄国反对（英属）印度——争夺亚洲的斗争》（*Against India: the Struggle For Asia*）一书。画报在讨论英国如何在亚洲“树立声望”时，便援引了柯乐洪在《历史导论》《阿富汗和波斯》《俄国在中国中部》等书中所表达的观点，他认为：“俄国进军亚洲是步步为营——堪称一个叙事缓慢却主旨明确的完美故事。”

---

① 海兰泡原属中国，《瑷珲条约》签订后被割让与俄国，改名为布拉戈维申斯克。

② 参阅：〔苏〕B·阿瓦林著，北京对外贸易学院俄语教研室译《帝国主义在满洲》，商务印书馆，1984年。张磊《浅析 1895～1902英俄在华矛盾》，《辽宁教育行政学院学报》2009年第 11期。

③ 即 Archibald R. Colquhoun（1848—1914）。又译作葛洪、高奋云。

天津都统衙门审问义和团团员

Trial of a Boxer at the Magistrate's Court of the Tien-Tsin Provisional Government.

1901 年 3 月 2 日刊行

光绪二十六年（1900）六月，天津失守。七月，八国联军由天津向北进发，占领杨村，直逼北京，直隶总督裕禄自杀。软弱的清廷随即下谕，授命李鸿章为全权大臣，并“即日电商各国外部，先行停战”。

八国联军侵占天津后，成立了军事殖民统治机构——天津都统衙门。[①]《伦敦新闻画报》报道了八国联军占领天津的种种行径[②]，尽显西方侵略者的横行霸道和殖民者的傲慢狂妄：“在华列强占领下的诸事悬而未决，官方的和非官方的意外事件此起彼伏。天下之大，诸国盟会此前鲜有。印度兵抢掠中国乡民的财物——尽管是在英国长官的授意下——这是人类两个不同种族的一场奇遇，他们同样被英国统治者称为‘本地人’，却在一场不受其掌控的争斗中迎面遭遇。我们的印度兵最近所见事物如此之多，皆是他们那些未见过世面的同胞猜想不到的东西。各国士兵和水手热衷于四处抓捕义和团团员。这里的一幅插画呈现了奥地利水手抓住几个‘明目张胆的不法之徒’，另一幅插画呈现

① 参阅：刘海岩等编《八国联军占领实录：天津临时政府会议纪要》，天津社会科学院出版社，2004年。

② 英国传教士、联军情报官宝复礼（Brown Frederick）的随军笔记也记录了八国联军对天津的围攻、占领。参阅：〔英〕宝复礼著，宋美盈、李茜茜、何彩琴译《八国联军侵华战争回忆录》，东方出版社，2014年。

奥地利水兵和四名被抓捕的义和团团员

Austrian Sailors with Four Captured Boxer Thieves.

被囚禁在天津都统衙门的义和团女子

Two Boxer Girls Imprisoned in the Yamen at Tien-Tsin.

1901 年 3 月 2 日刊行

了天津都统衙门正在审问一名义和团团员。在大都市北京自然少不了一些运动和消遣，风景如画的城门下众多形形色色的北方人穿行而过，一头奔向至今还不知其名的大道。尽管八国联军全力行动，但仍有传言称，让中国人接受八国联军的要求，还得与清廷的那些要员们再谈判 6 个月。与此同时，美国政府变得稍有焦躁不安，其对八国联军处理这场危机的政策有所不满。然而，列强不太可能坚持对中国内陆展开新的远征。威吓已产生了作用。鉴于八国联军表现出的决心，清廷勉强地答应了所有要求。周二，两名被定罪的武官在北京被处决。押送犯人的是日本步兵，此地由法国、德国和美国军队守卫。两人镇定而死，且有尊严。”①

① 正值清廷急于议和之际，1900年 10月，八国联军攻占保定府，拘捕、审判直隶布政使廷雍等官员；11月 6日，廷雍及守尉奎恒、参将王占魁被八国联军斩杀于凤凰台。清廷得知廷雍等人被戕，实感愤懑，但除了令李鸿章与各国公使“辩驳”，别无举动。

光绪二十六年（1900）七月，黑龙江将军寿山电奏，守边清军已与入侵俄兵接仗。驻俄公使杨儒[①]发电称："俄人已陆续调兵，以平乱为名，势甚愤张，东三省大局可虑。"清廷电谕盛京将军增祺、吉林将军长顺和黑龙山将军寿山："以保守疆土为第一要义"，同时却一再命令守边将军"防俄以固围为务，不必越境图功"。

《伦敦新闻画报》自1900年9月1日开始持续报道沙俄在东三省的军事行动。9月29日以"俄国在满洲"为题报道："俄军在布拉戈维申斯克（海兰泡）登陆，宣布俄军将从此占领吞并满洲，以此惩罚义和团对西伯利亚的袭击。"[②]

俄国占领时期的典型场景

A Typical Scene of the Russian Occupation.

1904年1月23日刊行

围绕沙俄侵占东三省及相关问题，清政府与沙俄展开了外交谈判。画报1901年4月6日报道称："中国皇帝认为俄国破坏了其国家完整性，他恳求沙皇恢复俄国占领前的国家统治状态，避免给其他列强树立肆意妄为的坏榜样。"画报12月7日又评述道："坦率地说，俄国暂时占领满洲就像英国临时占领埃及一样，在英国被迫放弃法老的土地时俄国也将离开满洲土地。"

1902年3月26日，全权大臣奕劻、会办大

① 杨儒（?—1902），字子通。1892年出任驻美国、西班牙、秘鲁公使，1896年转任驻俄国、奥地利、荷兰公使。1901年1月与俄谈判交收东三省问题，坚决捍卫国家主权与领土完整。

② 参阅：〔苏〕鲍里斯·罗曼诺夫著，陶文钊、李金秋、姚宝珠译《俄国在满洲（1892—1906年）：专制政体在帝国主义时代的对外政策史纲》，商务印书馆，1980年。

满洲杂耍艺人逗乐俄国士兵
A Manchurian Juggler Amusing the Russian Soldiers.
1905 年 3 月 11 日刊行

臣王文韶与俄国驻华公使雷萨尔[1]签订《交收东三省条约》。条约议定："自三月初一日起六个月内，先撤奉天省西南段至辽河的俄军，并交还地方铁路。"签约后，雷萨尔觐见了慈禧太后。[2]

但是，1904 年 1 月 26 日，日本军舰突袭旅顺口的俄国舰队，此时占领东三省的俄军多半已撤离。日俄战争是帝国主义为争夺利益在中国领土上进行的非正义战争，期间进行了多场大会战，如辽阳会战、沙河会战、奉天会战。[3]当时，国际形势波云诡谲，各方列强形成复杂的利益集团，英、法联手反德，德国寻求接近俄国，而英、日结盟意在削弱俄国。在此背景下，就不难理解画报记者作出这样的评论："在身处满洲的俄国人眼中，没有什么是神圣不可侵犯的。俄国军队甚至在寺庙里安营，在圣地堆放武器，把稻草扔到地上，躺在上面休息。这种不尊重未征服国家宗教的表现说明俄国缺乏对未知文明的好奇心，这是很不明智的。在这方面，英国的表现与俄国形成了鲜明的对比。英国为了避免伤害各个国家的宗教信仰，一直举办各种学科竞赛增强对各种文化的了解。"

这幅插画呈现了日俄沙河战役期间，杂耍艺人在俄国兵营中表演的场景。报道还提及晚清蜚声海外的中国魔术师金陵福。

① 即 Павел Михайлович Лессар（1851—1905）。1902—1905年任俄国驻华公使。
② 参阅：《光绪朝实录》卷四九七、卷四九八，光绪二十八年三月、四月。
③ 《伦敦新闻画报》1904年 12月 3日至 1905年 4月 1日持续报道日俄沙河会战。

新军创练——旧中国下的年轻思想：正在操练的新兵

The Making of the New Army—the Young Idea in an Old China: Schoolboys at Drill.

1906 年 4 月 23 日刊行

咸丰十年（1860）出现了“左宗棠新军”，而直至 1895 年甲午战争后，清政府才彻底认识到“创练新军”的紧迫性，妄图以此挽救摇摇欲坠的王朝统治。[①] 画报记者走访中国多地，在衙门中见到：“很多年轻人在官员的指导下训练，全力投入地操练简单动作。向导自豪地称他们为‘龙兵’。”在画报记者看来，“龙兵”在大清国处处可见，新军是否有成效还有待观察。报道的插画中，新兵穿着破旧的黑色套衫和裤子，穿着丝绸长袍的官员在旁监督，而教官则穿着一身白色制服。清政府创练新军采用“营制悉照旧章，训练改用西法”。[②] 画报记者对此议论道：“沉睡的巨人正在醒来”，“今日之中国已不是十年前之中国，其军队正在彻底整顿”，“西方思想终于渗透到中国新军中，渗透到中国人的智慧中”。[③] 画报记者道出了西方列强自鸦片战争以来一直渴求在中国见到的情景。

1909 年，清政府重新筹议振兴海陆军，5 月任命贝勒载洵、提督萨镇冰为筹办海军事务大臣，成立筹办海军事务处。8 月，载洵、萨镇冰奉旨赴欧美各国考察海军。[④]

① 参阅：张华腾著《清末新军》，人民出版社，2019年。
② 《咸丰朝实录》卷三八二，光绪二十一年十二月下。
③ 《伦敦新闻画报》1906年 12月 8日以“中国新军：中国的伟大觉醒”为题报道。
④ 《伦敦新闻画报》1909年 12月 27日报道载洵一行抵达英国多佛港。参阅：台北故宫博物院藏军机处档折件，《奏为出洋考察海军拟定期前赴欧美两洲大概情形由》（故机 181663号）。

吊竹竿：抬着遇难满族人的尸体，穿行在武昌街头

Carried Away Slung from a Bamboo Pole: the Body of a Slaughtered Manchu Being Borne Through the Streets of Wuchang.

1911 年 11 月 25 日刊行

《伦敦新闻画报》1911 年 10 月 21 日报道：革命军夺下汉阳，汉阳兵工厂为革命军提供了枪炮弹药，并提及孙中山“被任命为第一任大总统”。画报记者在英国炮舰上远望武昌城，这座商业中心城市已经陷入一片火海，汉口和汉阳已被摧毁。他看着梳着长辫的满族官员，提出疑问：这支军队究竟对皇帝有多大程度的忠诚？画报 11 月 18 日报道追述武昌起义：10 月 10 日，汉口俄租界内革命党秘密制造炸弹发生爆炸，湖广总督瑞澂[①]随即向北京上奏，抓捕革命党。革命党计划的武装起义随即提前爆发。报道称，瑞澂弃城逃至小船上，而湖北提督、陆军副都统张彪[②]率部坚守，与革命军顽抗。

报道还提及，由于对清朝统治者的敌意，导致处在起义中心的武昌城内的数百满族人被杀害。由沈敦和发起成立的“中国红十字会万国董事会”在武昌城展开了战时救护行动。[③]

① 瑞澂（1863—1915），大学士琦善之孙，黑龙江将军恭镗之子。曾任九江道、上海道、江西按察使、江苏布政使、江苏巡抚、两江总督，1910年升任湖广总督。武昌起义爆发后逃往上海，即被革职。

② 张彪（1860—1927），山西榆次人。南北议和后卸职，在天津日租界筑“张园”，作寓公。

③ 参阅：池子华《中国红十字会辛亥战时救护行动》，《民国档案》2004年第1期。

《伦敦新闻画报》1911年5月6日报道广州爆发革命[1]，英国海军陆战队以保护为名登陆沙面外国领事馆区。画报11月11日报道上海轮船招商局的“江永号”载着汉口难民抵达上海。报道称：“上海是中国革命运动的真正总部，近来日益明显，这从这座城市和平移交到‘叛军’手中就可以看出。那里的某些官员被赋予高位，在北京引起了极大震动。其中便有曾任驻美公使的伍廷芳，他被任命为外交总长。”[2]报道还提及袁世凯：“因为清廷忌惮其权力，他被革职，但保住了性命。自革命爆发以来，他的地位一直是个关键却又难以确定的因素。他被召回并任命为叛乱省份湖北和河南的总督，但他最终拒绝了。”

这幅插画呈现了中国红十字会会员在上海街头游行的场景：游行队伍由一名身高超6英尺（约1.8米）的旗手带领，他穿着美式西装，十分引人注目。红十字会的女护士们头戴白亚麻布头饰，紧紧地包裹着头部，只露出脸，这种头饰颇像长矛兵的头盔。她们两人一排，仪态很是庄重。游行队伍全是中国人，大概由40名女士和10名男士组成。街道两旁是围观游行队伍的路人。

值得一提的是，光绪三十年（1904）二月，驻美国、秘鲁、古巴、墨西哥公使梁诚奏请加入红十字国际委员会，并附呈了公约。[3]

中国护士在上海街道上行进

Some of the Chinese Nurses During the Progress Through the Streets of Shanghai.

1911年11月25日刊行

① 参阅：廖大伟《辛亥革命与上海政治地位的提升》，《史林》2002年第2期。

② 即1911年4月27日，同盟会策划发动的广州黄花岗起义。

③ 参阅：台北故宫博物院藏军机处档折件，《奏请加入真奈瓦红十字公会事》（故机160498号）。

高淳革命军营地，军官向第三十五标（团）士兵演讲

An Officer Addressing the Men of the 35th Regiment in the Revolutionists' Camp at Kaotze.

1911 年 12 月 9 日刊行

《伦敦新闻画报》报道：武昌爆发革命后，10 月 18 日至 19 日，革命军和清军在汉口激战，租界内的清军军舰参战。炮弹引起火灾，德国租界后面的大片区域被摧毁。11 月 18 日，有消息称，已被任命为内阁总理的袁世凯命令署江北提督段祺瑞带兵前往汉口镇压起义的革命军，意图迫使革命军首领接受清廷"速行宪政"的妥协政策，以维持其统治。画报 12 月 2 日报道，当年由李鸿章一手创办的上海江南制造总局已被革命军占领。在汉口大智门火车站，清政府为了镇压革命军，从北京运去了新式的德国造速射克虏伯火炮。汉口有大片外国租界区，沿江岸绵延约 8 千米，革命爆发时租界区外国侨民约为 1500 人。租界内赛马场和高尔夫球场也发生了激战。在九江，革命军乘坐旧式战船，使用老式滑膛炮和火药弹，与清军作战，炮声震耳欲聋。①

画报 12 月 9 日报道，中国大部分地区已掌控在革命军手中。江浙联军 12 月 2 日攻克南京城。这幅插画呈现的是一名军官正在向新军第九镇（师）十七协（旅）三十五标（团）士兵发表演讲。新军第九镇统制徐绍桢为江浙联军总司令，另有苏军司令刘之洁、副司令朱熙，浙军司令朱瑞、副司令周凤岐，镇军司令林述庆，沪军司令洪承典等人。

① 1911年10月23日，九江革命党人率先响应武昌起义，攻下九江全部城乡。参阅：凌风章《辛亥革命中的九江起义》，《黄埔》2011年第B12期。

1911年11月，清廷连下谕旨，奕劻、那桐、徐世昌还在第三道谕旨上署了名，皆为催促袁世凯出任内阁总理大臣，以图挽回危局。袁世凯两次“恳辞”，最后到阁办事。12月，革命军攻下了南京，监国摄政王载沣退归府邸，不再预政。[①]身在南京的画报记者描述道：“每天早上10时到中午，通往西沙湾和长江码头的仪凤门开放，大约有三四千人从此门通行。之后城门关闭，除了那些有通行证或持特殊黄旗的人，任何人都不允许通行。当我画这幅速写时，一队举着黄旗的士兵正走上前来准备进入，同时还有两百多名苦力拉着人力车，他们把人和行李运送出去后正等着过城门返回。城门半开，一群手持鞭子的值守士兵从门洞里走了出来，准备接举旗士兵进入，并把等候的人群赶开。现场一片混乱，城门里一声枪响，伴着尖叫声。值守城门的队长焦急地冲过来，用枪指着人群。最后，士兵们通过后，城门关上了。”

不久，清廷又赐封袁世凯一等侯爵，但这挽救不了覆灭中的晚清。

值守城门的队长及士兵：黄旗军队过城门时的骚乱不安

The Captain of the Gate and His Men on Duty: Dangerous Excitement at the Passing of a Yellow Flag Party.

1911年12月16日刊行

① 参阅：中国第二历史档案馆编《中华民国史档案资料汇编》，江苏人民出版社，1979年，第一辑“辛亥革命”，第202—203页，第210—211页。

为清廷而战的英勇战士：旧帝国士兵出征反击革命军

The Biggest and Finest Fighters of the Chinese Army Battling for the Manchu Cause: Old-Time Imperial Soldiers Marching Against the Revolutionaries.

1911 年 12 月 16 日刊行

武昌起义后，驻守南京的新军第九镇统制徐绍桢被两江总督张人骏[①]调出城，驻防秣陵关。1911 年 11 月 8 日，徐绍桢率部起义，先分攻军督两署，后带领四五千人围攻雨花台，江南提督张勋部江防营顽守。鏖战两个小时，未能攻克，起义新军退守镇江。

这幅插画所描绘的是：11 月 15 日，江南提督张勋派部队前往秋江和高淳两地，镇压起义新军。画面中，士兵们脚下有一条铁轨，它是直通南京城内的铁路支线。[②]部队必须穿过这条铁路线才能到达大路，然后再向左行进，这支队伍后面紧随着 700 人。还有兵力约为 4000 人的部队从南京城东门出发前往大路。这几支队伍的士兵全是山东人——清军中最勇猛的战士。他们穿着蓝色宽松夹克衫似的军装，十分相称，显得很是高大威猛。

① 张人骏（1846—1927），历仕同治、光绪、宣统三朝，一直出任地方督抚，政绩卓著。曾创办广东武备学堂。

② 1907—1909年，在时任两江总督端方（1861—1911）主持下，从下关江宁车站直达南京城的宁省铁路建成。参阅：李沛霖《近代中国市内铁路之先行：宁省铁路——京市铁路》，《档案与建设》2015年第6期。

第四章 山河破碎的人间万象

CHAPTER FOUR

Various Sketches of the Country Broken Mountains and Rivers.

1842-1912

吸鸦片者 An Opium Smoker.
1843年7月8日刊行

《伦敦新闻画报》1843年7月8日报道："过度吸食鸦片对身体有害引起了中国当局中一些有较好地位的人士关注。大约在1796年，鸦片进口不仅被完全禁止，而且会受到严厉的惩罚。当局勒令惩处所有被发现吸鸦片烟的人。但是，这项交易有利可图，现已成为全国性要务，因为中国人让我们用现金购买全部茶叶，而鸦片经销商花钱购买鸦片，从而收回了卖茶叶的这笔钱。该法令肯定已是正式颁布的，并且备有武装加以禁止走私。但是，由于禁令造成鸦片价格高涨，以及人们自身对这种有害的奢侈品的上瘾心理，使走私者向官员和海关人员行贿。因此，鸦片贸易非但没有减少，反而连年增长，有利可图，有数据可以证明：1798年，鸦片进口量约为4200箱，在接下来的10年中一直在波动，但在这10年中价格实际上涨了两倍。在1808年，进口量为4208箱。在1818年，价格上涨了4倍多，数量减少了，但在1828年为7700箱，数量几乎翻了一番，数量继续迅速增长。到1832年，进口量不少于10638箱，1833年为12223箱，1834年为12977箱，1835年增加到14745箱。直至中英关系公开破裂，据悉那年的进口量达到40000箱，价值超过400万元。以上统计（最后一次除外）仅限于加尔各答出口中国的鸦片，也有相当数量的鸦片从孟买和达曼出口到中国。而吸食鸦片上瘾的中国人的数量有不同的估算，经过适度的计算，可能达到300万人，尽管实际上很可能大大超过这一数字。"

鸦片走私 Opium Smuggling.

咸丰三年（1853）三月，咸丰帝接到叶名琛、柏贵的奏报，文翰从英国返回香港，并发出照会。此时，继武昌、安庆失守后，江宁（南京）、镇江、扬州也已被太平军攻克，广东人心浮动。咸丰帝谕令叶名琛"洞悉夷情，密为筹度"，并要防备英国人窥伺。

《伦敦新闻画报》1853年5月21日报道：太平军横扫清军，几乎占据清朝的半壁江山，而"清朝官员看上去软弱而无能"。报道称，苏松太道吴健彰致信英国驻上海领事馆，提议"联合平叛"。英国领事馆报告：太平军即将攻取南京，苏州城的富豪商贾纷纷携带钱财，举家躲到乡下，货物搬到上海。上海也是一片恐慌，商铺关门，贸易停止。3月12日，文翰从香港启程前往上海。少量英军已协防上海，法国和美国的海军也已抵达。3月19日，太平军攻克南京，两江总督陆建瀛被杀。文翰遂决定亲自探查太平军。画报报道：4月22日，文翰乘坐"赫尔墨斯号"炮舰从上海出发，4月26日经过镇江，27日抵达南京，逗留三天，5月1日向南京上游航行12英里（约19千米），然后折回南京，5月2日启程回上海。5月3日过镇江，5月5日回到上海。文翰所到之处时时不忘对外宣称"守持中立"，掩盖其真实意图。

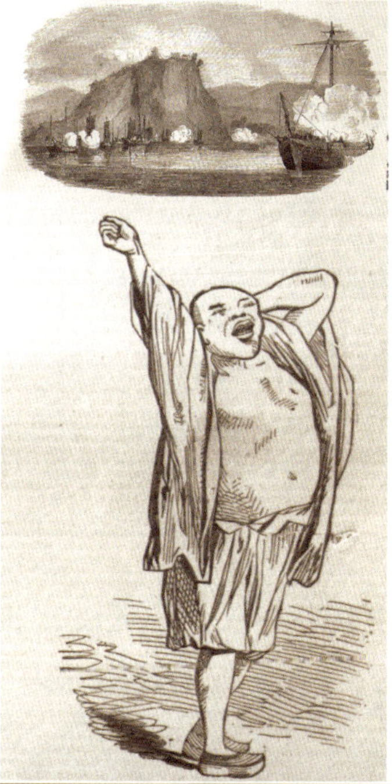

中国裁缝
Chinese Tailor.
1853年11月5日刊行

画报11月5日报道选摘了"赫尔墨斯号"大副威廉姆斯的日记：英国领事馆翻译官密迪乐[①]一行从上海乘船前往扬子江上游探查。他们从北门入城，参观了城隍庙、学台府衙，探听到清军水师停泊在银山周围。他们还侦查了江阴城墙，看到了七级宝塔（悟空塔）。他们在烧饼店还看到了师傅用竹竿反复轧面团。

① 即 Thomas Taylor Meadows（1815—1868）。1843年来华，先后任英国驻广州领事馆、驻上海总领事馆翻译，1857年任驻宁波领事，后又任驻牛庄第一任领事。对中国多有研究，著有《中国人及其叛乱》（*The Chinese and Their Rebellions*）、《关于中国政府和人民及中国语言等的杂录》（*Desultory notes on the Government and People of China and on the Chinese Language*）。

卸任的英国驻广州领事巴夏礼[1]与广州十三行的老行商伍浩官、卢茂官、梁经官辞别。画面中，老行商们身体前倾，卑躬有礼，巴夏礼则挺直腰板，显得格外傲慢。巴夏礼卸任辞别之际，广州城和十三行正处在英国炮舰隆隆炮火的侵袭之下。其中，广州 80 家外国代理商行及店铺有 21 家被烧毁。广州内城隶属行商的 12 家大商行有 9 家被炮火摧毁，与商行做生意的英国商人也损失巨大。许多商人逃往上海，但 50 万广州居民却难以轻易逃命。[2]报道还不加掩饰地夸耀巴夏礼："很少有人能比巴夏礼先生更敏锐和深入地了解中国人的性格。"

领事巴夏礼先生向老行商们辞行

Mr. Consul Parkes Bidding Adieu to the Old Co-Hong Mandarins.

1857 年 2 月 21 日刊行

① 即 Harry Parkes（1828—1885）。1841年来华，在澳门学习汉语。次年，作为英国全权公使璞鼎查的秘书兼翻译，参加第一次鸦片战争。1844年起担任英国驻华领事馆译员，1854年升任厦门领事。1856年代理广州领事期间，制造"亚罗号"事件，挑起第二次鸦片战争。1857年，英法联军攻占广州，成立"联军委员会"（又称"广州外人委员会"），由巴夏礼、哈罗威（Thomas Holloway）和修莱（F. Martineau des Chenez）三人组成。1860年，随英国特使额尔金及侵华英法联军北上，在通州被清军擒获，解送北京，后被释放。英法联军焚毁圆明园，迫使清政府签订《中英北京条约》，巴夏礼均参与其中。1861年，随英舰队司令何伯前往汉口，回程在黄州（今湖北黄冈）会见太平天国英王陈玉成，阻止太平军进军武汉。1862年，受封爵士，旋任驻上海领事，参与镇压太平军。1865—1883年任驻日公使。1883—1885年任驻华公使兼驻朝鲜公使。死于北京。

② 《伦敦新闻画报》1857年 1月 10日报道：英国全权公使约翰·包令决定，由英海军舰队司令西摩尔直接解决"亚罗号"事件引发的外交争端。1856年 11月 13日，西摩尔与两广总督叶名琛强硬交涉，交涉无果后，遂指挥舰队炮轰广州总督衙门。英军在中国再次燃起战火。画报记者将战讯及描绘战事场景的图画从广州发给《伦敦新闻画报》。2月 10日报道提及一则传言：英舰队炮轰引发大火，80家外国代理商行及商铺中仅有 9家，连同英国领事馆，在火灾中幸存下来。而报道却将火灾归罪于趁火打劫的"贼人和盲流"。

香港维多利亚警察局就“毒面包案”讯问裕盛办馆老板

Examination at the Police-Office, Victoria, Hong Kong, of Esing, the Baker, Upon the Charge of Poisoning.

1857 年 3 月 28 日刊行

从《伦敦新闻画报》1857 年的报道中，我们能够看到，克里米亚战火虽已平息，但英国在中国、波斯燃起的战火正持续升温，同时还在武力镇压印度民族大起义。《伦敦新闻画报》1 月 17 日以“重修和平”为题报道，表面上宣示和平，实为阐发大英帝国“穷兵黩武”之重要性，并告诫其他欧洲大国：“火在燃烧，总有一天会爆发。欧洲列强应该给予关注，当下他们闲来无事，或许一场大火将波及所有人。”当时的英国政府、新闻报刊和民众都“情绪高昂”，因为“一支优秀的陆军和一支更优秀的海军”足以令他们迷之自信，认为即使英国“单枪匹马地打仗”，也能够达到自己的目的。

就在英法联军炮轰广州城，英国舰队与清军水师在珠江激战之时，英国人占领下的香港却发生了一件疑团重重的“毒面包案”——裕盛办馆[①]老板张亚霖及员工被控阴谋用“毒面包”谋害包括香港总督包令夫人在内的欧洲人。该案件一时间成为欧洲各国报刊纷纷报道的轰动事件。画报转引了案卷内容，并刊登了一幅插画，画面呈现了裕盛办馆老板张亚霖及其家属正在香港维多利亚警察局接受讯问。[②]

① 裕盛办馆是当时香港唯一供应西式面包的办馆。“办馆”为 19世纪末至 20世纪初中国港澳地区的一种特殊商业形式。其经营业务主要是为居住在港澳的外国人采办食品和日常生活用品。参阅：甘于恩、吴芳《释“办馆”》，《方言》2006年第 2期。

② 相关研究参阅：陈华新《所谓“毒面包案”的真相》，《华南师范大学学报（社会科学版）》1980年第 2期。

中国农妇
Chinese Peasant Women. 1857 年 4 月 11 日刊行

中国人的服饰（粤北地区）
Chinese Costumes, North Part of Kwang-Tung.

1857 年 3 月，经议会的一番激烈论战后，英国决定派出增援部队前往中国。《伦敦新闻画报》报道英国皇家海军“捷运号”运兵船在朴茨茅斯港正待补给起航。画报还刊发了两组人物插画，聚焦战争阴云笼罩下的华南地区的民情风貌：一组呈现的是头饰独特的福州农家妇女，她们常常肩挑货筐；另一组呈现的是粤北地区女性的特殊服饰，从左至右分别是带着孩童的奶妈、渔家女、两位未婚女子、带着孩童的已婚妇人，背景处可见粤北民居。画报另刊发了一组风景插画，分别是：香港毕打山及船政司官邸①、香港维多利亚港山顶、香港岛对面的九龙城寨、珠江上的“荷兰炮台”②。

《伦敦新闻画报》特派画家兼记者与前往中国的英国舰队一路同行，先后在法国马赛和马耳他、埃及亚历山大港、苏伊士运河、亚丁湾及马尔代夫、西非海岸马德拉群岛进行了纪实报道。

① 第一次鸦片战争期间，1841年 7月，香港开埠设立船政署，英国皇家海军中尉威廉·毕打（William Pedder，1801—1854）出任首任船政司和海事裁判官。

② 即海珠炮台。参阅：中国第一历史档案馆等编《广州历史地图精粹》，中国大百科全书出版社，2003年，第 45页“广东水师营官兵驻防图”。

画报记者乘新西兰公司的头等客轮“北京号”，从锡兰出发，经槟榔屿、新加坡，4 月 29 日抵达香港，5 月 29 日寄信给报社，详述一路见闻。他在信中这样描述初到香港的印象：“香港比我预想的要大得多。房屋是英式风格和混搭风格，带有阳台。皇后大道宽阔，街道两旁商铺林立。海港被群山环绕，阴天时山峰往往云遮雾绕。”画报记者周游了临海的景色宜人的九龙城寨，回到船上就餐，观赏香港夜景，这样写道：“日落时分，中国人在船上敲锣打鼓、放鞭炮，敬神祭祖。夜晚，九龙城寨灯火映照山坡，风景煞是奇特。次日雨天，城中狭窄的中式街道昏暗且雨雾弥漫。苦力们戴着大大的尖顶斗笠，让人印象深刻。比起其他东方人的怠惰，天朝人的行动力令人振奋。他们的商铺很洋气。画师极多，临摹银版相片的微型画像惟妙惟肖，且有求必应，和在巴黎一样。”

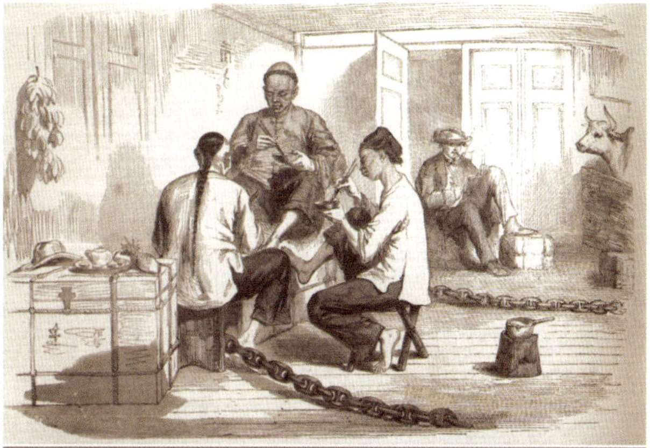

在香港就餐

1857 年 7 月 11 日刊行 Chow-Chow at Hong Kong.

画报记者乘坐快艇去了一趟广州，特别提及“乡下人像法国人一样礼貌有加，不管我们走到哪儿，男孩们都连声说‘请’”。之后，他又翻山越岭，乘船去了有英军驻守的赤柱镇。在苦力和买办的陪同下，他来到香港岛的一个村子，与村民们坐在戏棚里看戏。他仔细观察台上角色的装扮——背后插旗的武将，身穿宝蓝色军服、系着腰带、戴着斗笠的兵卒。他这样讲道：“表演十分精彩，像法国轻歌剧。伴奏也不赖。民众悄声看戏，甚至表现得比法国人还好，除非台上有什么插科打诨，逗乐全场。我从未见过如此得体的观众。离开时，我感到心满意足。”

此外，画报记者讲到一位彬彬有礼的中国人，他是客轮头等舱的乘客，他用刀叉就餐，喝雪利酒，相当有绅士派头，却无人理会——待他比狗还差，因为他是中国人，而英国人正在广州开战。

从“北京号”上装卸鸦片

Discharging Opium from the *"Pekin."*

1857 年 7 月 11 日刊行

画报记者给报社去信讲道：“我在一艘鸦片运输船上享用到最好的舱位。”他还画下了这样的场景：鸦片运输船上，勤劳的苦力们正在装卸鸦片。戴着木髓头盔的军官清点记下包数，跟班的印度兵登记在石板上，东印度公司的印度水手想着“一切准确无误”。

《伦敦新闻画报》1857 年 7 月 18 日继续刊发来自香港的报道：“阳光明媚的晴空，香槟晚宴，推杯换盏的午宴，一派热闹簇拥之下，身在天朝的记者认为饱受谩骂和诽谤的香港是世间乐园，觉得天朝人友善有礼，这就毫不奇怪了。我们在英文报纸上看到张亚霖及四个同伙被枪决！[①]但是，当这里的人们为了自娱自乐把无中生有、夸大其词当作事实时，您还能指望什么呢？就是昨晚，一位友人告诉我们：所有的炮舰都已驶向（珠江）上游——一位绅士亲眼瞧见它们驶走的。此前，我们听说它们不会前去，如今真相大白，一艘船真的不见了！要是在这里道听途说被传播到如此地步，也难怪我们国内有那样令人捧腹大笑的情报。可怜的张亚霖一切安好，他‘被处决’是子虚乌有。他根本没有投毒，就像普通中国人一样无辜，和我们一样遭罪。侮辱某个国家、诽谤某一族群，而对之了解甚至不如天外世界，这简直是糟透了。居住在此的英国人从不与当地人交往接触，怎么可能了解当地人：他们将诚实的商人当作海盗、清朝官员；

① 张亚霖被控告“用毒面包毒害总督夫人”。参见本书第 141 页。

香港港口的疍家船

Chinese Sampans in the Harbour of Hong Kong.

1857 年 7 月 18 日刊行

所有人都因某些人的过错而遭受谩骂和不公评判。不，我们要对抗的不是中国人，我们必须追拿清朝官员，他们是罪魁祸首，清朝官员给面包下毒，‘蓟花号’事件是清朝官员所为，清朝官员想阻止我们进入广州城。中国民众当然不排斥外国人。我从这样一些不带偏见的英国人那里得出这一点，他们在华生活了 10 至 12 年，与内陆和沿海的当地人朝夕相处。事实上，他们最有权真实地描述当地人。这些绅士从被烧毁的广州洋行里逃出来，故而应该对中国人最为刻薄，但他们却说中国人不是好战的民族，而是骨子里懂得经商之道；对统治，更确切地说是暴政统治的国家，没有任何深切的爱戴，他们的心思全扑在自己的商贸经营中，要找到与之同等勤劳的人实在很困难。你随便去往一处，走近任何一家商铺，无论生意多么艰辛，你都会发现这个中国人在劳作着，他的心思完全放在所做的事情上；而且，他总是好脾气的，总是开朗的，不嗜酒。傍晚时分，面前摆上一小碟肉，法式盘中盛着米饭，放着勺子和筷子。掌柜和大伙坐在一起吃饭，然后他们会抽一小袋烟草，再劳作到深夜——有些人甚至会一直忙到清晨。这一切日复一日地进行，因为他们没有星期天。”

《伦敦新闻画报》特派画家兼记者走入香港的市井街巷，对中国人有了自己的直观感受。他在寄给报社的香港人物素描的附言中讲道：“我发现中国人十分聪颖，也有着惊人的天赋，这和我之前听说的完全不同。我和他们相处融洽。”给他留下最深印象的是小孩子：“男孩们有着你所能想象到的最阳光的外表，一点儿都不丑，而绝对是惹人喜爱的小不点儿。他们穿衣要比我们的少年成熟得多，时常穿着白绸（或其他衣料）的宽松上衫。夏天时他们不穿衬衣，光着脖颈，下身穿宽松的长裤，用绸带缠着绑腿，束住长袜，长袜套进鞋里，这样虫子就不会钻进裤腿里。这种鞋不磨脚长鸡眼，且不是皮制的，不会太发热闷脚。宽松的长裤穿着凉爽宜人。他们的头剃得干干净净，发辫扎得整整齐齐。这里人人都讲究仪表。苦力们穿着更宽松，只穿件褂子和长裤。”

中国女孩 1857年7月25日刊行
Chinese Girls.

特派画家画下了他眼中极具代表性的香港人物——中国女孩，并且描述道：“端坐的女孩穿着厚厚的淡蓝色丝绸质地的全套罩袍，褶皱的衬里有点像我们在古画中所见的那种硬邦邦的织锦；黑色的裤子，一层套一层；丝绸头巾通常是蓝色或粉红色格子样式，随意围在头上，正如你在画中看到的那样，并没有系紧；

1857 年 7 月 25 日刊行　中国的剃头匠 Chinese Barber.

她穿着厚底鞋，出门时再搭配一把洋伞，便是外出的整套行头了。居家时，她就脱下外面的丝绸罩袍，像站在后面的女孩一样穿上居家服，服色或白或蓝，有时甚至是黑色的，但是白色的看着最圣洁。她总是戴着耳环，一个是蓝宝石的，一个是金的，还戴着蓝宝石手镯。”

他这样描述另一幅素描：“一个苦力在去干活的路上，坐在街头剃头摊上，剃头匠正在给他剃头。在苦力的脚边放着竹篾帽，它既能挡雨又能遮阳。就像画上的一样，苦力常常用绳把烟杆系在竹篾帽上，有时还会把鱼干铺放在竹篾帽上，边走边晾晒鱼干。竹篾帽边上那根扁担，苦力无论走到哪里都带着它。剃头匠的工具箱装着剃刀、肥皂等物件，边上搁着盛水器，盛水器的立杆饰有狮形杆帽。画中剃头匠给人印象最为深刻。另一个顾客的发辫散开，剃头匠正在给他梳理。一个扛着竹担的苦力侧立一旁看着，全然一副苦力样貌——咧着嘴，露着牙。那棵树是榕树，叶子小，枝干粗壮。”

1857 年，英军炮轰广州城，并一度攻入城内。广东军民奋力抵抗反击，据守炮台的英军频频遇袭。在珠江巡游的英舰也遭受水雷偷袭，不得不移泊至大黄滘炮台。广州战事胶着，如画报记者所言：增援大军抵达前，战争态势不会发生实质性改变。印度民族起义也拖延了英军抵达时间。

香港的苦力轿夫 1857 年 8 月 29 日刊行
Coolie Chairmen at Hong Kong.

而佛山水道之战便成为一场关键性战役。[1] 1857 年 5 月下旬，广东水师琼州镇总兵黄开广招募、集结船只百余艘，驻泊在南海平洲（在今佛山）、三山河一带，准备对大黄滘炮台的英军发动总攻。5 月 25 日至 27 日，英海军准将懿律[2]率舰队在逼溪与清军水师展开遭遇战，摧毁清军水师船只 27 艘。6 月 1 日，英海军准将凯佩尔[3]率舰队在平洲附近与清军水师激战，最终攻占三山滘两座炮台，摧毁清军水师船只 72 艘。

在对英海军舰队的"战绩"进行一番宣扬后，画报记者转而呈现香港的"陈旧落后"："一对轿夫正抬着竹椅或轿子穿过街道，类似的交通工具在我们这一时代的伦敦城早已消失了。这作为香港街头生活速写倒也鲜活而有特色。我们赞同《泰晤士报》记者的看

① 参见本书第 83 页。《伦敦新闻画报》1857 年 8 月 8 日、8 月 29 日两期转载《泰晤士报》记者发自战场的纪实报道，以英国人视角记录战斗过程，宣扬"英军炮舰之威猛、将士之无畏"，同时刻画"清军水师之胆怯溃败"。

② 即 J. B. Elliot。据《伦敦新闻画报》1857 年 8 月 15 日报道，懿律乘炮舰"香港号"（*Hong Kong*），"大鸨号"（*Bustard*）、"坚固号"（*Stanch*）、"椋鸟号"（*Starling*）、"福布斯号"（*Forbes*）等舰跟随，并牵引"坚毅号"（*Inflexible*）、"大黄蜂号"（*Hornet*）和"领袖号"（*Tribune*）。

③ 即 Henry Keppel（1809—1904）。1867—1870 年任英国远东舰队司令。著有《一个身历四朝水兵的自传》（*A Sailor's Life under Four Sovereigns*）等。

1857年9月19日刊行　雨中的香港苦力

Coolies at Hong Kong, in Wet Weather.

法，这情形多少有点像密谋作乱的盖伊·福克斯[①]的样子。但是呢，轿帘是掀开的，岛上夏日炎热，这样很舒适。来往的人戴着宽檐帽，打着伞，摇着扇，一个字就是热。”

画报9月19日又刊发记者对广州战事的报道，重述英海军舰队与清军水师作战的战况，包括英军的伤亡情况。接着，他用一幅街头速写呈现暴雨连绵的香港：“苦力们穿着树叶（棕榈叶）编织的蓑衣，样子很是古怪，但这种衣服确实能遮挡雨水，大大的竹篾帽也能当雨伞来用。”

“香港天气一定是多变的”，“美好冬季的四个月中，这里天气像英国的春天一样温和”，“冬季月份来临前，我们要忍受风湿的折磨，不得不在炉火旁耗着”，这些报道文字表面在说天气，实际也在讲战争。画报记者道出个中缘由：“我们事事都依赖强大兵力，只有所有军队集结完毕，或者更多援军抵达，才能正式开战。”在香港的英国人期待援军到来，恰如期待“美好冬季”。当年11月，英、法炮舰集结完毕。12月24日，英、法两国公使发出最后通牒，广州城最终沦陷。

① 17世纪英国的历史人物。1605年，盖伊·福克斯（Guy Fawkes）密谋炸毁议会大厦，并杀死国王詹姆士一世。英报记者之所以有如此想法，纯粹是心理作祟，反映出香港在广州战事影响下的紧张气氛，在香港的欧洲人内心也是惶恐不安的。

1857年12月18日，英海军舰队旗舰“加尔各答号”驶至虎门附近，其他军舰也陆续集结而来，停泊部署在高岛、黄埔等地。英军在海珠炮台等射程可达广州城的军事要地架起了迫击炮。数艘军舰继续向珠江上游推进。英军一方面要将珠江的支流小河侦查得一清二楚，为开战做足准备；另一方面意图以铁甲炮舰耀武扬威，威吓广州官民。就如画报记者所称：“从政治角度来讲，英国军舰四处游弋，定然产生了显著效果。”①

开战前，英军士兵百无聊赖地听曲、抓大鹅。而《伦敦新闻画报》特派画家在珠江边写生作画：珠江上的疍家女、太平山上的寺庙、炮舰上做祈祷的水兵、叶名琛颁发的“无畏”勋章。他这样讲道：“它让你了解疍家女怎样摇桨划船，她们总是侧身而坐。她的发髻看上去像‘一把茶壶’，好看得很，可梳起来一定费不少工夫。”好奇是相互的，这些画报特派画家在户外写生作画时，往往会被中国人团团围住，而被挤压得“几乎要窒息”。

珠江上的疍家女
Sampan Girl on Canton River.
1858年2月13日刊行

① 《伦敦新闻画报》1858年2月20日报道这样评议：“叶名琛及其属僚因其对我们强权的偏见、无知和轻蔑，我们认为他们对抗万邦之主的做法是多么徒劳无益，尽管在香港被割让17年以来，文明尽显于他们面前，特别是战争军备方面，如我们的轮船和蒸汽机——这些都是他们不可想象的。”

珠江上的中国贩船船主和孩子
Chinese Bumboat Man and Child, in Canton River.
1858 年 2 月 20 日刊行

《伦敦新闻画报》特派画家兼记者感念珠江上贩船船主供给他们鸡蛋和水果，便画了这幅画，并描述道："这位贩船船主为'天朝的老旧派样板'，他戴着一顶冬帽。我很是怀疑我们的宽檐毡帽仿照了这种帽子，颜色和用料一模一样。你们也许会笑这孩子的装扮，可要是瞧见孩子的腿脚上系着一根绳子，你们一定会感到疑惑不解了。这个预防措施是必要的，以防这个小不点儿掉下船去。小孩的帽子很别致。衣领呢，围了一整圈。脖子上挂着两块'骨牌'[①]和一串铜钱（方言读作'钱儿'）。这个小不点儿身上裹了好几层衣服，可天晓得，虽说是冬天，天气却很热。已近下午 5 时，这先生的妻子在船舱里准备着他的晚饭。厦门小妹帮着她的母亲。两个儿子在船上一边教中文，一边琢磨我们的大炮和军事作战什么的。我期望等到下次开战时他们已完全学会了。"

画家在珠江写生之时，英法联军的炮舰完成了对广州城的包围之势，所有适合俯瞰广州城的制高点均被英法联军控制。广州在他们眼中成了"末日之城"。1857 年 12 月 28 日，英军开始炮轰广州。"炮击造成可怕的后果，大口径火炮和迫击炮不断射出的炮弹，引发中国人心理恐慌，总攻即将到来。"

① 这是一种民间习俗，给孩子佩戴骨制挂件（如猪惊骨）和铜钱，用来辟邪、保平安。画报记者不熟悉习俗，将之误认作"骨牌"。

读报的
中国妇女
Chinese Women Reading.
1858 年
2 月 27 日刊行

《伦敦新闻画报》特派画家兼记者随同英海军小分队乘坐快艇，外出搜集情报，而上一期报道的插画中出现的那位贩船船主则充当英国人的翻译。途中，英海军小分队遭遇清军兵勇，清军兵勇奋力抵抗，英军水兵、炮手均有伤亡，他们被英军“南京号”炮舰解救。随后“南京号”的一支海军陆战队出发实施报复行动：“南京号”舰长斯图尔特与英海军舰队司令西摩尔联络商议后，选定进攻新寮镇（因岛得名）。

1857 年 12 月 15 日，在“南京号”炮舰对新寮镇进行炮击后，250 名英海军陆战队队员和水兵登陆进攻，他们遭到清军兵勇的最顽强的抵抗，但仍然攻入了城镇。画报记

读告示的中国人
Chinese Reading Proclamation.

1858年2月27日刊行

者写道："士兵们纵火烧毁了这一城镇，但中国的城镇很难被轻易烧毁，因为其房屋都用质地上好的青砖砌成，仅有屋顶能烧着，滚滚浓烟腾空而上。"面对火海中四处逃命的中国百姓，《伦敦新闻画报》又用所谓"仁慈"粉饰侵略者暴行，画报记者悲叹道："最令人悲怆的是看着那些小脚妇女试图蹚过水田，她们与英军队伍擦身而过，似乎明白英军不会伤害她们。还有一些不幸的孩童与父母走失，迷了路，在原地打转。"

就在同一日，英法联军"和平"占领了广州城对面的河南岛，而这一天恰是广州十三行被烧毁一周年的日子。画报记者这样描述道："十三行商馆已被夷为平地，片瓦不存，连花园也没了。"英法联军的炮舰停泊在广州城和河南岛之间的河面上，行商伍浩官的茶铺成了军营，住着水兵、海军陆战队队员、法国人。12月28日清晨6点，广州城再次罹难了，英军率先开始炮轰广州。此时，东炮台和海珠炮台之间水域停泊有炮舰25艘，众多快艇夹在其间。《陆上邮报》这样记述道："炮击开始不久，从东炮台往上，整个城郊燃起熊熊大火，城内火焰从四面八方蔓延开来。"英法联军的总攻已箭在弦上，但命令迟迟未下。英国特使额尔金及联军将领希望以封锁和炮轰来威吓两广总督叶名琛屈服，但叶名琛并未顺从其意。①

于是《伦敦新闻画报》给英军"涂脂抹粉"："延缓炮击广州完全是英海军舰队司令出于'人道主义'的考量，即让所有妇女和孩童在英军发动总攻之前能有机会逃离。巴夏礼领事为此写了告示，广为散发和张贴。"

① 《伦敦新闻画报》1857年3月6日刊登了额尔金与叶名琛的来往信件。

广州河南岛码头的洋楼

Cum-Fa-Mew Landing-Place, Honan.

1858 年 5 月 29 日刊行

1858 年 3 月至 5 月，《伦敦新闻画报》连续刊发来自广州的战事报道，详细地记述英法联军攻陷广州城的作战全过程：从海珠炮台轰炸广州城，在珠江河岸登陆，攻占虎门要塞，攻破广州城墙，登上广州城，抢掠广州金库，英法联军入城，抓捕两广总督叶名琛。画报记者这样记述道：在枪林弹雨的激战中，面对英、法炮舰和配备先进武器的英、法水兵及海军陆战队，使用老旧火枪火炮、手持弓箭的清军虽然有着人数优势，但由于武器落后、纪律涣散、战斗力弱，往往溃不成军，伤亡严重。

画报记者随同英法联军从城门进入解除围困的广州城。曾经商贸兴盛的繁华城市此时已是遍地废墟焦土，街道上脏乱不堪，到处都是破衣烂衫、忍饥挨饿的民众。他见到此情此景竟然这样评说："我想中国人拒绝外国人进入这座城市的原因已然清楚，事实上他们羞于将这片裸土示于外人吧。"这纯粹是妄图掩盖英法联军侵略战争暴虐行径的无稽之谈！1857 年 12 月 28 日，英法联军怀着为不列颠侨民"复仇"的心理，日夜持续轰炸广州城，不断向城内投下燃烧弹，城内陷入熊熊火海，染红天际。我们来看画报记者的描述："彼时月色皎洁，万千星火弥漫高空，天穹下炮舰映射出通红的轮廓。"在他看来，战火笼罩下广州城景象是"壮观的"，这是入侵者在目标达到时的初始心态。

广州的施米所

Distribution of Rice, at Canton.

1858 年 5 月 29 日刊行

见到英法联军闯入满目疮痍的广州城后开始肆意抢劫，画报记者则这样记述道：“穷人家的房子被洗劫一空，所有财物遭受损毁，无人掩埋的尸身腐烂街头，类似令人恶心作呕的景象比比皆是。我们每天都必须面对这些，直至我们转移到他处登陆。”

英法联军解除围困，入城后，要求城内所有店铺重新开张，营造一切恢复“太平”的氛围。在报道的插画中，我们可见广州河南码头的店铺挂着写有英文的招牌，这是英法联军司令部的“新规”：城内所有街道都采用英文、法文和中文的名称，沿街的店铺馆舍也都悬挂白底黑字的招牌或幌子，一面用英文和中文书写，另一面用法文和中文书写。

外商和欧洲侨民还在焚毁残存的广州十三行商馆地界开设了一些施米所，每天分发米粮，救济穷困民众。画报刊发的这幅速写便描绘了商馆内施舍米粮的情形：一名欧洲人站在门口，正在查看救济粮票；旁边四五名盲童排成一队，领头的孩子手中拿着一根探路杆，后面的孩子依次搭肩，他们每人都挎着一个小篮子，用来领取米粮。盲童队列前站着的是华人警察。

贩卖水果的女孩

Chinese Fruit-Girl.

1858 年 11 月 20 日刊行

广州施米所的民众群像

Heads of the People at a Rice Distribution at Canton.

1858 年 12 月 25 日刊行

英军交战后登陆广州码头
A Sketch at the Landing-Place, Canton, After the Fight.
1859 年 3 月 12 日刊行

寒日里形形色色的中国人
Plethoric Appearance of the Chinese on a Cold Day.
1859 年 3 月 12 日刊行

1859 年 1 月，在广州石井乡一带，当地团练和民众英勇抵抗了进犯的英军。《伦敦新闻画报》特派画家兼记者画下了英军交战后归来的场景，并描述道：“一人被严重炸伤，一些人走路时一瘸一拐，其他人双脚沾满了田地泥土。担架上躺着受伤的勇士，他头上裹着一块手帕，另有一名英国人病得很重。两名船家女站在一旁看着，满脸同情。”

在给报社的信中，画报记者以英国人视角详细记述了事件过程：“自上次我去信后，这里一直在打仗。起因是，英军大约 1500 人正在行军练兵①，最近 3 个月，晴朗干燥的日子里他们习惯如此。但是，他们没有向北行进，而被巴夏礼带到了团练营地。团练见到这样一支前进部队，立刻向英军开火，英军撤回城里。经过一番考虑后，英军决定，

① 《咸丰朝实录》对画报记者笔下英军的所谓“行军练兵”有真实记载。《咸丰朝实录》卷二七三载：“该国上年十二月初一日率众千余，由三元里前进，一路焚烧，轰毙行人。乡民始鸣锣对仗。初五日，复直趋石井，互有杀伤。”

如果三日之内团练头目不打算妥协，英军就歼灭这支‘顽固的团练’。城墙上都贴出了告示。三日已过，团练没有任何妥协的迹象。1月8日早上6时，驻守英军出城。同时，英炮艇队在‘丘鹬号’炮艇带领下，在石井河上巡游。‘丘鹬号’抵近一座6门炮的炮台时，遭到炮击，其艇首、索具、艇尾各中一炮，但炮台最终仍被攻占。海军炮艇队在后方进攻，陆军在前方进攻，在一座桥附近展开交战。中国人占据有利位置，拥有13门大炮，但发觉英炮艇队在后方进攻，处于火力夹击之下，随即撤退。当然我们无法追击他们。一栋装满武器和臭弹的房子被烧毁，武器被摧毁了。一名欧洲人的头颅被发现埋在土里。但少有人被杀，受伤的也不多。英军这边只有三四人受伤。几座民宅和寺庙被烧毁。部队返回，在北门遇到了第65孟加拉土著步兵团。”

澳门的乞丐

A Beggar at Macao.

1859年3月12日刊行

1859年1月至2月，英国特使额尔金在与钦差大臣桂良的往来信函中一再提及“总督黄宗汉以及士绅们仍在进行反对外国人的活动”，称“英国士兵在广州附近乡村遭到团练攻击”，强硬要求将黄宗汉撤职、处罚广州士绅。桂良唯唯诺诺，承诺弹劾黄宗汉。[①] 而咸丰帝先是下密旨，令罗惇衍等“督办团练，联络绅民，保卫地方”，后又怕英国人挑衅生事，谕令“约束乡民，不准妄动，并撤去北路壮勇”。黄宗汉也调任四川总督。

同一期画报还刊载两幅速写。画家这样描述道：“不久前我们捱过了严寒三日，瞧见本地人形形色色的装扮，真是奇特。男人们前一天还穿得宽宽松松，如今全身包裹得没了腰身，大草帽换成本地的毡帽。许多人穿上紧身裤，就套在宽松长裤上。没钱购买一身漂亮套装的人多穿几条束脚裤，便上了街。有些人头戴尖顶风帽——一种最实用的发明。孩子们年龄愈小，就愈变得圆滚滚。大街小巷里走一趟，很是搞笑，令人开心。中国人不像我们那样用火取暖——至少这里他们不用——因此，他们必须多加衣服来防寒。有些富人穿着华丽的毛皮大衣，更确切地说是斗篷。现在这一切都变了，天气又热了。事实上，棒极了，比1月份更像欧洲的夏日。”

① 参阅：黄宇和《叶名琛与第二次鸦片战争》，广东人民出版社，2020年，第二十二章“1859年中英外交文件提要”。

广州城郊的伍浩官花园
Howgua Garden, Near Canton.

1859 年 3 月 26 日刊行

《伦敦新闻画报》有关伍浩官、潘启官、吴爽官、梁经官等广州十三行行商的报道颇多，最早见于1842年8月6日的报道中。其中，伍浩官出现频率较多。1844年1月6日，画报报道了伍浩官（伍秉鉴）去世的消息，并称其留下1500万银元的遗产。

《伦敦新闻画报》1859年3月26日刊载了英国作家艾伯特·史密斯[①]《往返中国》一书的插画“广州城郊的伍浩官花园”，并选摘了书中相关内容。[②]

史密斯走访广州十三行行商伍浩官、潘启官二人的府邸花园。他乘船先去了潘启官的府邸花园，那里一片颓败景象：花木枯萎，年久失修的建筑已荒废，荷塘干涸，还可见池塘上小桥、雕饰的木制凉亭、红木座椅、石凳，还有蠡壳窗[③]。老园丁向来者抱怨法军劫掠潘启官花园的恶劣行径：他们毁坏了木家具，砸扁了铜胎珐琅（景泰蓝）花瓶，撕碎了墙上的卷轴挂画。而面对此情此景，史密斯则傲慢地调侃道：“我确信中国人数百年不肯开放广州城，原因就是羞于这样的破败不堪吧。”

随后，史密斯又乘船到了珠江南岸的伍浩官的花园，这座花园坐落在佛山水道岸边。比起潘启官的花园，伍浩官的花园破败得没有那么厉害，还可以修葺一新。

---

① 即 Albert R. Smith（1816—1860）。出生于英国萨里郡的医生家庭，曾短暂从医，因文学爱好而转向写作，成为多才多艺的作家，涉猎广泛，包括报刊专栏文章、戏剧、歌曲等，并且擅长演讲。1849年，前往君士坦丁堡和东方旅行，回国后为《伦敦新闻画报》开设“海外动态”专栏。1851年，出任《伦敦新闻画报》的剧评人。1858年7月，乘半岛及东方航运公司（P&O）的“佩拉号”前往香港，回国后撰写出版了《往返中国》（*To China and Back: Being a Diary Kept, Out and Home*）一书。1858年12月，以“中国”为主题开办故事会，先是演讲给维多利亚女王及王室家庭，之后面向公众，大受欢迎。1860年5月23日，病逝于富勒姆。

② 《伦敦新闻画报》1858年11月20日报道广东巡抚柏贵在衙门会见了史密斯。12月18日报道援引《香港日报》，记述了史密斯在香港俱乐部的演讲活动。

③ 又称“蚝壳窗”“蚌壳窗”。它是我国江南水乡和岭南沿海一带的古建筑中一种极具特色的窗户。人们将“蠡壳”等贝类外壳打磨得薄而透亮，镶嵌于木框上，加工制作成窗户。

棚舍
Hut.

发髻样式
Method of Fixing the Hair.

蹚过小溪
Crossing a Stream.

1859 年 9 月 24 日刊行

画报特约画家兼记者走访了中国台湾岛西南海岸，当时岛上还没有通邮，于西方人而言，台湾岛是个“僻静之地”,“比日本列岛更鲜为人知”。他用文字和若干插画记录下所闻所见的台湾岛的历史、气候、地貌、物产、民情、风俗等。他描述道：这是一个美丽的地方，雨水稀少，虽处炎热热带，但从上午 10 时到日落，午后总是微风习习，这种气候是所能够想象得到的最宜人的，没有半点寒意。抬头所见的连绵山脉，平均海拔 2000—3000 米，满山葱郁，主要是樟树和其他有经济价值的树木。岛上盛产蔬菜、矿石及白藤、靛青、竹、樟脑、蔗糖、稻米、凤梨等。岛上腹地还未被探索过。他还讲到礁石密布、航道狭窄。

说到岛上渔家女子，画报记者这样描述道：“她们都裹小脚，服色艳丽，猩红配靛青，橙黄搭紫红。

1859 年 11 月 5 日刊行

糖仓或仓库
Sugar Godown, or Warehouse.

道士舞蹈
A Clerical Jig.

她们梳的发髻很别致，上插绢花。这与粤人大不相同，粤人喜穿暗色衣服。”岛上屋舍为平房，多为稻草覆盖屋顶，还有一些屋舍用竹子和泥土搭建，或用晒干的砖块垒砌。这里用红砖，不是广州城所用的青砖。街道用小砖铺成，一侧有下水道。

画报记者上岛后不久遇到当地乡保，便以画像相赠，于是他和少年随从被请到衙门，喝茶，嚼槟榔，抽水烟，吃了西洋干酪，又尝蘸糖凤梨。不通闽南方言，用纸笔代言一样沟通，画报记者不由得感叹：“因为整个帝国使用统一的汉字。”淳朴友善的人们围着记者，看他画画，并没有像粤人那样称呼他“番鬼”。乡保再把他请到私宅画画像、喝茶。之后，画报记者和年轻随从又进了理发馆，在人群的簇拥下理了发，还不停地接过人们递给他的烟斗。

台湾岛盛产蔗糖。画报记者画下了糖仓中苦力们装卸货品的场景，除了苦力，还有马尼拉人、智利人和一名黑人，他们都是水手。在乡间，他走入一座道观，看到了道士们正在表演充满宗教神秘色彩的舞蹈。但是，不熟悉中国文化的他分不清僧与道，觉得一切看上去很滑稽。

新加坡，“特拉凡哥尔号”汽船装货
The Steamer Travancore Taking in Cargo at Singapore.
1873 年 1 月 11 日刊行

1872 年八九月间，《伦敦新闻画报》特派画家兼记者乘轮船经西欧至东亚航线[①]前往中国，一路穿行地中海、红海、印度洋，从苏伊士运河到加勒（斯里兰卡南部港口），再经槟榔屿、新加坡和香港。画报记者用画笔记述了路经之地的天气、港口、海岸风光以及海上冒险经历。比如这幅插画呈现的便是一艘停靠新加坡的邮轮正在装卸货物，他这样讲道：“这个繁荣的英属殖民地拥有日渐增大的商贸和政治价值，它位于马来半岛南端的一个小岛上，地处北纬 1°，与苏门答腊和婆罗洲两大岛、爪哇及其他荷属殖民地遥遥相对。由此，新加坡处于印度、中国和澳大利亚之间的中心位置，从全球东南部贸易及人口的未来发展趋势来看，其优势不可估量。每月、每双周或每周都会有几路航线的轮船定期在新加坡驶进驶出，包括半岛及东方航运公司、法国火轮船公司、利物浦中国航运公司、荷属东印度公司、奥地利劳氏船级社。新加坡港口总是熙熙攘攘的。半岛及东方航运公司的轮船每周二和周六便抵港，港口货物均由华人装运上船。在新加坡定居的华人非常多，像搬货、加煤这样的苦力活都由他们来完成。这些华人都是强壮的肌肉男，与船上那些印度水手形成鲜明对比，后者一个个身形瘦长。华人把货物搬运

① 即欧亚航线。《伦敦新闻画报》1873年 1月 13日报道，北太平洋航线开通，该航线将促使亚洲贸易量大规模增加。

香港，华工为汽船加煤
Chinese Coolies Coaling the Steamer at Hong Kong.
1873 年 1 月 18 日刊行

上船，印度水手验收货物入舱，再向军官一一报告包数、运货地点、标码，等等。”

《伦敦新闻画报》1873 年 1 月 18 日报道刊登的一幅插画呈现了香港华工为轮船加煤的场景，画报记者这样描述道：“一艘装载着煤炭的大驳船停靠在轮船旁边，几乎赤身裸体的华工们手持铁锹往筐子里装煤。他们腰间围着一块布，有的辫子缠绕在脑后，有的裹着头巾，还有的顶着大草帽。轮船上有个管事的，坐在船边，监督华工干活；不然，他们可能会把煤块丢进海里，次日又捞出来。晚间干活，他们就用一两个瓦碟点起油灯照亮。昏暗的灯光下，这些浑身沾满煤渣的一身黝黑的苦力们，好似戏台上的鬼角，又仿佛是地狱的幽灵。”报道还介绍了当时不同吨级的邮轮、货轮在不同航速、不同气候条件下的耗煤量。画报记者乘坐的英国火轮船公司“特拉凡哥尔号”此次在香港加煤 280 吨，煤价为 756 英镑。上海港煤炭价格为每吨 3 英镑 12 先令。上海港有定期轮船，它们驶往香港、天津、长崎、横滨和其他港口。所有轮船均须按照统一煤价支付。煤炭来自英国、澳大利亚、日本。纳闽岛有煤矿，但管理不善。台湾岛有丰富煤矿，但还未得到开发。[1]

① 《咸丰朝实录》卷一四、卷一八载，道光三十年（1850）七月，闽浙总督刘韵珂、福建巡抚徐继畬奏报：英国公使文翰发照会，称“欲求采购台湾鸡笼山（基隆山）煤炭，以备火轮船之用”。清廷已认识到英国人“觊觎台湾，希冀采购煤炭，并欲求换港口”。九月，咸丰帝谕令地方官员与绅民联为一气，正言拒绝英国人。《光绪朝实录》卷三载，光绪元年（1875）正月，赴台办理海防的钦差大臣沈葆桢在奏报中提及“出口台煤，每吨减税一钱”。

中国长城南口

The Nan-Kow Pass, Leading to the Great Wall of China.

1873 年 1 月 18 日刊行

为了更多了解和描绘“中华帝国的风貌、建筑、服饰和民俗”，《伦敦新闻画报》特派画家兼记者走出北京城，游历了北郊的明十三陵，又向西北行，观览长城①。

这幅插画描绘的正是距离北京最近的关隘——长城南口。画报这样描述道：“从北京出发，从这里翻山越岭便可到达蒙古地区，它也是横穿西伯利亚前往俄国的必经之路。山谷中有一条清澈的小溪，平时只是涓涓细流，但山谷四处可见大量砾石和水卵石，可以想见暴雨倾注时溪流冲涌而下的场面。中原与蒙古地区、西伯利亚地区之间的商队往来都途经这个关口，满载货物的骆驼队、骡子队一队跟着一队。有时可能会见到外国人，比如我们的特派画家兼记者，他们在这片乱石丛生的峡谷里跋涉，为的是去看看长城。而汉人，尤其妇人们，也很想偷瞧一眼‘蛮夷’。蒙古人会牵住他的骆驼，紧盯着外国人，要是有什么让他觉得似曾相识，便不由得会心一笑。蒙古人是很容易通过他们的相貌和服饰被认出来的，他们体格健壮，宽脸盘，戴着毛皮帽，帽后飘着一根红丝带。他们看上去从不洗脸，衣服也脏兮兮的，好像从来没有在有肥皂有水的地方待过一样。你可以从画面中认出一位蒙古人。骡子轿车能通过这条山道，乘坐轿车的都是游览长城的女士和大人物们。”

① 《伦敦新闻画报》1842年12月10日便以“中国城墙”（Wall of China）为题报道了中国长城。之后，有关中国的报道对长城多有提及。例如，1861年6月22日，画报选登了正在华北旅行的英国历史学家丰布兰克（E. B. Fonblanque，1821—1895）写给《泰晤士报》的信。信中，丰布兰克讲述他在英军军需部翻译狄妥玛（Thomas Dick）的陪同下从天津出发，周游北京城，他们去了梁公府（英国公使馆驻地）、安定门外俄国公墓、北海、雍和宫，最后出城游圆明园、登长城。次年，丰布兰克的《在日本和中国北方的两年》（*Niphon and Pe-che-li; or Two Years in Japan and Northern China*）一书公开出版。1862年6月7日，画报介绍了沙坡峪长城。1863年6月27日，画报报道侵华英军军医乔治·弗莱明（George Fleming）的新书《满洲鞑靼的马背之旅：跨越长城的夏天骑行》（*Travels on Horseback in Mantchu Tartary*）。

某一日，画报画家在街头遇见了《京报》[①]的“送报人”，便画下他的形象，并作了一番介绍：“《京报》几乎代表着全中国3.6亿人的报刊业。目前，上海发行两份中文报纸，一份已办数年，但发行量不大[②]，另一份由欧洲人刚创办，却已在中国人中间扎根，颇为成功[③]。香港也有中文报纸。近期，在北京创办了一份与教会使团相关的中文杂志[④]，旨在让北京人了解与他们完全隔绝的外部世界。《京报》限于朝廷范围，仅包括公告和谕令。它的形式为线装册页，20至40折页，长7英寸（约18厘米）、宽4英寸（约10厘米）的暗黄色纸张为封面，每天在宫内抄印刊发。这位送报人把一沓《京报》搭挂在左肩上，给订报人上门送报。由于缺乏高效的报刊业，即便是在国内，中国人也完全不了解正在发生的事情。中国南方叛乱持续了多年，北京人却对此一无所知。然而，民众能读会写，报刊在中国有朝一日定会大有前景。”

“京报”一词最早出现于《伦敦新闻画报》1843年12月9日报道中。[⑤]《京报》始终是在华外国人打探清廷消息的渠道之一。1874年7月，沈葆桢奏报称在香港报纸上读到了自己的“四月十九日奏片”。得知朝廷的紧要事宜被泄露，同治帝迅即给沈葆桢、李鸿章、文煜等人下密谕：“嗣后奉到谕旨及陈奏折片，除钞寄总理各国事务衙门及应

① 这里的《京报》（*Pekin Gazette*或 *Peking Gazette*）应是同治朝之后刊行的“黄皮京报”。西方人所言“京报”，又称“邸报”。提塘是清代邸报发行的重要机构。塘拔原为营伍中的兵勇，负责传送军事情报，后被抽调专职递送《京报》、部文。后来塘拔的职责逐渐由沿途选拔的良民百姓来承担。提塘报房也分化出民间报房。参阅：孔正毅、王书川《试论清代邸报的发行体系》，《南昌大学学报（人文社会科学版）》2015年第1期。〔比利时〕钟鸣旦《18世纪进入全球公共领域的中国〈邸报〉》，《复旦学报（社会科学版）》2020年第5期。

② 即《上海新报》。1861年11月创办。

③ 即《申报》。1872年4月30日由英国商人美查（Ernest Major）等人创办。

④ 即《中西闻见录》（*Peking Magazine*）。1872年由丁韪良（W. A. P. Martin）、艾约瑟（Joseph Edkins）、包尔腾（J. S. Burdon）等人主持创办，京都施医院编辑印制。

⑤ 该报道涉及这一历史事件：第一次鸦片战争期间，英船“纳尔布达号”（*Nerbudda*）和“安妮号”（*Anne*）先后在台湾鸡笼（今基隆）和大安港搁浅沉没，部分被俘船员被“正法”。英国全权代表璞鼎查照会闽浙总督怡良（1791—1867），要求清廷查办台湾镇总兵达洪阿和台湾道姚莹。怡良奉旨渡海到台湾勘查缘由。璞鼎查从《京报》上获知怡良的奏报，在向英国国内汇报时予以摘录。道光帝得知后在谕令中怒言：“汉奸为夷人递送京报，流弊滋深，若不严禁。成何政体。”《道光朝实录》卷三八二至卷三九二对此事件有详细记载。另参阅：李永玉《鸦片战争期间搁浅台湾英船性质考》，《历史研究》2003年第2期。

递送《京报》
Distributing the Pekin Gazette.

中国木偶戏
The Chinese Punch.
1873年3月22日刊行

行函寄各处外，其余均不必钞咨，以昭严密。”①

画报画家在街头还遇到了木偶戏表演艺人，这与他在伦敦街头看到的木偶戏大不一样：“表演戏台并不是落地而放的木台，而是整个戏台就绑定在艺人身上，由他的身子支撑着，前面的幕帘把他全身遮挡住，只露出小腿。他的一只脚踩踏板、牵动线绳，敲锣打鼓来伴奏。戏中角色对白带着独特的中国戏腔，他们舞刀弄枪，从戏台的一头对打到另一头，鏖战厮杀几回合。在另一场表演中，一位女子抱着孩子，亲吻了一下（声音很大），然后把孩子递给另一人——可能是父亲，他向前弯下身子，也亲吻了孩子。观众大声喝彩，于是表演重复了两三遍。戏台两边摆着凳子，男孩们都站在凳子上观看，因为他们十分盼着观看木偶戏。”②

---

① 《同治朝实录》卷三六七，同治十三年六月。

② 画报记者所见的木偶戏，应是布袋戏，也称掌中戏，是我国木偶戏的一个种类。

上海当铺
A Pawnbroker's Shop at Shanghai.

1873 年 4 月 5 刊行

上海近郊的农户家里
Village Interrior Near Shanghai.

在画报特派画家的眼中，事无大小之分，也无重要微末之别，只要与社会各阶层的生活思想有关，与世界各地人们的习俗、思想和风尚有关，他都会细心观察，用画笔记录下来。在描绘上海当铺时，他注意到上海、北京两地当铺招牌样式的区别：北京当铺竖立着 6 米有余的高杆，杆上正中挂着精雕细刻的方形招牌；而上海当铺只是在门口墙上挂着一块横匾，上书“当铺”二字。他还把中国当铺与伦敦当铺作了一番比较，除了柜台有无隔板的区别之外，二者所做的生意是一样的，典当物件主要是衣服。画面中有一位妇女，她的装束很典型：“冬天时，中国女子都这样穿着，她们为了保暖把双手缩进袖筒里，所以衣袖看上去有些空荡荡的。”画家还从上海警察总监彭福尔德那里得知：“上海英租界有 29 家当铺，每月借款总额平均为 75000 元，借款月利息为 1%—9%，多数当铺为 2%。”

1873 年 5 月 24 日刊行

1876 年 10 月 28 日刊行

上海街头的独轮车

A Street Cab at Shanghai.

上海近郊贫穷农户人家的生活如何呢？画报这样描述道：“这些穷苦人家都住在单间茅舍里，以竹篾为墙壁，上面糊着泥巴。他们的生活实在简单粗陋，甚至到了令人难以承受的地步——连衣能遮体、食能果腹都做不到。在画面中，一位勤劳的农妇正在茅舍中纺线，身旁的孩子被放在柳条筐里。”

在上海城里，画报画家捕捉到这样的场景：“妇人们坐着便利的独轮车出行。在他眼中，这种交通工具要比往昔英格兰的敞篷轮椅或婴儿车还要简便。贵妇绅士坐在上面，不用担心什么车辆失控，也不用担心泥浆溅到身上。不过在北京周边的平原地区，人们多用马拉轿车。在城镇街道上，乘竹轿可能是最令人愉悦的不疲劳的出行方式了。”①

① 1884年伦敦万国卫生博览会的中国馆展出了这些交通工具。参见本书第 248—249页。

枷锁刑罚

The Punishment of the Cangue.

中国人的雨具

Chinese Waterproofs.

1875 年 10 月 9 日刊行

这两幅速写插画出自《伦敦新闻画报》特派画家兼记者威廉·辛普森之手。辛普森对中国的大量速写观察辑录在《遇见太阳》一书中。他这样讲道："中国罪犯的惩戒方式有多种，它们多少有些古怪和残忍，'枷锁'便是其中一种。这种折磨人的特殊方法或肉体刑具，或许应该命名为'圈'。它是一种木枷：人的脖子被沉重的木板套住，感到极度不适和极大耻辱。有时甚至会被用铁链就近锁在柱子上或墙上，这样一来愁苦的戴枷者根本无法坐下来休息。罪犯可能会被判酷刑折磨至死，天天戴枷，持续数周乃至数月。至少可以说，那种新奇感只是昙花一现，很快会觉得它令人厌恶。另一幅速写呈现的是常见的雨具——一种用灯芯草或稻草做的斗篷（蓑衣），中国妇女在雨天穿着很是方便。"

画报同一期报道还提及已故德国风景画家爱德华·希尔德布兰特①。画报采用石版印刷方式复制了他的 34 幅水彩画，这些画作描绘了埃及、印度、缅甸、暹罗、中国、日本、菲律宾等地的风景。1866 年，它们在伦敦展出时因其艺术价值及表现力、逼真性而倍受赞誉。其中一幅名为"北京环街"，呈现了北京内城商铺林立的街景②；另一幅名为"香港街景"，呈现了英国人占领香港 30 年间建造的维多利亚城的皇后大道，自然不是纯粹的中国城市样貌和民居样式；还有一幅展现了香港所谓的"海盗街"，它是爱丁堡老镇高楼之间的一条下坡街道，那里多滋生恶行，如抢劫、谋杀。

① 《伦敦新闻画报》1868年 9月 28日报道了爱德华·希尔德布兰特（Edward Hildebrandt，1818—1868）的生平。

② 《伦敦新闻画报》1866年 3月 10日报道。

1876 年 12 月 2 日刊行 流动的剃头匠
Chinese Itinerant Barbers.

这幅呈现上海街头剃头匠劳作的插画临摹自威廉·桑德斯[①]的摄影照片。画报记者对此发表了一番议论："剃头匠是必不可少的，在剃头、刮胡子这一习惯上，讲究体面的中国人并不是不开化，相反他们从骨子里特别重视剃头、刮胡子，有着高标准的文明。除了脑后那根发辫，上层或中层阶级的人士都精心打理头脸，及时剃掉乱生的须发；否则，他们会被社会视为不开化的粗人，外表不雅甚至会受到治安官督诫。刮胡子通常由这些技术娴熟的'艺术家'来完成，他们一大早就走街串巷，挨家入户，随身挑着简易火炉，炉上烧着一桶热水，立杆上挂着一沓干毛巾，几块黏糊糊或油腻腻的剃须膏，或用肥皂替代，还有锋利的宽刃剃须刀。他们熟练地操刀，这生意做得稳稳当当，因为中国人在这件事上不会心血来潮，或是赶时髦。可不像我们一些同胞，他们这个月长髭短髯，下个月却统统剃光。中国人后脑勺的长辫样式很多，有的编辫垂下，有的束成发髻，有的绕三圈盘在头上。"

① 即 William Saunders（1832—1892）。1860年以工程师身份来华旅行，之后回国学习摄影，接着带着摄影器材回到中国。1861年在天津摄影。1862年在上海开办照相馆，这家照相馆是上海创办最早的照相馆之一。桑德斯擅长肖像摄影，也拍摄日常生活场景、事件、建筑等。1871年，他出版了《中国人的生活及肖像素描集》（*Portfolio of Sketches of Chinese Life and Character*）。

在中国熬制和测试鸦片
Boiling and Testing Opium in China.
1881 年 4 月 16 日刊行

鸦片贸易：卖鸦片的中国人
The Opium Traffic: Chinese Selling Opium.
1882 年 2 月 8 日刊行

《伦敦新闻画报》1881 年 4 月 16 日以“鸦片在中国”为题报道，开篇便讲道：“这幅画呈现了在家中熬制鸦片的过程，这在许多天朝的大城镇中十分普遍。中国人从英属印度得到这种麻醉药品的全部或大部分的供应，而这得益于英国政府所实施的存有问题的商业政策，该政策让中国人借助中间渠道输入这种麻醉药品。这种认识似乎是完全错误的。此外，我们不想低估坚决反对该政策的意见，无论是在道德上还是在经济上，为此上周伦敦召开了一次重要会议，讨论该政策。”画报进而引用了英国驻华外交官华特斯和贝德禄[①]的“证词”来支持其观点：“吸食鸦片的习惯在中国各地普遍存在，在华西地区——东经 110° 线以西的相对偏僻之地，最为普遍。去年，英国驻宜昌领事华特斯仔细调查了这种吸食鸦片习惯的根源，发现它已存有数百年，远在外国商人及其鸦片到来之前。这种习俗世代相传，成为当地人的社交和居家习惯。在华西地区的葬礼上烧纸扎

① 即 Colborne Baber（1843—1890）。1866年来华，1876年赴云南调查马嘉理事件，1877年任驻重庆代理领事。著有《华西旅行考察记》（*Travels and Researches in Western China*）。

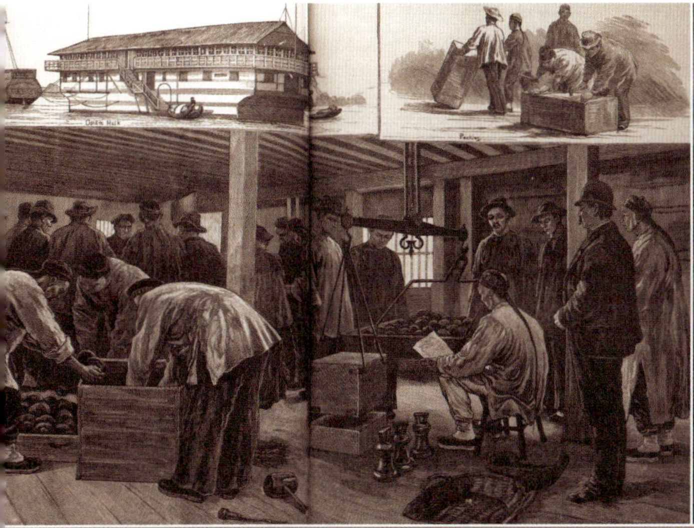

上海的鸦片船上

On Board an Opium Hulk at Shanghai.

1883 年 12 月 8 日刊行

伦敦东区的鸦片窝点

An Opium-Den in the East End.

1909 年 1 月 23 日刊行

送葬，也有一整套纸扎的吸鸦片用具——烟枪、烟灯、烟签等。华西地区消费的鸦片全是本地自产，而印度产的鸦片在长江上游地区并不比汉口周边地区多，并且没有通过任何渠道输入鄂西、四川或其他西部省区。”1883 年 12 月 8 日，画报又以“中国的鸦片生产”为题报道，援引了英国驻汉口领事凯恩 1870 年写的报告《中国人的罂粟》，阐明印度产鸦片已逐渐被中国自产鸦片所取代。

实质上，画报报道背后所反映的是：“随着1880年中国自产鸦片数量开始与进口持平，英国的主流舆论找到了减轻鸦片贸易负疚感的关键证据，并通过将道德和情感嵌入文化批判的方式构建了一套话语体系。”[①] 而这套话语是通过否定他者来维护其国家的权力与利益，是对内自我谅解、对外充满霸权的帝国话语。

① 参阅：郑宇丹《19世纪的英国：鸦片观念变迁、大众传播与帝国话语建构》，《清华大学学报（哲学社会科学版）》2019年第2期。

华北山西的古瞭望塔和里程碑
Ancient Watch-Tower and Mile-Stone in Shan-Si, North China.

通向关外的东口
An East Bit of Road in the Ku-Kwan Pass.

1882 年 10 月 28 日刊行

《伦敦新闻画报》特派画家贝尔沿着长城一线穿行中国北方地区，途径山西时画下了古瞭望塔和里程碑，并记述道：“山西省位于华北地区，毗邻京畿直隶省，北京城人口 1700 万人，山西首府太原居民 25 万人。”贝尔从北京到蒙古地区，穿越戈壁沙漠，抵达俄国边境小镇恰克图，期间跨越了千米山口上的长城关城，途径中国都城、中国皇帝陵园（即明十三陵）、荒山峡谷间的南口。报道介绍了横贯华北地区的万里长城的建造历史、构造用材、跨越省份、长度高度等，还将中国长城与英格兰诺森伯兰郡的罗马城墙（即哈德良城墙）作比较。

贝尔行至北京西北约 160 千米的古关口[①]，看到如此场景：“这里虽然距离北京很近，

① 即张家口。俗称东口。

1883年9月15日刊行

1883年10月27日刊行

华北直隶省，磨坊

A Chinese Flour Mill, Province of Chi-Li, North China.

却是蛮荒之地，与蒙古地区交界。所谓的道路崎岖不堪，对车夫及所有旅人的耐心都是痛苦的考验。”画报画家在此联想到穿越南非德拉肯斯堡山脉的经历。画面左前方是鞑靼人的驼队，带鞍骆驼驮着货物，驼队首领悠闲地骑着一头毛驴。骡马车队与驼队迎面相遇，场面喧闹。骡马车队载着重物，占了道路，可怜的牲口被鞭打着攀爬乱石，向前行进。

画报画家在直隶省看到农民用石碾磨玉米，便细致描述了他们如何用石碾磨面，还介绍了华北地区与华中华南地区的主食差异，以及华中华南地区使用土砻碾米，土砻需用人推转或用驴骡来拉。他这样总结道：“中国农民虽然缺少处理谷物的合适机器，却异常勤劳，不停地耕耘着他们的一亩三分地。养的牛很少，除了富裕阶层，人们很少吃甜菜和羊肉，奶制品在乡下更是少有人知。”

《伦敦新闻画报》报道称：中英贸易关系着英国人家庭生活的舒适享受。除了小麦和肉，在中国对英国出口商品中茶叶占首位，每年总价高达 9000 万英镑。画报刊登了一组速写，呈现了在华英商的日常生活和商务活动。画报这样描述道：英商的特殊任务是品尝样茶、讨价还价和定量采购适合英国市场的茶叶。英商乘船远洋来到中国，第一天早上 6 时，当地仆人叫醒他，给他端来一杯凉饮，放在床头，给浴缸灌满冷水。接着，英商与胖胖的戴着眼镜的中国茶商会面，品尝泡好的热气腾腾的茶样，一杯品一口，但不喝下去。中国茶商报出适中的价格，按银两计价。中国人精于讨价还价，会因为出价不足而拒绝，并说：“哎呀，真的不行！”话里夹带着洋泾浜英语，宣称他最低要价 55 两银子。每箱装着定量的茶叶，售出时会当着买家面一一称重。这时候，中国茶商会忙着表明他以诚信取人，反复地肯定道：“这个机会难得啊！”意在告诉客户，能用这个价钱买到足够量的茶叶，实在是幸运。辛勤的挑夫们肩扛竹担，担上挑着茶箱，他们排队来到码头，把货物交付给驳船夫，由驳船夫装到轮船上。轮船离港起航前，英商在他的办公室里埋头工作，墙上钟表的时针转过了午夜 12 时，他刚写好信件，信中向伦敦老板报告最新的交易细节。这便是居住在上海的英商的日常生活。

一位品茶者在中国的生活与工作
A Tea-Taster's Life and Work in China.
1888 年 10 月 13 日刊行

报道还提及苏格兰植物学家福钧（Robert Fortune）1842 年奉派来华调查茶树栽培、制茶方法，采购茶树种子，招聘茶农和制茶工。

上海集市
The Market at Shanghai.
1891 年 12 月 12 日刊行

1891 年 3 月，扬州哥老会发动反洋教运动；[①]5 月，芜湖也爆发了反洋教运动。之后，反洋教斗争迅速向江苏、江西、浙江、湖北等地扩展，史称“长江教案”。《伦敦新闻画报》1891 年 12 月 12 日以“中国的动乱”为题报道了这一历史事件，并称英国炮艇已驶往“动乱”地区，保护欧洲人的人身安全和财产，并为欧洲人遭受的损失寻求赔偿。画报为报道配了插画“上海集市”，并讲道：“上海是中国沿海地区最重要的港口和欧洲通商租界地，如今，这个小镇拥有一切西方化的便利设施和市政管理。而在租界早期，从 1863 年开始，太平天国叛乱时常威胁到上海。”

同一期报道还提及北京以北的热河地区爆发了“热河起事”[②]。

---

① 参阅：吴善中《哥老会与光绪十七年“长江教案”》，《扬州大学学报（人文社会科学版）》2006年第 6期。

② 参阅：季静、曹彩红《1891年热河起事研究综述》，《赤峰学院学报（汉文哲学社会科学版）》2017年第 1期。

临近太原府，
华北内陆地区的煤矿开采

Coal-Mining in the Interior of North China, Near Tayuen Fu.

1899 年 7 月 29 日刊行

长江上游地区，
人们开采地表浅层煤

Digging Surface Coal on the Upper Yangtse River.

1900 年 8 月 11 日刊行

长江上游地区，
人们搅拌煤沫和黄土，
打煤球，晾晒煤球

Making and Drying Fuel Blocks, Made of Coal Dust and Earth, on the Upper Yangtse River.

1900 年 8 月 11 日刊行

画报1905年9月23日的报道涉及南非兰德金矿华工问题[①]，插画呈现的是南非钻石矿华工宿舍。画报记者这样议论道：“南非矿上华工问题，没有因为成千上万苦力的到来而得到解决。现在他们在劳作，但他们的遵规守纪却不尽如人意。由于白人不能与这些新来的苦力直接打交道，这就大大增加了管控的难度。而苦力们的逃跑和愤争给周围居民留下了非常不好的印象。”事实上，画报掩盖了20世纪初南非华工事件的真相和南非华工遭受矿主虐待的悲惨境遇，这充分反映了英殖民者的虚伪性和欺骗性。[②]

近代西方列强的殖民扩张过程充满了非洲奴隶贸易、贩卖苦力贸易的黑暗历史。画报首次明确提及“中国苦力”是在1849年1月27日的报道中：“在拉布安港，中国苦力和印度苦力的生存状况极差，他们不是离开便是死亡。而因为劳动力匮乏，海峡殖民地总督及从属人员只能住在新加坡的小木屋里，官邸也只是建在泥地上的简陋小屋。”

椽上“衣架”：钻石矿上中国苦力们的宿舍

A Wardrobe in the Rafters: the Sleeping Quarters of the Chinese Coolies in the Diamond Mines.

1905年9月23日刊行

① 有关南非华工的史料，参阅：陈翰笙主编《华工出国史料汇编》，中华书局，1985年，第一辑、第四辑、第九辑。

② 参阅：张芝联《1904—1910年南非英属德兰斯瓦尔招用华工事件的真相》，《北京大学学报（哲学社会科学版）》1956年第3期。桑艳东《契约华工在南非（1904—1910）——兼论南非华、印侨工之比较》，《华侨华人历史研究》2001年第1期。

下矿收工后：
中国苦力在澡堂里

After Work in the Mine:
Chinese Coolies in Their Bath.

1905 年 12 月 16 日刊行

画报 1899 年 1 月 7 日报道谈及蔗糖传播与种植、全球蔗糖贸易竞争与奴隶贸易，这样评道："英属圭亚那或德玛拉拉不是一个岛屿，从有利可图的蔗糖种植、在世界市场上与其他蔗糖产国竞争两个方面来讲，经济上都存有困难和不适之处，从地图上向风群岛和背风群岛的位置一看便知，他们怎能容易地获得廉价而高效的劳动力？即使在西非奴隶贸易时代，就像我们这个时代一样，当时替代之法就是从印度和中国贩运苦力。如果没有 50 年前被废除的保护主义贸易垄断，那里根本就不会有蔗糖种植。"

画报 1905 年 12 月 16 日报道，南非殖民地高级专员塞尔伯恩勋爵上任伊始，提交了有关南非兰德金矿华工问题的报告。画报为此刊发了一幅插画，并描述道："这些苦力在下矿井前，要穿过场地的长屋，那里有许多铁丝笼子，每个笼子都有锁和钥匙，他们在那里换上粗糙的防水矿服。收工回来后，他们会再次穿过长屋，换上自己的便服。而矿服往往都是湿漉漉的。长屋里，沿着屋顶安装有蒸汽管道，木制管道鞍露在外面。矿工便把矿服搭在管道鞍上，等他下次上工换装时，矿服就干了。换班后，矿工一头扎进澡堂。澡堂两边都有木桶和冷热水阀门。中国苦力更喜欢热水，而这种温度欧洲人会觉得烫。"①

① 《光绪朝实录》卷五三五载，光绪三十年（1904）九月，清政府决定派总领事去南非保护华工。而直到 1905年 5月，第一任南非总领事刘玉麟才上任。

1899—1902年爆发的布尔战争导致大量土著人口流离失所，劳工锐减，从而引发南非兰德金矿危机。为了解决劳工短缺的危机，南非当局和矿业商会派人考察，提出建议报告，于1903年12月决定招募华工，并拟订相关法案和契约条款。

1900年9月至11月，《伦敦新闻画报》以“中国与南非”为题连篇报道，谈及南非金矿危机。1903年1月24日报道，英国殖民地事务大臣约瑟夫·张伯伦同意南非招募华工。1904年1月，南非当局将法案提交给殖民地事务大臣；2月，英国外务大臣将该法案草案交给中国驻英公使张德彝[①]，征求意见。之后，英国议会虽然三次否决，但最终通过了法案。5月15日，张德彝奉旨在伦敦签订了《中英会订保工章程》。[②]6月19日，第一批华工抵达威特沃特斯兰德。

英殖民者在南非对华工实行场地（集中劳动和居住地区）制度和通行证

南非苦力的闲暇时间：他的菜园

The Coolie's Spare Hours in South Africa: His Garden.

1905年12月23日刊行

① 《光绪朝实录》卷四八八载，光绪二十七年（1901）十月，张德彝（1847—1918）担任英国出使大臣，兼意大利、比利时出使大臣。参阅：徐艺圃《清末英属南非招工案初探》，《文献》1984年第4期。

② 参阅：《光绪朝实录》卷五二八，光绪三十年三月。

场地角落的苦力宿舍

The Coolies' Sleeping-Place in One of the Compounds.

1906 年 1 月 6 日刊行

制度。画报 1905 年 12 月 23 日报道："与外界隔绝的场地内，南非的中国苦力被允许耕种菜园。一些参观过的人都说，中国苦力很擅长开荒种植。" 1906 年 1月 26 日报道："一位作家最近参观了兰德金矿，他说这里为劳工提供了一切舒适和便利，他们的食宿条件比伦敦码头工人好得多。他们的工资大多花在漂亮的毛毯和披肩上，层层叠叠地摆在自己的铺位上，而铺位后存放着他们的财物。总的来说，苦力想法子让封闭生活变得舒心。"

然而，《伦敦新闻画报》的报道无法粉饰真相，"来自中国的劳工，表面上虽是根据同中国政府签订的招工章程条约'合法'招募的，实际上比苦力贸易时期的非法掳掠更加野蛮。"[①] 南非华工的处境十分悲惨，他们被矿主视为"契约奴隶"，因而，当时他们的反抗斗争是非常频繁和激烈的。[②]

① 参阅：彭家礼《清末英国为南非金矿招募华工始末》，《历史研究》1983年第 3期。

② 参阅：许永璋《近现代时期南非的华工和华侨》，《山西大学学报（哲学社会科学版）》1982年第 3期。

华工为南非金矿的恢复与发展，做出了极大贡献。[①] 然而，华工像“活着的机器”一样被奴役，他们反抗斗争的声势规模日趋扩大，引起了国际舆论的关注，英国朝野两党就此问题展开争论。1906 年 11 月底，英国撤销了在华的招工机构，1907 年 6 月 14 日，德兰士瓦首相博萨废除了《输入劳工法令》。由此，契约期满的南非华工陆续被遣送回国。1910 年 3 月，兰德金矿的最后一批华工离开南非回国，4 月 12 日抵达秦皇岛。[②]

《伦敦新闻画报》报道了归乡的南非华工：“汉口码头最令人好奇的场景之一，便是从南非金矿归国返乡的苦力。他穿着最时尚的西装，俨然是一个开普敦奇珍异宝的收藏家——随身箱子装得满满当当，有南非土著人的盾牌、长矛、圆头棍、飞球等。当海关官员放行后，这位天朝的出游者会十分骄傲地指点同行旅伴如何过关。”事实上，南非华工的工资微薄，饱受鞭笞和私刑，他们大多数回国时根本没有什么积蓄，除了满身累累伤痕，别无所得。[③]

离开场地：
从南非归来的苦力们

Back from the Compound:
the Coolies' Return from South Africa.

1906 年 9 月 15 日刊行

① 参阅：王佩琏《清末华工开发南非金矿的贡献》，《首都师范大学学报（社会科学版）》1991年第6期。

② 参阅：陈翰笙主编《华工出国史料汇编》，中华书局，1985年，第一辑第八编“南非的华工”。

③ 参阅：王爱云《二十世纪初南非华工事件初探》，《南开学报（哲学社会科学版）》1996年第2期。

1906 年 12 月 29 日刊行 The Pleasantest Form of Chinese Labour: Enter Ching with the Sucking-Pig. 华工的最大乐事：带着烤猪归乡

圣诞节时，美国西部拓荒者营地木屋里，一伙西部拓荒者欢天喜地，喧闹不已，华人厨师正给他们端上烤猪。报道中，画报记者借用美国西部俚语调侃华人，又不得不承认“华人厨艺精湛”。这幅插画从一个侧面反映了 20 世纪初美国华工劳作生活的境况。

第五章 东方与西方的碰撞

CHAPTER FIVE

The Collision Between East and West.

1842-1912

《伦敦新闻画报》这样描述道：“位于伦敦骑士桥的‘万唐人物展’展馆[①]来了一对十分有趣的‘陈列品’——两位中国青年阿成和阿乔。大约 8 个月前，他们搭乘“英格尔伍德号”轮船抵达利物浦。该船船长原本想带这两位青年来英接受教育，并最终通过他们跟中国人商洽贸易，从而让自己获益。但不幸的是，船长在航行途中去世。他们此前一直待在利物浦学习英语，直到展馆经纪人兰登先生把他们接到伦敦暂住。据报道，他们都非常聪慧，受过良好的母语教育。由于他们都出生于行商之家，与广州上流社会交往甚多。他们用英语交流十分流利。在此我们附上他们的亲笔签名：郭亚成、陈亚乔。”[②]

“万唐人物展”：阿成和阿乔

A-Shing and A-Yow, at the Chinese Collection.

1845 年 11 月 8 日刊行

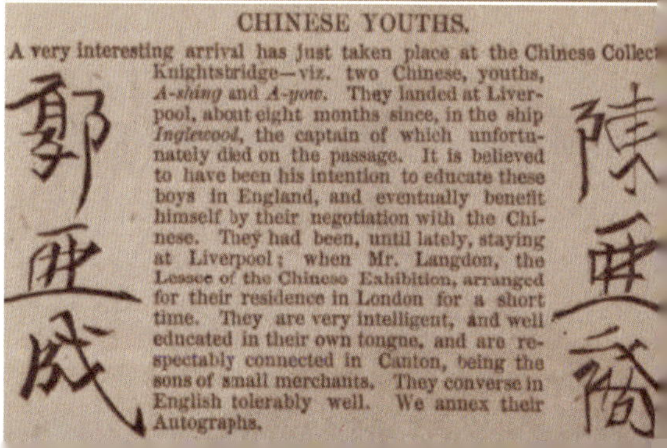

CHINESE YOUTHS.

A very interesting arrival has just taken place at the Chinese Collect[ion,] Knightstridge—viz. two Chinese, youths, *A-shing* and *A-yow*. They landed at Liverpool, about eight months since, in the ship *Inglewood*, the captain of which unfortunately died on the passage. It is believed to have been his intention to educate these boys in England, and eventually benefit himself by their negotiation with the Chinese. They had been, until lately, staying at Liverpool; when Mr. Langdon, the Lessee of the Chinese Exhibition, arranged for their residence in London for a short time. They are very intelligent, and well educated in their own tongue, and are respectably connected in Canton, being the sons of small merchants. They converse in English tolerably well. We annex their Autographs.

① 《伦敦新闻画报》1842年 8月 6日报道，伦敦海德公园角通向骑士桥的斜街左路上，正对圣乔治广场的地方，一座双层的中式风格建筑刚刚落成，这便是“万唐人物展”展馆，里面陈列着与中国有关的各类藏品。该展览的策办人是在华从商 12 年的美国商人内森·邓恩（Nathan Dunn，1782—1844）。伦敦“万唐人物展”于 1846年 10月闭馆。

② 《伦敦新闻画报》1845年 3月 22日报道：“近日，一位中国‘士大夫’来到利物浦，考察公共设施。他是精致讲究之人，身材肥胖，有着满族人的好长相，身穿中式服装。各阶层人士都对他感到好奇。十分遗憾的是，他懂的英语很少，只靠翻译与人接触交流，这多少是他的小缺陷。他生性寡言少语或缺乏评赏，故而很少或干脆不发表评论。他来自内地省份，按其国家的社会阶层划分，属于士人，拥有相当高的地位。几周后，他将返回中国。”

新近引见给女王的中国青年
Chinese Youths Recently Introduced to the Queen.
1848年4月22日刊行

1843年，马礼逊发起创办的英华书院由马六甲迁至香港。英华书院作为香港一所早期的教会学校，专门招收当地华人青少年入学。1845年，时任院长理雅各①回国休假，带了三名中国青年赴英留学。两位较年长的青年李金麟和宋佛俭是由他们父母送到书院就学的，而最年少的吴文秀（小名“阿秀”）则受到理雅各的特别照料。

理雅各和三位中国青年（画报插画所绘人物从左至右为：李金麟、宋佛俭、吴文秀）在莫佩思子爵引见下，在白金汉宫觐见了维多利亚女王和艾伯特亲王。女王和亲王对中国青年表现出极大兴趣，提了很多问题，理雅各喜悦地一一作答。《伦敦新闻画报》1848年4月22日报道了此事，并评述道：“无需推测这几位青年访问英国所产生结果的重要性。此前已发生的诸事也足以让人们对他们抱有浓厚兴趣。他们生在异教之邦，并且父母为异教徒，但被带到基督徒教师——理雅各牧师门下受教。理雅各牧师后来担任马六甲英华书院的院长。他们十分敬重理雅各牧师，对其教导自有考量，因而他们都愿意背井离乡，继续受其教诲以求进取。”

画报1875年2月20日报道这样评述道：“要想真正认识中国道德哲学的主旨，就需要研究中国道德哲学的原著。而如今，英语读者可以受益于资深传教士、拥有渊博的中国文学知识的学者理雅各。”该报道还介绍了理雅各的一系列有关中国文化的译作及著述。

① 即 James Legge（1815—1897）。苏格兰传教士。1840—1873年，受伦敦宣教会派遣到马六甲、香港传教。理雅各是语言学家、翻译家、汉学家，也是牛津大学首位中文教授。从1861年开始，在香港翻译出版了《中国经典》（五卷），包括《论语》《大学》《中庸》《孟子》《春秋》《礼记》《尚书》《孝经》《易经》《诗经》《道德经》《庄子》。1873年，返回牛津后又与弗雷德里克·麦克斯·缪勒（Friedrich Max Muller）合作，翻译出版了《儒家文本》《道家文本》，等等。另参阅：〔英〕吉瑞德著，段怀清、周俐玲译《朝觐东方：理雅各评传》，广西师范大学出版社，2011年。

伦敦万国博览会[①]中国馆增加了一项悦人耳目的内容：一位有着 2.5 英寸（约 6 厘米）金莲小脚的中国夫人潘一姑[②]，一位中国音乐行家，还有他们的一对儿女、一位侍女和一位翻译。孩子们快乐、活泼、聪明，这位夫人和蔼又风趣，这位先生彬彬有礼、殷勤有加。唱曲表演是这场娱乐活动的一部分。潘一姑夫人在她先生的伴奏下唱了一两曲，而后者同样向公众展现了他的唱腔。这一家庭组合真是可嘉可赞。容貌装扮鲜明而独特，凸显出一个中国家庭的原生风貌。他们的言行举止表露出谦恭和亲和，十分得体。这一家人一团和气、相互照应，这给观众留下了美好印象。[③]

艾伯特大门展区的中国家庭

The Chinese Family, in the Exhibition at Albert Gate.

1851 年 5 月 24 日刊行

THE CHINESE FAMILY.

A PLEASING addition has been made to the Chinese Collection, con
of a Chinese lady, named Pwan-ye-Koo, with small lotus-fee
2½ inches in length, a Chinese professor of music, his two child
boy and a girl), the *femme de chambre* of the lady, and an inter
The children are gay, lively, and intelligent, the lady herself agr
and interesting, and the gentlemen civil and obliging. A Chines
cert forms part of the entertainment; the lady Pwan-ye-Koo sing
Chinese air or two, accompanied by the professor, who likewise
the public with an exhibition of his vocal powers. The group
that has much to commend it: it is picturesque and peculiar, an
sents an image in high relief of the native manners of a Chinese
The conduct of the domestic blended the humble and the familiar
significant manner; and there was an air of freedom, and a se
mutual obligation manifested in the whole party, calculated to m

① 1851年5月至10月，伦敦举办万国工业品博览会（The Great Exhibition of the Works of Industry of All Nations），博览会由维多利亚女王任命的皇家委员会负责组织。博览会向各国政府发出了参展邀请，未见清政府答复。但博览会自行在水晶宫和海德公园设立了“中国馆”。博览会期间还举办了“人种巡回展”。

② 原文为 Pwan-ye-Koo，“潘一姑”为音译。

③ 据《巴纳姆自传》（*Barnum, the Yankee Showman, and Prince of Humbugs*）记述，1851年“中国家庭”参会是由美国艺术家兼人种志学者乔治·卡特林（Geoge Catlin）赞助，乔治·卡特林与美国“马戏之王”菲尼亚斯·泰勒·巴纳姆（P. T. Barnum）关系颇为密切，而这个“中国家庭”正是巴纳姆一手组建的。《伦敦新闻画报》1851年5月10日报道伦敦万国博览会开幕式，同时刊登一则消息，介绍“中国家庭”的到来，并称潘一姑为“天朝美女”（the Celestial belle）。

女王在奥斯本宫接待中国家庭

Reception of the Chinese Family by Her Majesty, at Osborne.

1851 年 8 月 30 日刊行

1851 年 2 月 20 日，一位名叫钟阿泰的中国人带着家人，从广州出发，在香港乘上英船“皮尔女士号”，航行数月，其间经停苏门答腊岛、圣赫勒拿岛，8 月 10 日抵达英国格雷夫森德港。维多利亚女王在奥斯本宫接见了这个中国家庭。①《伦敦新闻画报》这样描述道：“上周一，我们最仁慈好客的女王陛下在奥斯本宫接见了中国人钟阿泰先生一家。钟阿泰带着他的两位小脚妻妾和他的小姨子，最近从广州刚来到英国。在奥斯本宫接见来宾，这是女王陛下给予外国人的最高礼遇。钟阿泰一家是有史以来享受如此高级别待遇的首个中国家庭。在他们决定背井离乡离开自己的国家时，要克服存在于每一个中国人心中根深蒂固的偏见，即清朝禁止上层妇女以任何理由在任何情况下离开国家。他们非凡的冒险进取精神，让这件事变得更加有趣和耐人寻味。”

① 《伦敦新闻画报》1851年 8月 23日、8月 30日报道。插画所绘场景是奥斯本宫国宾接待厅，左边为维多利亚女王、艾伯特亲王和其他王室家庭成员，右边为钟阿泰一家人，他的妾室正即兴弹阮唱曲。接待厅墙上挂着巨幅油画，画中人物正是王室一家人。

驳船上中国人的表演

Chinese Performance on Board the Junk.

1851 年 8 月 2 日刊行

《伦敦新闻画报》在1848—1851年持续刊登中国驳船“耆英号”展演的广告，宣称“这一最富生趣的展览，被公认为欧洲最新奇的展览”。[1] 画报记者参观“耆英号”后这样描述道：“在市政当局（泰晤士河管理处）的准许下，这艘中国驳船现今已在伦敦斯特兰德大街与埃塞克斯街尾交叉口扎根。距离此船不远处就是圣克莱蒙特教区下水道的出口处。它每天从早到晚都对外开放，表现各式各样的中国杂戏，包括唱曲、器乐、武术、中国戏法等。当然，这些船员完全再不想出海，他们成了表演者，一展身手，技艺堪比维多利亚和阿斯特利马戏团的‘明星’。每到晚上，这艘造型奇特的旧船张灯结彩，就像伦敦闹市沃克斯豪尔的微缩版。船中央是四五个乐手组成的露天乐队，‘蛮夷们’（并非中国人）竖起耳朵，等待聆听乐队随后合奏的奇特之音。[2] 当乐队在主甲板中央各自落座，天朝人满脸无比肃穆，随之锣、鼓、钹震耳欲聋，接着是哀婉的弦乐，指挥[3] 敲着三腿木架上形似炖锅锅盖的家什[4] 来打节拍。随后便是一段假嗓尖音的非同寻常的对唱，半悲半喜。”

画报1908年6月13日提及英国作家狄更斯发表于1848年的《中国驳船》（*The Chinese Junk*），该文记述了作家参观“耆英号”后的观感。

---

① 《伦敦新闻画报》1848年4月1日报道，中国驳船“耆英号”修饰一新，准备展出。7月8日报道，维多利亚女王、王太后、艾伯特亲王及其他王室家庭成员参观了中国驳船“耆英号”。船上一位穿戴中国官服的官员和一名艺人接待了英国王室一家人。“耆英号”每天上午10时至下午6时开张迎客。门票2先令，儿童票半价。该报道还援引《泰晤士报》的报道文字：“没有比这更有趣的展览了，一步便踏入中国世界，伦敦泰晤士河仿佛毗邻广州。”

② 谈及19世纪的英国人对中国音乐的看法，应该提及马戛尔尼使团成员巴罗（John Borrow，1764—1848）的《中国游记》（*Travels in China*）。作者带着好奇感观察和介绍了中国音乐，并从西方音乐审美的角度出发作出诸多武断而荒谬的评议，这反映了其面对东方文化艺术时的傲慢与偏见。

③ 即鼓师。

④ 即班鼓、单皮鼓。

《伦敦新闻画报》收到一位中国画家的画册，其中一幅为《采茶女》，报道这样讲道：“我们见到此画并不感到奇怪，中国人享有世界声誉主要归功于对这种神奇植物的栽培与加工。梳理中国人的文献，用茶可追溯到他们的远古神话时期。[①]《诗经》中就有茶叶栽培的最早记载，《诗经》是中国人推崇的古代典籍之一，由他们的圣贤哲人孔子编纂而成。所以，在一套展现中国风貌的画册中，茶题材集于其中，是恰如其分且颇有意趣的。茶历来是中国诗人吟诵的主题。下有百姓喜茶，上有天子朝臣嗜茶。即便在我们英国，事实证明，倘若缺了茶叶，势必会引发一场不可小觑的灾难。富人奢于品茗，穷人因茶得福。饮茶防止人们嗜好更刺激的饮品，其养德修心是毋庸置疑的。”

画报报道援引了塞缪尔·鲍尔（Samuel Ball）《论中国茶的栽培与加工》（*Cultivation and Manufacture of Tea in China*）中“采茶季”一章内容，里面提及英国博物学家坎宁安[②]和中国绿茶商对茶树开花季节的不同认识。此外，报道又援引了中国古代茶书有关白茶采摘周期的记载，涉及白毫、头春、二春、三春，以及相应的谷雨、芒种、夏至

① 据考古发现研究，目前世界上已发现的最早茶树出土于浙江余姚田螺山河姆渡文化遗址的6000年前地层中。目前已发现的年代最早的茶叶实物出土于山东邹城邾国故城西岗墓地一号战国墓。

② 即James Cunningham（？—1709）。医生兼博物学家。曾在浙江舟山、福建厦门工作，是采集中国植物标本并安全带回欧洲的第一人。

中国采茶女

Chinese Women Gathering Tea.

1857年2月7日刊行

等节气。

插画中，在采茶女身后有数株美丽的茶树。画报这样描述道：“采茶是一个精妙而重要的过程。每片叶子都是一根根地从梗茎上采摘的。采茶人细心地保持手的洁净，采摘一些特种茶时，采茶人几乎不敢对着茶树呼吸。日本列岛有个叫作宇治的地方，有一座山，据说那里气候特别适宜茶树的生长，此地产茶都特供给日本天皇享用。”①

全世界都在用茶叶——英国茶叶公司的茶叶

United Kingdom Tea Company's Teas Are Used All Over the World.

1890 年 2 月 22 日刊行

① 《伦敦新闻画报》报道内容源自英国医生 John Coakley Lettsom的著作《茶树自然史：茶的药性及饮茶功效的观察》（*The Natural History of the Tea-Tree, with Observations on the Medical Qualities of Tea, and on the Effects of Tea-Drinking*）。该书第六部分“采茶”讲道：“宇治镇是日本一个靠海的小镇，距离京都町不远，那里有一座同名的山，最适宜茶树生长。山上茶园，茶树成行，四周围着树篱，设有宽沟，派专人守护，以防茶叶受损或受污。采茶人在采摘前数周内不能滥吃粗食，避免秽气污染茶叶。采摘时戴薄手套，小心翼翼。这种皇室御茶或花茶制好后，由茶园总管在大批守卫和随从陪护下亲自送往皇宫，供皇室享用。”

香港练兵场
The Parade at Hong Kong.

1857 年 8 月 15 日刊行

华人保姆
在香港练兵场上

Chinese Nursemaids on the Parade-Ground, Hong Kong.

1857 年 10 月 17 日刊行

《伦敦新闻画报》1857 年 8 月 15 日和 10 月 17 日报道刊登了两幅有关香港练兵场的素描画，在此一并介绍。画报记者这样描述道："华人保姆们领着英国人的孩子，她们身穿深色服装，与身穿白色正装的殖民地侨民和军乐手形成了鲜明对比。英国和葡萄牙的夫人小姐们身穿风靡世界的克里诺林裙。华人姑娘们也会穿这款裙子赶时髦。毫无例外，华人的服饰是我所知最为质朴的。当地人的脸型尽管不是那样棱角分明，但也有着十分悦目的容貌。我们这里也用手推童车。军官们聚集在营房地。水手们戴着探险帽，印度人、葡萄牙人、帕西人[①]戴着各式帽子。不远处有一座基督教堂或天主教堂[②]，它与此地的东方格调格格不入。"这一练兵场当时被称作"美利操场"，为英军操练之地，现为香港中环遮打花园。

① 生活在印度的民族，为 8—12世纪波斯移民的后裔。
② 应是圣约翰大教堂。建于 1841年。

香港的“歌班仔”
"Sing-Song Piejon" at Hong Kong.
1857 年 8 月 15 日刊行

关注中英战事之际，《伦敦新闻画报》特派画家兼记者也走近当地中国人，观察他们的日常生活，了解当地的风俗民情。这幅素描画呈现了他和旅伴在香港岛的一个村子里看戏的场景。他说：“这种歌舞戏有一个不够贴切的名称——歌班仔[①]。”戏棚中，画报记者坐在村民中间，一边看戏一边观察。戏台前人头攒动，前排的看戏人挥手喝彩，后排的人手牵着手，生怕被挤出去。还有顽皮的孩童爬到了戏棚的竹竿上。

① 报道原文为 Sing-Song Piejon。依据《中国戏曲志·广东卷》和《中国戏曲音乐集成·广东卷》有关广东戏曲剧种的文字内容，暂且译作“歌班仔”，有待进一步考证。

1857 年 9 月 19 日刊行

香港的中餐夜宵

Chow-Chow (Chinese Supper) at Hong Kong.

在这幅素描画中，画报记者描绘了香港富人之家“最喜欢的消遣方式”：“这个中国佬听曲赏乐数个小时，接着抽了几袋烟，然后和他的妻妾们移步桌前。餐桌上，菜肴香气喷喷，茶水热气腾腾，美味勾人，让人心情大悦。于是，他们纷纷动筷夹肉吃饭，忙着用勺喝汤。这样的宴会很是普遍，事实上，这便是天朝人的夜宵。”①

① 画报所用 Chow-Chow一词，是洋泾浜英语，指吃东西或食品。参阅：〔英〕魏根深著《中国历史研究手册（中册）》，北京大学出版社，2016年，第 712页。也有人认为，Chow即广东话的“炒（Chao）”。19世纪中期，华工出洋来到美国西部洛杉矶、旧金山，其中多为广东省籍。华工也将中餐饮食带到了海外。在西方人眼中，Chow-Chow成了中餐代名词。

1857年，印度爆发了民族大起义。画报称："由于英军前往印度，对华战事暂时告一段落。"因为马尼拉至香港的航程时间仅为3天，所以画报记者在1857年7月初免费搭船前往马尼拉旅行，以便借此恢复精神，更好地继续报道战事。画报自9月19日开始刊发其马尼拉之行的报道。我们从中能够看到诸多华人的身影。①

9月19日的报道称："华人十分勤勉。我不知道要是缺少了我们的华人朋友，这殖民地会变成什么样子。西班牙人干活少，而当地人能帮忙，也从不动手。除了个别商铺，几乎所有店铺都是华人经营的。农耕劳作也是华人。经商的也是华人，当然也有英、美两国商人。事实上，在东方，

① 马尼拉位于吕宋岛。《乾隆朝实录》三一五载，乾隆十三年（1748）五月，闽浙总督喀尔吉善奏称："吕宋为天主教聚集之所，内地民人在彼甚多。"《咸丰朝实录》卷二八九载，咸丰朝九年（1859）七月，两江总督何桂清奏报称："吕宋夷人用法兰西船只，掳捉内地民人出洋种地，非止一次。"有关清代典籍对吕宋的记载，可参阅：陈丙先、钟奇峰《清代典籍中的吕宋》，《东南亚南亚研究》2012年第4期。

马尼拉的"小夜曲"
"Soiree Musicale" at Manilla.
1857年10月17日刊行

马尼拉的肉食市场
The Meat Market at Manilla.

1857 年 10 月 24 日刊行

马尼拉的中餐摊
Chinese Chow-Chow Sellers at Manilla.

只要是能赚钱的地方，你便会发现这些天朝人忙碌如蚁，少有消遣。”“在美丽的夜晚，随处都能听到小夜曲和其他乐曲。朴实的华人忙碌了数个小时，仍然会待在他的店铺里，坐在椰子油灯下干到深夜。而后，他可能散步一会儿，为的是明天又能精力充沛。不管怎样，华人都是和和气气的，他们总会与漂亮的印度女孩逗个乐，流利地说西班牙语。”①

画报 10 月 24 日刊发了两幅描绘马尼拉市井的素描画。一幅呈现的是肉食市场：商贩已卖完肉，正挑着一块肉脯准备回家。肉脯上叮满了苍蝇，瞧不见一点儿肉色。马尼拉的华人多数缠着头巾，还有不少华人将头发披在脑后。另一幅呈现的是中餐摊：画面右前方一人抱着鸡，让人联想到马尼拉风行的游戏——斗鸡。

① 有关晚清时期南洋华侨的生存境况，光绪二十七年（1901）六月初一日，出使大臣、户部右侍郎吕海寰（1842—1927）奏请在南洋各岛设领事时讲道：“自莅任以来时念华民侨寓殊方，时受苛虐，远离乡井，无可告诉，深堪悯恻。”参阅：台北故宫博物院藏军机处档折件，《奏为遵旨派员赴南洋各岛晓谕华民由》（故机 144902号）。

马尼拉华人的音乐聚会

Chinese Musical Party in Manilla.

马尼拉的理发店

Barber's Shop in Manilia.

1858 年 1 月 2 日刊行

一日夜间，正在马尼拉旅行的画报记者听到了熟悉的中国音乐，他循着声音，隔窗望见对面房屋里的情景："几位姑娘坐在窗口。一伙华人正在吃晚饭，高兴地互相敬酒。一支乐队正在演奏，一位年轻人唱着一首流行歌曲，他的声音听起来像猫的午夜之歌——如果猫既会唱歌又会扮鬼脸的话。姑娘们说笑着旁观这场音乐会，她们有一把竖琴。当那位年轻人唱罢，她们便弹着竖琴，用西班牙语歌唱起来，音调间有鼻音，且急速。马尼拉最流行的歌曲是黑人歌谣《我注定夜夜漂泊》。"姑娘们瞧见了画报记者，便邀请他来做客。画报记者欣然而往，人们请他喝香槟、嚼槟榔。乐队在建议下演奏起中国音乐。姑娘们认真地伴唱，唱了足有一个小时。拉琴的小伙子累了起身，换上另一人继续演奏缠绵优美的曲子。画报记者觉得这一定是歌咏不朽的爱情之歌。

马尼拉天气炎热，画报记者在理发店刮了胡子。理发店旁边是小吃摊。这种小吃摊随处可见，搭建简易，两条竹榻，几根竹撑杆，一个聂帕棕榈叶棚顶，便搭建好了。它

1858 年 1 月 2 日刊行

马尼拉的鞋匠铺

Shoemaker's Shop in Manilia.

马尼拉郊区

A Suburb of Manilia.

还是人们夜间舒适的睡处。鞋匠铺里，画报记者看到匠人们正在劳作，一个西班牙人正在订购一双马尼拉流行的高跟鞋。

画报记者住在马尼拉郊区，这里有各种式样的棕榈棚屋。街道尽头是粉刷过的教堂，两边人行道用火山岩铺成。这里常见的是蠡壳窗[①]。街上行人有中国人、印度人和欧洲人。欧洲人很少顶着日头步行，男士们经常打着遮阳伞，这让画报记者觉得很好笑。每天早晚，街上都挤满了烟草厂的女工。画报记者探访了一家烟草厂，那里有 8000 名女工，她们用石头捶打烟叶，发出像枪战一般的可怕噪声。她们蹲坐在垫子上，面前摆着小桌，一边聊天一边劳作。画报记者感叹道："我以前从未见过这么多女孩，实在令人不知所措，千真万确。她们不能在厂内吸烟，上午 8 时进厂，下午 6 时日落时分出厂。"

① 华人定居海外，将蠡壳窗等中国传统建筑技艺带到了海外。

香港维多利亚城，机利文街市
Gillman Bazaar, Victoria, Hong Kong.
1858 年 1 月 9 日刊行

在画报记者眼中，香港维多利亚城的机利文街市[①]有着独特风貌，他这样描述道："瞧瞧那些高挂出来晾晒的衣物，也别漏看那一串串像花环一样悬在街头的香肠。这里有两三条相似的小街。下午 6 时吃饭时间，这里炊烟缭绕，熏得人直流泪。中式房屋没有烟囱，烟只能从房屋一侧的排窗中冒出来。街景尽头是太平山高耸的峰顶。街上楼房下层全是商铺，上层通常住着女眷，她们倚窗而坐，双腿搭在窗外。肩挑着板鸭的苦力回头正瞧着我。我不晓得为什么要把鸭子压扁，可能是便于携带。街上满是孩童。"

① 机利文街之名，与英国商人机利文（R.J. Gillman）有关。1841年，机利文成立英资的茶行——太平洋行（Gilman, Bowman & Co.），后经营范围扩至进出口贸易、船务和保险代理业务。上海公共租界工部局董事、上海英国商会会长瓦彻（W. H. Vacher）曾是太平洋行派驻上海的代表，1851—1863年在上海生活。瓦彻与好友希拉尔（R. G. Sillar）同为业余摄影师，他们的摄影作品是上海早期的珍贵历史影像。

香港华人的家宅内室

Interior of a Chinese House at Hong Kong.

1858 年 1 月 16 日刊行

画报记者在香港暂住在一户华人家里，房间舒适，没有玻璃窗，摆着中式雕花木床。他已会用广东话叫早餐，入乡随俗，喝茶不加糖不加奶。画报记者还与当地人共进晚餐，用筷子，喝烧酒，给宾客夹菜，饭后洗手漱口，吸水烟……他事无巨细地介绍了中国人的餐桌礼仪习惯。

画报记者还专门描绘了华人的家宅内室场景，并且讲道：“中国人家居总是井井有条，摆设有讲究，洁净无尘。我不知道哪个民族比得上中国人的整洁。室内陈设古色古香，倒也赏心悦目。一位本地商人正坐在桌边抽雪茄。我们一进屋，他便起身端来了啤酒、雪茄、水和点心，随后便与我们聊起来。墙上挂着字画。抬头可见灯盏满堂。”

新年礼物
New Year's Presents.
1858年4月17日刊行

1858年2月15日，《伦敦新闻画报》特派画家兼记者在香港写信给报社，记述了他如何度过中国新年。他这样讲述道："中国大年初一日刚刚过去，人们彻夜燃放震耳欲聋的爆竹，家家户户张灯结彩，就这样迎来了新年。一大早出门拜访，天朝人带着他们的'拜年帖'——红纸上写着他们的名字和吉祥祝福语。我很高兴这一天和中国人待在

1860 年 4 月 14 日刊行　店主们玩“猜拳”
Shopkeepers Playing at "Chai Mooy," or Chinese "Morra."

一起。屋子里，蜜饯满桌，我的天朝朋友坐在一旁，抽着雪茄。不一会儿，一位友人手拿那红色拜年帖，口道‘恭喜发财’，并递上礼物（无论男女都要送礼），随后受请‘吃茶’，茶毕，无论男女都会收到包着一些钱的红包，再叙片刻便告辞。这样的场景一整天不断，第二天同样如此。在我刚完成的生活速写中便可以看到此情此景。一位姑娘坐在闺房的桌旁，桌上摆着礼物和茶。她的朋友们同样带着赏钱[①]（礼物）。而穷人送橘。这一天，中国姑娘们都穿戴得如你们在画卷中所见一样——满头插花，朱唇粉面，确实俏丽动人。天朝人首次全都空闲下来，这在一年中仅此一次，这实在令人惊讶。我决心不落在人后，也学着中国人的样子，在红纸上写上自己的名字。这令他们很是开心。”

画报 1860 年 4 月 14 日报道援引《香港日报》，再次介绍中国农历新年：“中国农历新年是一个伟大的节日，一个值得尊重和延续的节日。新年在遥远中国的重要性就好比圣诞节在英国的地位。新年期间，返回家乡，一家团聚，走亲访友，祭拜祖先，沉闷的忧虑被驱走，到处洋溢着一派祥和的气氛。”

---

① 画报报道原文为 cumshaw。有关它的词义，可参阅：金其斌《“中国词条”samshoo和 cumshaw的词源再探——基于广东近代中西文化交流史的考察》，《外文研究》2015年第 4期。

广州的英人警察和华人警察
British and Chinese Policemen, Canton.
1858年6月5日刊行

1858年4月12日，画报记者从广州发消息称："我们对柏贵（署理两广总督）让步太多了。柏贵骄横专断，他希望驻守白云山要塞的团练继续不被袭扰。而他的希望竟然得到了满足，联军远征之事未再被提起。"他还详述了一个突发事件：军事辎重队的苦力被抓捕入狱受刑，英军闻讯派兵到监狱抢人。他认为，领事巴夏礼听信了广州官员的说辞，而这些苦力们"属于我们"，"受我们的保护"，因此，广州官员对他们的抓捕刑讯是"犯罪"，英法联军应当"立即予以惩罚报复"。画报记者极力强调清朝官员"惯用酷刑"，认为"酷刑在我们占领的这座城市中不被允许"，其本质并非是"保护苦力"，而是企图用清朝官员的"残暴"凸显英法联军的"仁慈"，美化和维护英法联军对广州城的军事管制。这幅插画呈现的是"联军委员会"军事管制广州时期的英人警察和华人警察。

直至光绪二十七年（1901），清廷才委派全权大臣奕劻磋商、创办京师警务学堂[①]。1902年8月，清廷批准直隶总督袁世凯的奏请，仿照西方警察制度，创设保定警务局，开办警务学堂，并逐渐推行。[②]同年10月，袁世凯奏定警务章程。1903年3月，广东建立全省巡警总局。1905年1月，署江苏巡抚端方奏报，派学员东渡日本学习警务。

① 参阅：袁广林《中国近代警察教育的滥觞：京师警务学堂》，《公安教育》2006年第7期。
② 参阅：台北故宫博物院藏宫中档光绪朝奏折，《奏为仿照西法创设保定警务局，并添设警务学堂以资练习，谨将拟定章程缮单御览》（故宫136952号）。

画中这位中国医生曾给画报记者看过一两次病，于是画报记者画了这幅人物速写，期望它能流传后世，并且这样描述道："他看起来并不帅，甚至有些邋遢，但外表并非他自己能选择的。画面中，他刚给我开完药方，正准备抽水烟养神。他的水烟壶是黄铜材质的，抽烟时烟雾必须从水中经过，正宗的抽法是每次抽烟只吸上三口。德国人完全不能接受这样的抽烟方式。中医看诊先号脉，即通过摸病人两只手腕上的脉搏诊断。他们使用的药大多是草药。中医并不通晓外科手术，但在其他方面，比如说治疗一些发烧或其他疾病时，有些中医还是挺管用的。"画报报道只是反映了西方人对中医的一种粗浅的表象认知。

鸦片战争后，医学成为中西方文化碰撞与交融的一个重要方面。曾国藩、俞樾、李鸿章、薛福成、吴汝纶、郑观应、严复等人都曾谈及中医。《中西闻见录》第九号刊文《西医考证》，文中提及：同治十年（1871）辛未之冬，同文馆添设医学，英国人德贞（J. H. Dudgeon）授课。光绪二十年（1894）五月二十三日，李鸿章奏称"兴建西医学堂，造就人材，实为当务之急"。[①]1898年8月，清廷批准管理大学堂大臣孙家鼐的奏请，另设医学堂，由京师大学堂兼管。清廷深知"医学一门关系至重"，要求医学堂"考求中西医理，以期医学精进"。[②]晚清时期，中医学界对西医的认知也进入到一个新的阶段。中医学界人士和社团创办了多种中医期刊，旨在发扬中医、保存国粹。[③]

① 参阅：台北故宫博物院藏军机处档折件，《奏为天津总医院估需经费由》（故机133637号）。

② 参阅：《光绪朝实录》卷四二五，光绪二十四年七月。

③ 参阅：郝先中《清代中医界对西洋医学的认知与回应》，《南京中医药大学学报（社会科学版）》2005年第1期。

山道
A Mountain Pass.
1859 年
4 月 16 日刊行

《伦敦新闻画报》特派画家和旅伴在香港周边海湾的山区旅行，他们乘船行至海盗岛后面的浅湾，停船上岸，然后乘轿[1]登山，两名换班的轿夫随行，还有挑夫们担着他们的日用必需品。他们随身携带防强盗的左轮手枪、打猎用的来复枪。第一幅插画呈现他们一行人在悬崖边的崎岖山道上前行：山道一边是万丈深涧。此般景象令画家联想到阿尔卑斯山、莱茵河川流而过的维亚玛拉峡谷。虽然山高路险，但轿夫们走得无磕无绊，如履平地，这令画家感到惊讶。轿夫们的风趣也令旅途颇为愉悦。画家望向深谷对面，见到半山腰有一座村舍、一架上射式水车，那是帽田峡。他们一路往山上走，绕过大帽山西面的山肩，直登山顶。巍峨耸立的大帽山布满层层梯田，却荒芜着。画家还讲述了一个听来的传说——逃亡至大帽山的中国皇帝被当地族长相救，复位后赐田报恩的故事。[2]

① 这种轿用竹或木制造，两根木杆承托，两人合力抬杆。又称肩舆、舆轿。
② 传说南宋末年，宋端宗南逃时停驻于大帽山南面山脚下的浅湾（今荃湾）。

林村的娱乐
Entertainment in the Village of Lin-Cong.
1859年4月16日刊行

画家一行人来到半山腰的村舍，屋舍被绿树掩映，屋内跑出来的孩子破衣烂衫，令人生怜。他们在山顶俯瞰山谷，远望珠江深水湾和两岸群山。

随后他们造访谷底平原的林村，住进了村长金爷家。趁着主人准备晚饭之时，他们在村民的一路围观下游逛了庙宇、铺子等。“当走进主人家时，夜幕已降临，晚饭也已备好，我们入乡随俗，吃了一顿家常便饭。饭后，一位俊朗的小伙子拿出他的班卓琴[1]，为我们轻快地弹了几曲。屋子里挤满了村民、我们的轿夫和孩子们。在这些村庄里一派自由、平等和博爱的氛围。每个人都悠然地抽着烟、喝着茶。”画面中，站在中间、手持长烟杆者便是村长金爷。画家的旅伴因好奇买下了他的长烟杆。

① 应是三弦琴。画报画家不识中国民族乐器，将之误认作班卓琴。

午休 The Midday Halt. 1859 年 4 月 23 日刊行

次日，《伦敦新闻画报》特派画家和旅伴离开林村，继续在山区旅行。他们翻越了第二座高山，来到林前谷的林前村。这幅插画呈现了他们途中在林前村歇脚的场景。之后，他们来到大鹏湾的大埔墟，这里是海盗停船卸货之地，因此他们忐忑不安，但必须穿过

乡村的三老
The Village Elder Can-Haou.

稻谷堆
Paddy Stacks.

大埔墟才能走到大道上。大埔墟位于大鹏湾，这里岛屿林立。之后，他们又越过一个风景迷人的山口，站在山顶能够一览大鹏湾的如画景色。下山一路秀色，林木苍翠。山脚下，他们还能瞥见迷人的大鹏湾的一角。接着他们走过了数个被芒果树、荔枝树、龙眼树掩映的村庄，日落时分到达山后。他们在摆放着祖先牌位的祠堂里过夜，这里既用作学堂，也充当客栈。村里的人看上去很穷困。乡老们前来问候，其中一位独眼的年长者①引起了画家的特别关注："他的那只眼总是四下里搜寻，看能不能找到些什么可吃的和可拿的。"第二天清晨，画家见到村中的稻谷堆，觉得这种晒谷方式新奇有用："稻谷堆放在架上，着不了地，又给水牛遮阴。"接着他们前行到沙田狮子山的山口，见到了一块奇特大岩石，当地人称为"望夫石"②。画家一路上细心地观察："当地没有见到马、骡子和驴，山路上只见挑着担子走村串乡的卖货郎；绵羊也见不到；旱季，村民会烧山，夜间烧山的景象煞是奇特，越过的每座山都被火烧过；盛产家禽和猪，鱼也多，随处都能买到鸡蛋。"他们登上最后一个高耸入云的山口，徐徐缓步下山，便望见了海湾里的香港岛，还有九龙城的官府。下山后，画家再次乘船回到香港，结束了这次旅行。

画报最后还谈及画家与"心地纯朴的乡民"直接接触后的所思所想，他明白了天朝人究竟蔑视什么样的人——唯利是图者，走私犯，驾着"鬼船"强行非法贸易者，以及毁城杀人者。

---

① 即插画呈现的乡村的三老。
② 因岩石形似一位背着孩童的妇人而得名。

中国画师　1859 年 4 月 30 日刊行
Chinese Artists.

晚清时期，随着中西方贸易的发展，中国通商口岸出现了外销画（也称“洋画”）。外销画由中国画师绘制，专门供应国外市场。[①]《伦敦新闻画报》特派画家兼记者为读者描绘了一家香港的中国画室的内景：“有三位画师正在作画。第一位画师在临摹袖珍肖像画，他把画像处理得很漂亮，惟妙惟肖。第二位画师用同样画法绘制一幅油画，他握画笔的方式与欧洲人不同，他将右手放在一块宽厚的木头上作画，左手拿着需要放大的银版照片。中国人也是采用画格子的方式放大照片，和我们做法一样。第三位画师在为商船船长画一幅香港风景画。两位‘自由和开明的市民’正走进来，想买下他们的画作，用以传承给后代。香港到处都是这样的画师，幸运的是，几乎所有需求的绘画品都可以在这里找到，而在英国的商店里，你甚至买不到一个普通的漆盒。当地的一些画家非常聪明，将一些欧洲元素与细腻的中国画法相结合，从而创作出令人称道的油画和水彩画。但他们的专长是临摹照片上的微缩景观：他们在这方面做得完美无缺，这是欧洲人教给他们的。在欧洲，大家都知晓，中国画色彩鲜艳，虽然很多中国画采用的是靛蓝色，但朱红色却更出名。”

① 据史料记载，早在康熙朝，中国通商口岸就已对外出口绘画。18世纪二三十年代，外销画主要集中在广州、香港、厦门。广州是外销画出产基地，广州十三行的画室兴盛一时。鸦片战争后，特别是1856年广州十三行被焚毁后，大批画室和画师转移到香港，广州外销画逐渐衰落。《伦敦新闻画报》1857年7月11日报道画报记者初到香港，他便见到大量中国画师。参见本书第143页。另参阅：王次澄、吴芳思、宋家钰、卢庆滨编著《大英图书馆特藏中国清代外销画精华》，广东人民出版社，2011年。

广州的舞麒麟
The Dragon Feast at Canton.

1861 年 1 月 12 日刊行

蒸年糕的妇人
Woman Preparing Cakes.

《伦敦新闻画报》援引了《香港日报》的文字：“中国新年是一个重大的习俗——中国人将一些生活实用的内容与欢宴、节庆结合在一起，它既富有教益，又有趣。”画报介绍了广州元宵节的舞麒麟（画报记者将麒麟误认作龙）习俗：“元宵节时值农历正月十五日（满月），潮汐达到高潮，舞麒麟活动要持续三天。元宵节三天，人们不能往珠江里扔脏物，城镇和乡村的人们纷纷抓紧取水储存，因为其他时候他们很难取到如此洁净的水。”此外，画报介绍了中国的灯会：“灯会通常在每年 10 月举办(即中秋节灯会)。挂灯笼提醒人们在干燥多风的冬季注意防火。办灯会、吃汤圆，与供奉火神君有关。”画报特派画家描绘了两幅画。一幅画呈现了广州的舞麒麟场景：“一人高举麒麟头，露着下半身；麒麟身上披着五颜六色的长布；麒麟尾像妇人的裙摆，由一人撑着。男孩上下舞动，形如波浪翻滚，使得这麒麟犹如船只一般起起伏伏。经过一番搏斗，驱走街上一切‘邪灵’。麒麟后面紧跟着一队手持矛、盾、剑、戟的‘兵勇’，乐队敲锣打镲，伴着扔向人群的鞭炮响声，着实有些令人生怕。”另一幅画描绘妇人正在厨房蒸年糕，画报称“这与英国妇女准备制作圣诞布丁的情形一样”。

第 219 页插图从左至右为:

中国婚礼的成婚礼

Form of a Treaty of Marriage in China.

1857 年 2 月 14 日刊行

中国人的丧服

Mourning Dresses of the Chinese.

1859 年 9 月 17 日刊行

哀悼逝者

Mourning the Dead.

1859 年 9 月 17 日刊行

中国的家庭生活

Domestic Life in China.

1861 年 1 月 12 日刊行

1842 年，伦敦海德公园角开办的“万唐人物展”让英国公众接触和了解到中国及中国人的礼仪习俗等，但他们多有疑惑。[1]《伦敦新闻画报》1861 年 1 月 12 日配图介绍了一组中国家庭，为公众解惑答疑。第一幅图画呈现的是做针线活儿的女子们：前边的老妇正在锁边，左边的青年女子正缝制一双小脚鞋，后边的姑娘们编着丝绦。第二幅图画中，几位官员在下棋——一种类似广东巡抚的花园里玩的棋戏[2]。第三幅图画呈现的是官员一家和仆人在客厅里。第四幅图画中有几位女士，她们身后都站着侍从。右边的年轻女士尚未婚嫁，梳着发辫，结婚时就会梳起发髻。持扇给女主人扇风的侍女都是奴婢。第五幅图画呈现的是名门贵妇和访客：她们围坐桌前，享用着茶点。桌上摆着分格食盒，装着各式甜点。居中老妇手拿筷子，帮着客人拿甜点。右边的太太正要抽水烟，小婢女拿着点着的水烟斗。客人一到，即刻上茶；不一会儿，就端上糖果，添新茶。随后，女婢们将水烟斗递给各位太太。左边的姑娘不是女婢，是访客。女婢的装束一成不变，如画中女孩一样。第六幅图画描绘众妇人迎接访客。她们都起身迎客，一人正上前行礼。她们行礼时都抓住一只衣袖，一边行礼一边拍拍衣袖。众人就这样依次行礼。

---

① 《伦敦新闻画报》1857年2月14日以“中国速写：婚礼”为题介绍了中国人的婚嫁礼俗，如说媒、嫁妆、迎亲等。画报 1859年 9月 17日以“1859年中国人的礼仪与习俗”为题介绍了香港华人的葬礼习俗，并引用了美国传教士、外交官、汉学家卫廉士（又译作卫三畏，S. W. Williams，1812—1884）有关中国人的生死观的著述内容。

② 即围棋。1880年 9月，德国东亚研究协会会刊连载奥斯卡·科歇尔特（Oskar Korschelt）的文章《日本人和中国人的游戏：围棋》，由此围棋被正式介绍到欧洲。

中国马车
A Chinese Cab.

溜冰的中国男孩
Chinese Boys on the Ice.

1861 年 2 月 23 日刊行

《伦敦新闻画报》特派画家兼记者跟随英法联军进入北京城，走街串巷，观察城里人们的日常生活场景，画下眼中的北京城印象。

这幅画上半部分描绘了北京城内一个出租马车的候车处，以及中国北方常用的马车样式——单匹马拉的轻便两轮马车。画报记者描述道："美国驻华特命全权公使华若翰[①]便是乘坐这种马车（他当时称之为'匣子'）进城的。因为没有减震弹簧，在坑洼不平的道路上，这些马车颠簸得很厉害；而在平坦的大路上，它们的前行速度极快。骡子或马是聪敏的牲畜，几乎用不着鞭子，它们就完全明白车夫的指向，'得儿——'一声它们就前进，'吁——'一声它们便停下，只凭吆喝便能让它们向左拐或向右拐。中国人让牲畜如此温顺，实在令人惊讶。印度人给犟骡子套挽具，呵斥半天也不顶用，而陌生的中国人吆喝一声便让骡子像小狗一样服服帖帖。北京人酷爱马，会像英国驴夫一样骑马远行。有些马车装饰精美，涂漆的车轮带着铆钉和黄铜器件。挽具极其精致，配有一个衬垫。这种马车在京城里很受欢迎。城里每隔一段路便有一个候车处，车夫坐在车辕上等着。"

这幅画下半部分描绘了正在溜冰嬉戏的男孩。画报记者描述道："白河结冰了，从北京到大沽的河道都封冻了。和世界其他地方的小男孩一样，这里数不清的男孩们在冰面上撒欢玩耍。但是，有一种溜冰方式是我从未见过的。男孩们把玉米秸秆做的滑板踩在脚下（并不固定住），紧握木杆，猛推自己飞速向前滑行。当然，他们偶尔会跌倒，但会再爬起来，开心大笑，笑自己出了点小意外，然后接着滑。没有比这更为美妙的——在这严寒时节，白天晴空万里无云，阳光普照；夜间明月当空，月华皎洁如玉，令人身心愉悦。"

① 即 John Eliot Ward（1814—1902）。1859年出任美国驻华公使，先到上海，后北上换约。《咸丰朝实录》卷二八五、卷二八六、卷二八八、卷二八九载，咸丰九年（1859）六月初九日，华若翰在北塘与直隶总督恒福会晤，订期赴京换约。六月二十一日，华若翰启程赴京换约。七月己卯，咸丰帝下谕，准许华若翰在京呈递国书，在北塘海口换约。七月十八日，华若翰与恒福在北塘换约。《伦敦新闻画报》1859年10月22日报道，华若翰及随员按照清廷规定路线抵达北京，并称清廷准备友好接待英国领事卜鲁斯。报道还提及，英属印度政府已提出派兵15000人，英军第67步兵团、第99步兵团受命前往中国。俄国东西伯利亚总督穆拉维约夫（《清实录》中译作"木哩斐岳幅"）也已抵达白河，4艘炮舰相随。

灯笼画匠，西洋通
The Lantern-Painter. The Occidentalist.
1861 年 6 月 29 日刊行

1861 年巴黎双年展上展出了法国艺术家泰奥多尔·德拉马尔[①]的 4 幅中国题材画作:《西洋通》《灯笼画匠》《茶商》和《渔夫》。《伦敦新闻画报》刊载了其中两幅，并详尽介绍道：“从这些精妙的画作中作出选择是困难的，每幅画都带有与所描绘的天朝紧密相关的印记。《灯笼画匠》描绘了一名专注作画的广东人，灯笼上装饰有大大的汉字和古色古香的人物。他握画笔或铅笔的姿势十分特别，模仿了法国艺术家，用一个字眼来形容就是杰出。灯笼画匠身旁是一位中国贵人，他正在端详。背景处有一位持灯的女子。场景装饰有细柱和红木雕刻，颜色接近于我们已知的湖蓝或暗朱红。”“西洋通”[②]是艺术家对研究西方政治文化的中国文士的称呼。艺术家画了一位蓝顶官员，他熟知欧洲的书籍和报纸，尤其是英国和法国的书刊。他正在阅读书案上的《泰晤士报》和《箴言报》。他额头微皱，费神琢磨报刊上的文字内容。[③]

① 泰奥多尔·德拉马尔（Théodore Delamarre，1824—1883），法国画家，其创作以中国、日本题材最为出名。

② 报道原文为 Occidentalist，也可译作“洋务派”。咸丰九年（1859）正月二十四日，翰林院编修郭嵩焘奏请访求通夷语者，送到京师，转相传习，培养外语人才。同治元年（1862）五月十五日，京师同文馆开课，传教士包尔腾任英文教习。创办于康熙四十七年（1708）的俄罗斯文馆并入同文馆，俄国驻华使馆翻译柏林任俄文教习。法文馆同时开办，传教士司默林（A. E. Smorenburg）任法文教习。同治二年（1863）二月，李鸿章奏请广东、上海仿照同文馆，设立外国语言文字学馆。同治三年（1864）六月，广东巡抚郭嵩焘等 4 人奏报，广东省开设外国语言文字馆，并拟订章程。

③ 咸丰十年（1860）十二月，恭亲王奕䜣等奏请由广东、上海各派遣两名懂外国语言文字之人来京，各大臣、将军、督抚、府尹应按月奏报各海口内外商情、各国新闻纸。徐广缙、叶名琛、桂良、何桂清、薛焕等上奏折时，时常抄录新闻纸或进呈新闻纸。参阅：卞冬磊《“打探”西方：新闻纸在晚清官场的初兴（1850-1870）》，《新闻与传播研究》2019年第 1期。

晚清周游列国的“中国巨人”詹世钗[1]在1865年首次走出国门，前往英国参加巡展。1865年2月28日，《望乡邮报》（*Homeward Mail from India, China and the East*）早早地刊发了一则消息：“一个堪称‘巨无霸’的中国巨人即将从上海启程，来英参展。”《伦敦新闻画报》9月16日报道詹世钗已抵达伦敦，并从9月至12月给予持续报道。9月30日的报道介绍了詹世钗其人：生于中国徽州府，时年19岁，身高7英尺8英寸（约2.4米），体重280磅（约127千克）。妻子随他一同出国，名叫金芙，意为“美丽的荷花”，像其他中国女子一样缠小脚。一名侏儒跟班，身高不足1米，他在西方人眼中就像童话里的大拇指汤姆。

这幅插画临摹自伦敦立体影像公司的彩色照片。画报这样描述道：“詹世钗身材颀长，面容平和，黄种人的长相，身穿素色锦缎长袍，脖颈挂着珠串，手持折扇，头戴帽，脚踏厚底便鞋。他看上去文质彬彬，很有修养。”报道还讲到詹世钗之父为儒生詹京，以及同为“巨人”的兄姐。

1867年，詹世钗在巴黎世博会上展演，之后转场巴黎沙龙会所。《伦敦新闻画报》1883年1月13日报道，詹世钗受邀参加了维多利亚女王的化妆舞会。1893年11月5日，詹世钗因病在英国伯恩茅斯去世。

“中国巨人”詹世钗和妻子、侏儒跟班

The Chinese Giant, Chang, with His Wife and Attendant Dwarf.

1865年9月30日刊行

① 国内学者利用族谱、文集及海外文献报道、图片资料，对晚清传奇人物詹世钗的生平事迹进行了梳理考证。参阅：王振忠《从“虹关长人”到“中国巨人”：晚清婺源詹世钗生平事迹考证》，《安徽师范大学学报（人文社会科学版）》2017年第5期。

花园内中国戏台的夜场演出
Night Performance at the Chinese Theatre, in the Park.
1867 年 6 月 29 日刊行

1867 年 4 月 1 日，巴黎世博会在战神广场开幕，为期 7 个月，于 11 月 3 日闭幕，共有 41 个国家参展，中国、暹罗、日本三国展馆纵向安排在同一展区。尽管清政府拒绝了参展邀请，但法国汉学家德理文[①]自荐出面组织筹办中国馆，并借助时任福州闽海关税务

① 即 Hervey de Saint-Denys（1822—1892）。法国贵族，汉学家。早年在巴黎东方语言学院学习

司美理登①的关系，获得总理衙门王大臣奕䜣的支持。

画报记者参观巴黎世博会中国馆后，对中国戏台作了一番描述："中国戏台位于馆区尽头处，紧邻咖啡厅的露台。入场费为一个半法郎。观众们露天而坐，一些人坐在馆里的靠椅上，而另一些人在餐厅里就坐，或是坐在餐厅外。戏台不大不小，它的正面按照中国式样进行装饰，高高的顶部由绿瓦和黄瓦铺成，就像那座茶亭一样。顶上有两只'大海豚'②，两端各一只。表演的应该确是中国人，表演节目多是体操、杂技和丑角戏，这些都可以在马戏场观看到。③中国魔术师一口吞下一把30磅重的长剑，接着任意吞下多枚带壳鸡蛋，他似乎真的靠吃这些难以消化的东西长大的一样。两名中国花匠充当换场人，负责清理和照看舞台，他们都是真正的中国人。"

画报记者提及中国花匠的确来自浙江。为什么会有花匠呢？这是因为德理文按照博览会组委会的要求，在中国馆外依照中国园林式样搭建了一座中国花园。1851年，德理文出版了专著《中国农业与园艺学研究》（*Recherches sur l 'agriculture et l'horticulture des Chinois*）；1859年，他的《欧洲面前的中国》（*La Chine devant l'Europe*）一书面世。

汉语和满文。1874年，接替汉学家儒莲（Stanislas Julien，1797—1873）任法兰西学院中国学的主座教授。翻译作品包括《唐诗》《离骚》《三字经》和《古今奇观》等。参阅：孟华《法国汉学家德理文的中国情结——对1867年巴黎世界博览会中国馆成败的文化思考》，《国际汉学》2012年第2期。

① 即Eugène, Baron de Méritens（生卒年不详）。又译作美里登、米里登。1857年来华，任法国驻华使馆翻译。1859年署上海总领事馆翻译。1860年担任法国特使葛罗的翻译，同年12月到北京为法国公使馆选址，初定肃王府，后改为景崇府。1862—1871年任福州闽海关税务司。法国汉学家高第（Henri Cordier，1832—1898）在《1860年对中国的远征，外交文书和文件史》一书中辑录有美理登翻译的兵部尚书全庆、仓场侍郎廉兆纶的奏疏。

② 戏台是中国传统建筑的重要类型。在古代社会，它既是演戏娱乐场所，也是祭祀、教化的重要场所。西方人当时对中国戏台乃至中国古代建筑知之甚少，画报记者眼中所谓"大海豚"，实为中国古建筑中的"脊兽"——鸱吻。鸱吻的兽头带短尾，尾部上翘而卷起，故被误认为"海豚"。

③ 巴黎世博会中国馆中有一个来自中国的杂技班。古代中国并无"体操"（Gymnastic）一词，它是外来词，源自古希腊语Gymnasitike。但这并不意味着中国古代没有体操活动，事实上，中国古代体操活动起源很早，并且在不同历史时期得到多样化的发展，包括流行于民间的技巧运动，如叠罗汉、翻跟斗、手倒立等。鸦片战争后，现代体育概念下的体操运动方才传入中国。

北京欧式赛马会

The European Races at Pekin.

1867 年 6 月 29 日刊行

1867年3月初春日，在北京城西南郊皇家御苑的望鹤楼[1]，举行了第四届春季赛马会。这是一场欧式赛马比赛[2]，由英国世袭从男爵法夸尔三世、璧斯玛、柏卓安、韦贝[3]等人操办。当日赛程安排由柏卓安和蒲安臣二人负责。而同文馆天文教习方根拔[4]和法国驻华公使馆翻译李梅[5]担任比赛的裁判，裁判所在位置就是插画右上角、赛马终点处的尖顶小屋。海关税务总司赫德和他人一道为赛马会颁发了奖杯，外国公使们则共同颁发了奖牌。

观看赛马会的除了北京城内外国公使及眷属们，还有清廷总理衙门管理大臣崇伦、经洋教习[6]训练的清军统领张大人等官员们。

画报记者在描述赛马会过程之前，仔细介绍了跑马场所在京郊八大处的景观风貌，从平原山丘、湖泊河流到田野农舍、寺庙宝塔。在插画远景中有一座宝塔，便是他所言的“北直隶地区的地标性建筑，即八里庄寺庙中的玲珑宝塔”。查阅史料，此塔应是慈寿寺的玲珑宝塔，建于明万历四年（1576），该寺基址为明正德太监谷大用墓地。

---

① 报道原文为 Wang-Ho-Lou。“望鹤楼”一名为音译，有待考证。

② 我国多个民族拥有历史悠久的、独具特色的赛马文化。鸦片战争后，欧式赛马逐渐被引入中国，首先是在香港。《伦敦新闻画报》1858年5月15日介绍了香港的跑马场。

③ 即 Karl Waeber（1841—1910）。1870年任同文馆俄文、德文教习，后任俄国驻天津领事，两度任俄国驻华代办，1885—1897年任驻朝鲜总领事。

④ 即 Johannes von Gumpach（1814—1875）。同文馆天文教习。著有《蒲安臣使节真相》（*The Burlingame Mission: A Political Disclosure, Supported by Official Documents, Mostly Unpublished*）。

⑤ 即 Victor Garbriel Lemaire（1839—1937）。1855年来华。早期任法国驻上海、广州两地领事馆及驻华公使馆的翻译，后任驻福州领事、驻上海总领事。1887—1893年任驻华公使。

⑥ 清廷聘用洋教习训练军队，始于咸丰、同治年间镇压太平天国运动。福州船政学堂是最早聘用洋教习的军事学堂。同治十三年（1874）五月，福州将军文煜，闽浙总督兼署福建巡抚李鹤年，总理船政、前江西巡抚沈葆桢密陈折片《奏为洋将日意格购置水雷发放事宜，请雇洋教习由》，同治帝批准了奏请。洋务派创办水师学堂、武备学堂，建设北洋水师，也均聘用洋教习。后来清政府创建新军，继续聘用洋教习。

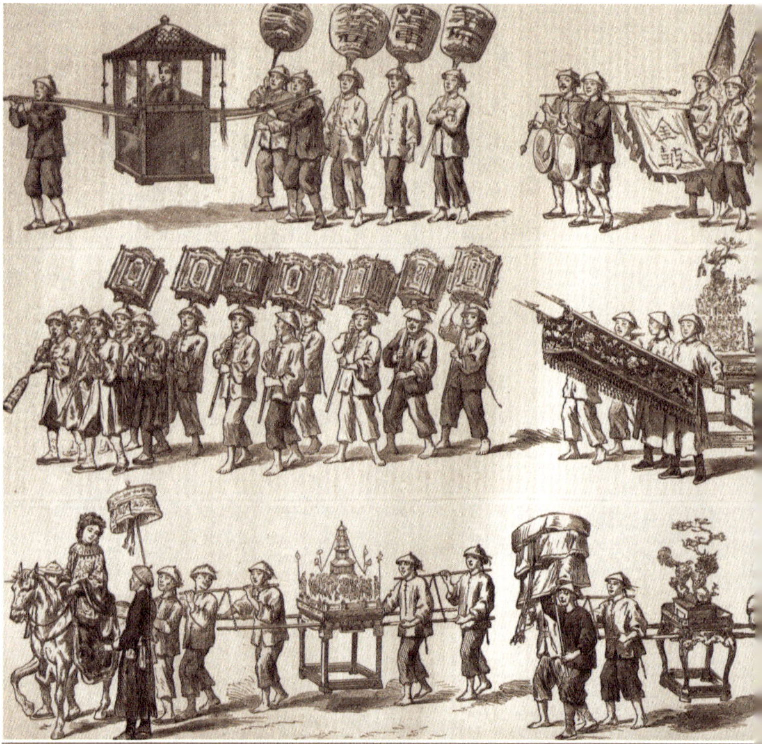

中国人的婚礼过程
A Chinese Marriage Procession.
1873 年 1 月 4 日刊行

画报特派画家兼记者从一本中国彩绘画册上临摹了中国人娶亲图，他从西方人的视角，带着陌生感，描述中国人婚礼的娶亲仪仗：“长长的娶亲队伍，新娘坐着轿子前往婚堂，她的父母或直系亲属骑马随行，鼓乐手、持旗手紧随，身穿制服的仆役抬着各式彩礼嫁妆。娶亲队伍处处彰显着财富和尊贵，估计新娘是富贵家之女。[①] 她的服饰简单而华美，蓝绸或紫绸的袍衫，冠帽束发，双腕戴着玉镯。她所坐轿子与欧洲人先前使用的轿子一模一样，轿子颜色与她的服饰颜色相同。两个轿夫的制服色也一样，他们双肩担着轿杆。轿夫身后跟着步行的仪仗队伍，先是一队人扛着巨大的黑红配色的纸灯笼，他们身着宽松的深红色衫衣，头上白帽插着一根低垂的红羽。接着是一对打鼓手和四对持着各色旗帜的旗手。第一对旗子黄底红流苏，绣着象征吉庆的‘囍’字，祝福新婚夫妻的双喜临门。”

画报记者在报道中还将自己所见中国皇帝大婚奉迎礼[②]，与插画所绘富贵之家的婚礼

① 《钦定大清会典则例》对皇帝大婚、皇子成婚、公主下嫁、亲王婚礼、世子郡王婚礼、贝勒婚礼、贝子婚礼等，以及官员士庶婚礼，作了极为详细的仪制规定，包括纳采礼、成婚筵席、冠帔、鼓乐手人数等。

② 参见本书第 6—9页。

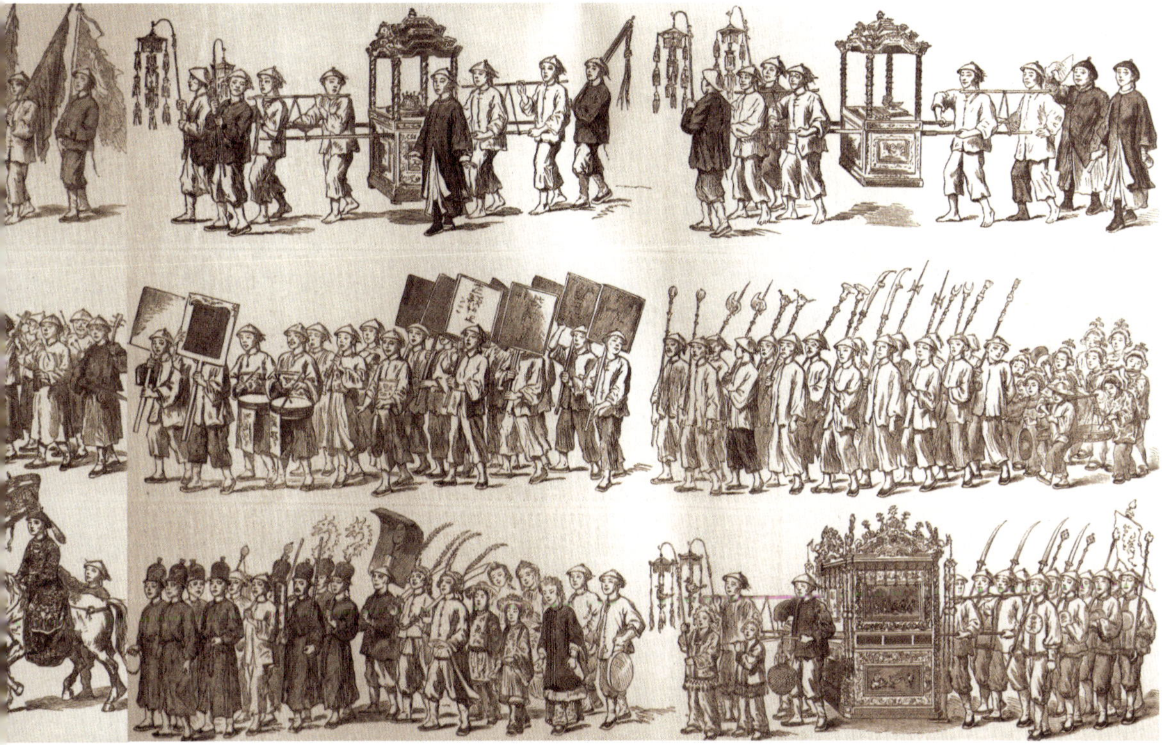

娶亲礼作了一番比较：中国皇帝大婚的礼仪程序稍有不同，皇家婚礼也更为庄严，其服饰颜色与旗帜、纹饰图案、吉言贺语都是天朝皇家特有的。在同一期报道中，画报记者先介绍了紫禁城的皇宫，讲述了中国皇帝大婚日那天，皇后乘凤舆穿过大清门来到乾清门，在乾清宫接宝瓶、迈火盆，在坤宁宫跨马鞍、接苹果，再来到坤宁宫东暖阁的大婚洞房行合卺礼。在他眼中，那场盛大的皇家婚礼本质上又与普通人家新娘前往夫家成婚入洞房是一样的。画报记者对中国这一东方国度的皇家礼制并不熟知，加之以西方中心主义的文化视角俯视、解读所见所闻，故难免谬误。例如，中国婚礼跨马鞍这一婚俗，既不是满洲原生习俗，更不是他所言的——源于高加索人的“抢亲”习俗。而事实上，它源于中国唐代汉人对北方游牧民族骑马婚嫁的模仿。更有甚者，画报记者认为：“北京的葬礼与婚礼极为相似，区别在于葬礼中死人在棺材里，而婚礼上人藏在花轿中。”

北京的一所男童学校
A Boys' School, Pekin.
1873 年 3 月 1 日刊行

北京贡院号舍中的会试考生
Competing Student in His Cell, Examination Hall, Pekin.
1873 年 3 月 8 日刊行

19 世纪四五十年代，来华传教士开办的教会学校在沿海通商口岸开始出现，包括女子学校。到了六七十年代，晚清教会学校有了进一步发展。1872 年 8 月，清廷派出了第一批幼童赴美留学。[①] 而同一年，画报记者在北京参观了学校、书院、国子监。他这样介绍伦敦宣教会创办的男童学校：“虽说这是一所教会学校，但是它必须遵循清朝的学校教育制度和教学模式。学童日常要大声诵读儒家经典——‘四书五经’，由教书先生考核背诵。学校教临帖写字，也教地理和音乐。学校使用教会书籍，但所有学童并不皈依。教

① 《中西闻见录》第九号刊文《华生游学美国》，摘录了报纸刊载的有关学习规条。

孔庙的石鼓

Stones Inscribed with Poetry in the Temple at Pekin.

十三经刻石

Tablets Engraved with the Classics.

1873年3月22日刊行

书先生则是皈依教徒，他腰系黄带子，表明是开国皇帝努尔哈赤及其兄弟的后裔（即闲散宗室）。”从插画中可见这所男童学校的陈设并无什么特殊之处，唯一不同的就是墙上挂着一两幅地图。画报记者游览孔庙后还绘制了孔庙的石鼓、十三经刻石。

画报记者称，入读男童学校的学生将来要参加科举考试。于是他介绍了北京贡院号舍：“每个考生都有一间狭小的号舍，形如方格，高度仅够一个人站立。这些号舍排列而建，一排大约有四十五间，每排之间有狭窄通道相隔，通道刚够一个人通行。这里的考棚号舍大约有120排，总共9999间。”京城的英国人通常将贡院科举考场称为“试院”，而在画报记者眼中，贡院“一排排狭小而低矮的棚屋，中间设有瞭望塔，四周墙上有守卫巡查”，实在很难用“院堂”一词来称呼。他还从西方人视角详尽地介绍了考生们进入考棚号舍答卷的过程，提及考生作弊、非法刻印试卷或试卷副本，以及他有幸看过考生答卷后的个人感受。他将中国科举制度与英国学位制度作了对比，还提及科举制度已被推荐给英国公务员制度的改革家们。①

① 《伦敦新闻画报》1859年3月5日谈及国家教育体制，比较了中、日两国的国民思想。画报1860年10月27日报道，约翰·包令出席利物浦学院颁奖典礼时简述了中国教育。光绪二十九年（1903）二月，袁世凯、张之洞会奏，称“时艰需才，科举阻碍学校，拟变通办法”，目的是逐渐废止科举、广办学校，上以革除数百年相沿弊政，下以培育有用人才。十一月，清廷谕令自丙午（1906年）科为始，递减科举，等各省学堂一律办齐，确有成效，再将科举学额分别停止。画报1908年7月4日报道，江西南昌府的贡院考场被拆毁。

北京的
女童学校

Girl's School, Pekin.

1873 年 4 月 19 日刊行

画报特派画家兼记者还走访了伦敦宣教会的北京女童学校。这所女童学校最初由一位法国女士在 1865 年创立。画报记者听到了这所女童学校的创办故事：当年，那位法国女士偶然探访北京男童学校，恰好遇到学校教师正要开除一名学童，一问才知缘由，原来这是一名急切想读书的女孩，她装扮成男孩入校求学。一所新学校由此创办成立，这名女童也成为这所学校的第一个学生。如今这所学校由英国教士艾约瑟[①]的夫人管理。入学的女童既有满族人也有汉族人，她们在这里学习写字、算术、地理、音乐、缝纫刺绣。由于是教会学校，学生也接受宗教教育。画报记者观察到满族女子不缠足，但中国女校却允许缠足，因为不缠足的女子就难以找到夫婿，无法出嫁。在画面中，左边端坐的是女童学校的教师，他是满族人。画报记者称赞道："他很适合这个职位，生来就是一位绅士，尽管与多数满族人一样，家道中衰。"

① 即 Joseph Edkins（1823—1905）。1848年来华出任伦敦宣教会驻上海代理人，1861年在天津设立教会，1863年在北京传教，1880年受聘为中国海关翻译。其著述颇多，如《中国的宗教》（*Religion in China*，1878）、《鸦片史，或中国的罂粟》（*Opium: Historical Note, or the Poppy in China*，1898）、《北京记》（*Description of Peking*，1898）。

汉口的
喜乐剧院

The Gaiety Theatre, Hankow.

1873 年 4 月 19 日刊行

这幅画呈现的是汉口喜乐剧院在 1872 年 11 月 28 日的开幕首演。画报记者讲道：“汉口在 1861 年首次向外商开放，很快就威胁到广州的商贸中心地位，取代后者成为茶叶运销口岸。但是，本土华商想方设法将大部分贸易掌握在自己手中。长江及其支流航运的必要变革已被拖延得太久。[①] 这里仅有一小片外国租界，居者主要是英国人，另有一些其他国家的人。他们竟然一时兴起，创办了一个精致小巧的剧院，组建了业余剧团，已排演了两个剧目。”舞台上演出的便是《爱尔兰教师》一剧。画报记者介绍剧团演员学习角色表演时说：“在中国和印度，我们发现业余剧团通常沿袭旧俗——女性角色都由男子扮演。现今流行蓄须，年轻人一门心思地蓄须，让他们把脸变得白嫩光滑，看似女性，是亦难亦易。不过这不再是难题，貌美如花的女士们登台表演了。”

报道称，汉口是华中地区的大商业城市，武汉三镇的人口估计约为 100 万人。

① 《伦敦新闻画报》1872年5月4日报道援引英国《食品杂志》刊文《中国长江上游食物资源》所阐述的观点，高度评价长江重镇宜昌的商业前景，称：“没有什么问题比向商贸企业开放中国巨大的生产资源，更能影响这个国家的商业利益。”参阅：〔美国〕罗威廉著，江溶、鲁西奇译《汉口：一个中国城市的商业和社会（1796—1889）》，中国人民大学出版社，2005年。

北京街景

Street Scene in Pekin.

1873 年 9 月 13 日刊行

画报特派画家兼记者讲道:“在北京街头画速写就会成为围观对象。人们并不是粗鲁冒犯，只是成群结队地围观‘洋鬼子’拿着本子和铅笔在做什么，而你想画的就瞧不见了。人越聚越多，最外围的人根本搞不清楚怎么回事，你推我挤，就想瞧一眼‘鬼子’。结果呢，人潮涌动，速写完全做不到了。我曾在东方各地写生作画，总能行，但对我来说中国人实在太多了。我想办法请一两个朋友为我占了块地儿，这才快速地勾画了皇帝大婚前的皇后府邸。但我不得不赶紧起身，因为整条街挤满了人，我跟前的人尽了全力，也没法子让围上来的人群后退，他们被周围人群推挤到我和友人们的身上。当我把速写本藏好后，麻烦却大了。好一番挣扎，几个官员才把我们拉进了府里，关上大门，直到人群渐渐散去。

这幅画呈现的是中国人最心仪的玩乐，在北京街头要比其他地方更常见到，因为这里人口众多，却大多游手好闲。你在街上遇见的人几乎个个手拿立杆架着鸟。杆上横着十字叉供鸟站立，鸟用一根小绳子系着。北京人似乎总是随身携鸟，鸟在这儿好比狗在英国一样，成了一生玩伴。从孩童到耄耋老人，鸟似乎是人生在世不可少的东西。有些人竟然双手各架一鸟；有人出门不拄拐，而是提着精巧的鸟笼溜达。鸟儿受过驯，飞到空中绕个圈，就回到主人手上；一边在人头顶旋飞，一边叼食主人抛出的籽粒。鸟儿的才艺表演各式各样，真是美妙！它们被驯得如此温顺，听令即飞，接着稳稳地飞回主人手上，这表明鸟的智力和受驯能力超出人们的料想。任何在北京街头走一趟的人都会禁不住相信：比起举枪射鸟，提笼架鸟的乐趣大得多。不管这些中国人有什么缺点，要是我们英国人效仿于此，就会自得其乐，自然对于鸟来说也没什么坏处。”①

① 画面左边招幌上写有“伦敦钮乎斯”，即英文“London News”之意。

在中国
做圣诞布丁
Making a Christmas
Pudding in China.
1873年12月20日刊行

1873年圣诞前夕，画报记者回忆起上一年与在华大商行的年轻外国雇员一起过圣诞节的情景。这幅插画呈现了当时的场景：一位留着大胡子的外国人正为圣诞晚宴准备葡萄干布丁，他身边紧紧围着一伙梳着辫子的中国人（商行雇员的仆人），他们目不转睛地盯着他的每一个动作。画报记者这样描述道："中国仆人们知道布丁很难做，但看着他们一副全神贯注的样子，我相信今年圣诞节，他们一定会动脑想象，做出一模一样的布丁，连布丁上的葡萄干粒数也一定一粒不少。要是他们能够做出来，那就太棒了，因为这位朋友做的布丁实在美味合口，不管摆在谁家桌上都不会逊色。我们这位手艺高超的英雄的表现完全符合丁尼生吟诵的那样[①]。从多方面来说，他都称得上是一位勇敢的骑士。这位在异国他乡为同胞们制作圣诞布丁的人，恰是一位大名鼎鼎的风景画艺术家，在大家为无人会做圣诞布丁而愁苦犯难时他出现了，这正是'本领胜过名声'。"

① 画报记者在报道中借用了英国的亚瑟王传说中的骑士格言"Rather Use than Fame."，并援引英国诗人丁尼生的诗歌集《国王之歌》中"梅林与薇薇安"一篇的诗句"You should have seen him blush; but afterwards. He made a stalwart knight."。

旧金山的华人
The Chinese at San Francisco.
1875年1月23日刊行

《伦敦新闻画报》1868年1月11日报道了正在修建中的美国中央太平洋铁路，讲道："鉴于太平洋邮政公司的轮船已在中国和旧金山之间通航[①]，这条铁路将连接两大洋，成为欧洲和美国通往亚洲的伟大通道。香港与纽约之间行程时间将缩至30天之内，香港与利物浦之间行程时间为40天。"该报道明确指出，中央太平铁路建设工程将提前完工，全线贯通不必等到1871年。然而，报道只字未提承担了这条"伟大通道"的五分之四修建工程的数万华工。[②]1868年7月22日，清廷特使蒲安臣在华盛顿与美国国务卿西华德签订《中美续增条约》。[③]该条约进一步推动了大批华工赴美，这为美国发展经济提供了低廉的劳动力。勤劳朴素的华工多从事修铁路、开矿等艰苦危险的建设工作。

在这样的背景下，画报记者乘坐美国太平洋邮政轮船公司的"阿拉斯加号"汽船，横渡太平洋来到旧金山，他的目光关注到同船抵达的华人移民。他这样讲道："自美国南北战争结束以来，移民美国的华人占有极大比例，华人大量涌入旧金山，因此加利福尼亚接收的人数最多，不过他们也有前往纽约、波士顿、俄勒冈和南部各州的种植园的。华人聚居在旧金山一处，形成了唐人街，他们几乎把自家东西都带来了，包括酒馆和独特的戏楼。不过这一街区的建筑和城市其他街区一模一样，并没有中式风格建筑。但除此之外，这地

① 1865年2月18日，美国政府决定建立美国和中国之间的海邮汽船服务事宜。
② 参阅：黄安年《沉默的华工和贯通北美大陆的中央太平洋铁路》，《史学月刊》2008年第1期。
③ 参见本书第48—49页。另参阅：王蓓、田耀《〈蒲安臣条约〉历史成因考》，《史志学刊》2015年第1期。

“阿拉斯加号”汽船在旧金山停泊靠岸
On Board the Steam-Ship Alaska, Bound for San Francisco.
1876 年 4 月 29 日刊行

方全是天朝样儿，就好像在中国一样。在中国商铺里可以找到的每一物件都能在这里买到。中式招牌挂在外面，窗户上有带字的金色贴纸。”① 报道所配插画呈现了旧金山唐人街的一角：“洗衣和熨烫的活儿几乎都被华人包揽。可他们招牌上歪歪扭扭的英文写得不成样。华人把剪掉辫子当作‘堕落’，所以即使在美国，他们也守着这份虔诚，不过这里倒是有一大特点——他们都戴着一顶平檐小帽，将辫子像头巾一样缠在头上，小帽子一盖，几乎人人戴一顶。而在中国，他们是把辫子盘在头上。另一变化是，这里的华人穿起了欧式长裤，习惯把双手插在长裤口袋里，觉得很得意。”

画报 1876 年 4 月 29 日再次报道：“‘阿拉斯加号’停靠在旧金山，它穿行于东方和西方世界之间的广阔海洋，经日本横滨抵达加利福尼亚旧金山港口，航行 26 天，约近 5000 英里（约 8046 千米）。船上有 1200 名中国苦力或劳工移民，数量可观。插画中，华工正忙着吃饭。筷子没扒拉几下，小饭碗就空了。一个人端着一大盆要挪到他处，其他人则来取另一份。米饭装在竹篮里，用小铲子舀出来。有人吃过松饼，碎屑散落一地。有人在玩麻将牌，更多人通过读书打发时间。”

① 《光绪朝实录》卷一二三载，光绪六年（1880）十一月，清廷颁给金山中华会馆关帝庙匾额，上书“威宣海澨”。文献所言的金山，即旧金山（San Francisco），其名源自 19世纪加利福尼亚的淘金热。

费城世博会英国馆

In the British Department of the American Centennial Exhibition.

1876年6月17日刊行

1876年5月至11月，美国为纪念独立建国100周年，在费城举办世博会。1874年1月28日，美国照会清政府，邀请中国参展，并附有《费城赛会章程》。清政府接受邀请，这是清政府首次以官方名义参加世博会。中国馆毗邻日本馆，参展品达6801种。馆内建有一座大牌楼，上书“大清国”，还有一副对联，上联“集十八省大观，天工可夺”，下联“庆一百年盛会，友谊斯敦”，横批“物华天宝”。时任宁波海关文牍的李圭经东海关税务司德璀琳[①]的推荐，以总税务司代表的身份赴美参会，他游览美国多地，之后前往英国伦敦、法国巴黎观览。李圭将旅行见闻写成《东行日记》《游览随笔》，在《申报》上连载，后集成《环游地球新录》一书。书中记载有当时赴美留学的中国幼童[②]参观费城世博会之事。这幅插画中可见三位中国人，其中一位为幼童，或许便是赴美留学的幼童。

光绪十八年（1892）九月，驻美公使崔国因函告总理衙门，为美国赛奇会采购“观玩之具”，并称旧金山的陈姓商董准备派优伶赴会。这里所谓的美国赛奇会，即1893年芝加哥世博会。

① 即 Gustav von Detring（1842—1913）。又译作德特林。德籍中国海关洋员。1864年来华。时任烟台东海关税务司。1877年任天津税务司，并创办英文报刊《益闻西报》（*China Times*）。《光绪朝实录》卷一八一载，光绪十年（1884）四月，中法战争时，撮合李鸿章与福禄诺订立协定。

② 同治十年（1871）七月初三日，曾国藩、李鸿章会奏，选派幼童出国学习军政、船政、步算、制造等，意在“学西人擅长之技，渐图自强”。由陈兰彬（1816—1895）、容闳（1828—1912）出任正副委员，负责管束幼童。总理衙门奉旨酌议章程，决定选送幼童赴美留学，并设立出洋肄业局。总理衙门奏准的计划是：自同治十一年（1872）起，至光绪元年（1875）止，每年选派30名幼童赴美，合计120名，分作4批。到了1876年，首批赴美留学幼童已“渐次考入中大书院及技艺院、军政院、船政院”。参阅：《李鸿章全集》第4册奏议四，“选派幼童出国肄习技艺折”。

中国首条铁路开通：从上海出发的首班列车

Opening of the First Railway in China: the First Train Starting from Shanghai.

1876 年 9 月 2 日刊行

《中西闻见录》创刊号首篇文章便是《论土路火车》。光绪二年（1876）三月，总理衙门奏报上海英商欲租地开筑铁路。总理衙门为了阻止此事，与英国公使威妥玛、汉文正使梅辉立（W. F. Mayers）多番交涉，但被拒绝。[①] 事实上，英商组织的吴淞铁路公司早在 1874 年 12 月便开始修筑路基，1876 年 1 月已铺轨。同年 6 月 30 日，吴淞铁路半程开通。[②] 画报这样报道："这条窄轨铁路是实验性的，铺设了 7 英里（约 11 千米）铁轨，修筑了 12 座桥梁，第 13 座正在建设，常设的上海车站也在建设中。"报道还称，吴淞铁路的开通"标志着中国文明进入新的历史时代——引入欧洲科技和机械改进机构"。但吴淞铁路通车后，屡次发生百姓蛮干拆路拦车的事件。清政府将之收赎，于 1877 年 12 月下令拆除。

① 参阅：《光绪朝实录》卷二八。《李鸿章全集》第 7册奏议七，"妥筹上海铁路片"。

② 参阅：俞政《吴淞铁路事件中最佳方案的寻求》，《苏州大学学报（哲学社会科学版）》1991 年第 2期。

1878年5月1日，巴黎世博会开幕，清政府派出参展团赴会。此前，清政府已派团参加了1873年维也纳世博会、1876年费城世博会。1876年，清政府正式收到法国驻华公使白罗呢[①]转呈的参展邀请函，总理衙门议定参展，并由海关总税务司赫德负责筹备工作，吉罗福[②]、德璀琳、裴式楷[③]、赫政[④]、金登干[⑤]、那威勇[⑥]等各关税务司参与其中。[⑦]1878年4月27日，驻英、法公使郭嵩焘从伦敦出发抵达巴黎，出席博览会，并向法国总统递交国书。

《伦敦新闻画报》报道刊载了展现巴黎世博会的美国馆、中国馆、日本馆入口建筑的插画，并作了一番品议。中国馆是一座气势恢宏的方形建筑，白底黑瓦，漆金朱门，装饰着一组组彩绘木雕。门柱上书写楹联。原木窗格上布满精雕细琢的图案。楼顶、柱端是两重檐，檐角高高上翘，这在西方人眼中“实为出奇”。中国参展品有精美的丝绸织锦、珐琅器、瓷器、珠宝和能工巧匠精心制作的其他产品。

值得一提的是，同一期《伦敦新闻画报》刊登一则书讯，介绍了来华传教士约翰·亨

① 即Brenier de Montmorand（1813—1894）。又译作白来尼。1864年任法国驻上海总领事，1876—1879年任法国驻华公使。

② 即G. B. Glover（1826—1885）。美籍中国海关洋员。时任上海江海关税务司。1859—1868年任广州税务司。

③ 即R. E. Bredon（1846—1918）。赫德内弟。英籍中国海关洋员。时任广州粤海关税务司。后任中国海关副总税务司、代理总税务司。

④ 即J. H. Hart（1847—1902）。赫德之弟。英籍中国海关洋员。时任广州粤海关税务司。光绪十一年（1885），作为鸿胪寺卿邓承修的随员，参与办理中越勘界事宜。光绪十五年（1889），任驻藏帮办大臣升泰的翻译，参与中英谈判。1896年随同李鸿章出访英国。

⑤ 即James Duncan Campbell（1833—1907）。英籍中国海关洋员。时任中国海关驻伦敦办事处税务司。数次协助赫德、李鸿章从英国采购炮舰及其他军用器械。1885年，与赫德一道参与中法议和；4月4日，代表清政府在巴黎与法国倒台政府的阁员、外交大臣毕乐签订《中法和约草约》。1886—1887年，在赫德的操控下，在里斯本与葡萄牙外交大臣巴罗果美谈判，于3月26日代表清政府签订《中葡里斯本草约》。

⑥ 即Alfred Novion（1838—1904）。又译作那威鲁。法籍中国海关洋员。时任汉口税务司。1871年奉命随崇厚为天津教案事赴法“道歉”。

⑦ 有关筹备工作详情，可参阅：李爱丽《中国参加1878年巴黎博览会述略》，《中国社会经济史研究》2003年第2期。

战神广场上的中国展品和展商

Chinese Exhibits and Exhibitors in the Champ De Mars.

1878 年 6 月 15 日刊行

利·格雷[1]所著的两卷本《中国：人民的法律、礼仪和风俗的历史》，该书由麦克米伦出版公司于 1878 年出版。第一卷分为 16 章，内容包括概述、政府机构、刑狱惩戒、儒家信仰、宗教神灵、教育出版、婚姻、离婚、父母子女、仆役与家奴、节日习俗、葬礼、自毁、嘉奖与仪礼、律法、娱乐与体育；第二卷分为 15 章，内容包括占卜算命、慈善与行乞、客栈与餐馆、宝塔、道路与桥梁、农耕、畜牧、茶、丝绸、陶瓷、船舶、渔业、部族、自然地理。该书图文并茂，从一位西方传教士的视角带领英国大众读者认识一个异域国度的社会和民众生活的方方面面。

① 约翰·亨利·格雷（John Henry Gray，1823—1890），毕业于剑桥大学基督学院。19 世纪后半叶长期在中国香港、广州传教。撰著多种有关中国的书籍，如《中国：人民的法律、礼仪和风俗的历史》（*China: A History of the Laws, Manners, and Customs of the People*）、《在广州的十四个月》（*Fourteen Months in Canton*）、《漫步广州城》（*Walks in the City of Canton*）。

一位中国写手 A Chinese Writer. 1878年8月10日刊行

《伦敦新闻画报》特派画家在巴黎世博会上四处观摩，这次他的目光投向特罗卡德罗公园中国展馆里的几位中国人。画家这样描述道："他们的穿着打扮、日常举止都很特别，于是吸引了一些欧洲游客的注目。比方说这位先生，他'不慌不张，不愠不恼'，专心写着一封信。他极其儒雅沉稳，仪态大方。面对那些好奇地偷瞧他的法国女子，他既不会心烦意乱，也不会生气。他一定暗自意识到自己的着装是完美体面的，他的脸和脑袋剃得干干净净，戴着礼帽，梳着优雅的长辫，下穿绸裤，上穿细布长袍。他坐着用一支芦苇笔蘸着印度产墨水，在纸上从右到左写着字。"为了让读者更形象地了解，艺术家还特意在插画的边角处描摹了三个汉字"金子华"。

女王生日庆典的皇家阅兵

Sketches at Trooping the Colours on the Queen's Birthday.

1880 年 6 月 5 日刊行

《伦敦新闻画报》1880 年 6 月 5 日报道：为庆祝维多利亚女王生日，英国伦敦圣詹姆斯大街举办一年一度的盛大皇家阅兵。报道插画中，上方为观礼的英国皇室，中间观礼的有天朝人——中国驻英公使曾纪泽及二等参赞陈远济、三等翻译左秉隆和陈志尹等使馆人员。

画报 5 月 14 日报道，英华禁止鸦片贸易协会在伦敦举办大型会议，曾纪泽出席。[①]6 月 11 日报道，曾纪泽出席英国下议院有关鸦片贸易的辩论会。曾纪泽在出使日记中对此均有记载。[②]

值得一提的是，同年2月，英国探险家吉尔（W. J. Gill）出版了《金沙江》一书，汉学家玉尔（Henry Yule）为此书作序。

① 英国对华鸦片贸易、美国限禁华工、中俄修约谈判是《伦敦新闻画报》1880年涉华报道所关注的焦点。2月 1日报道，加州议会通过禁止公众公司雇用华工的惩罚性法律。4月 3日报道，安吉立（J. B. Angell）接替西华（G. F. Seward）出任美国驻华公使，来华谈判。11月 27日报道，安吉立与总理衙门大臣宝鋆签订《中美续修条约》，涉及限制华工、华船到美征税、禁贩洋药（鸦片）等条款。

② 参阅：刘志惠整理《曾纪泽日记》，中华书局，2013年。另参阅：汪强《形象塑造与知识生产：晚清域外日记中的英国议会（1866—1885）》，《华东政法大学学报》2019年第 3期。

《伦敦新闻画报》透过特派画家兼记者威廉·辛普森的视角，在1872年的报道中详细地介绍了中国皇帝大婚和平民婚礼的礼仪与习俗。威廉·辛普森还在《遇见太阳》一书中附了“中国皇帝大婚专辑”。

北京：穿着中式服装的英式婚礼
Marriage of English in Chinese Dress at Pekin.
1881年5月14日刊行

当年，威廉·辛普森曾到访北京的英国公使馆。公使馆财务会计艾伯特·皮尔基斯的夫人对八九年前他的来访记忆犹新，她向《伦敦新闻画报》赠送了一件纪念品——钢笔画，画报将它刊刻发表。画报这样描述道：“这幅画描绘的是2月1日在公使馆举办的一场婚礼，当然不是按照中式婚礼仪式，而是按照英式教堂婚礼仪式，由牧师遵照正式礼仪来主持。这场婚礼有一奇特之处，即新娘、新郎和伴娘都穿着中式服装，实际上他们并不是英国基督徒，而是中国内地会[①]的成员。特纳先生和克里克梅小姐这对幸福的伉俪，以及克里克梅小姐的女伴，隆冬时节花了16天时间从山西远道赶到北京，举办这场婚礼。如画中所绘，婚服应是华南地区式样。新娘穿着青色缎面夹袄和绣着蓝色团花的深色缎面长裙。伴娘穿着靛蓝色缎面夹袄和暗红色绣花缎面半截裙。新郎穿着紫红色的褂子、蓝色的长袍，梳着长辫，头戴中式瓜棱帽，脚穿中式布鞋。他和那位穿普通英式服装的伴郎形成了奇特的对比。”

① 19世纪初基督教新教来华差会之一。创办人为英国教士戴德生（James Hudson Taylor，1832—1905）。1876年《中英烟台条约》签订后，西方传教士获得许可进入内地、西藏传教。参阅：张丽萍《中国内地会内地九省及西部边疆开教考略》，《宗教学研究》2018年第4期。

爪哇岛泗水埠的华人节俗

A Chinese Festival at Sourabaya, Java.

1882 年 2 月 11 日刊行

19 世纪，爪哇岛处于荷属东印度公司殖民统治下。随着蔗糖业在爪哇的兴起，大量华人移民定居，开始艰苦创业。身在异国他乡的华人不忘本，通过建立宗祠来传承民族文化与传统习俗。[①]《伦敦新闻画报》评述道:“华商、华工以及本土的中国人，当他们人口众多、生活富足之时，总习惯于在聚居地举办民俗节庆和群众娱乐活动。”画报驻海军记者用笔描绘了爪哇岛东部泗水埠[②]的华人聚居街区的一场年度节俗活动——祭拜祖先，祈祷逝者灵魂安息。画面中，高高的祭祖台上，四面插着飘扬的五彩旗，木柱上盘绕着巨龙，数座宝塔安放祖先牌位，四面摆着古色古香的灯笼，上面写有先祖名号、过往功绩。在画报记者眼中，这一切陌生而奇特，而对于异乡的华人则是心灵的安放。[③]

① 参阅:〔法〕克罗蒂娜·苏尔梦，林永传译《十九世纪印尼泗水地区围绕福建功德祠的礼俗之争》，《海交史研究》1991年第2期。

② 即明代马欢《瀛涯胜览》中记载的苏鲁马益。又称作苏儿把牙、斯鲁马益。

③《光绪朝实录》卷五六六载，光绪三十二年（1906），爪哇岛华侨乡向义兴学，创建孔庙。《光绪朝实录》卷五八六载，光绪三十四年（1908）正月，爪哇泗水埠商民建立文庙。

1879—1882 年，英国威尔士亲王艾伯特·维克托和乔治王子作为见习军官，乘海军上将克兰威廉伯爵的旗舰“酒神祭司号”，随同英国皇家海军舰队进行了一次私人性质的世界环游，期间曾到访中国厦门、广州和香港等地。[①]《伦敦新闻画报》对此作了追踪报道。4 艘英舰官兵和两位英国王子一行五十余人于 1881 年 12 月 15 日抵达鼓浪屿。报道详细介绍了厦门及鼓浪屿的地理位置、地形地貌以及居民人口等。鼓浪屿是欧洲传教士聚居地，舰队军官本想与厦门板球俱乐部进行一场板球赛，但因天气潮湿而作罢。板球俱乐部成员则在厦门万福寺办野餐会，招待军官和王子们。

离开厦门后，他们于 12 月 22 日抵达香港，当日恰逢中国传统节俗——冬至，香港各行各业的行会举办盛大欢庆活动，街上及街道两边楼房的阳台、窗户上人头攒动。街头舞龙表演在这一伙到访者眼中堪比“奇观”，舰队军官将之细致地描绘了下来。

香港在节俗欢庆中迎候英国王子

Hong Kong Festivities in Honour of the Sailor Princes.

1882 年 2 月 25 日刊行

① 参阅：《英国皇家海军“酒神祭司号”环游记：1879—1882》（*The Cruise of Her Majesty's Ship "Bacchante" 1879-1882*）。该书为两卷本，由威尔士亲王艾伯特·维克托和乔治王子的私人日志、信件和笔记汇编而成。

国际渔业博览会速写
Sketches in the International Fisheries Exhibition.
1883年9月1日刊行

1883年5月—11月，伦敦举办了国际渔业博览会。清政府决定参展，但一切事务均由赫德把持，他在北京指挥，金登干在伦敦负责联络、做计划、布展，汕头海关三等帮办聂务满负责收集展品。赫德还指定赫政、金登干、聂务满三人组成代表团。[1]景色如画的中国馆面积约为1676平方米，建筑物的玻璃屋顶漆成大海模样，其间巧妙点缀着模印的各种有代表性的中国鱼类。墙面挂着与渔业相关的字画、展示中国沿海灯塔的巨幅海图。展馆周边是草坪，布置有小桥流水、凉亭茶室。金登干得意地形容道："整个中国展区外观上将是金碧辉煌的，像件景泰蓝或中国瓷器。"赫德花费4600磅，以西方人乐见的形式提供了"一个有趣而像样的展出"，根本目的是向英国王室"表示敬意"，展品最后悉数送到了威尔士亲王等人的宫殿花园中。

画报插画呈现了制作船模的中国木工和正在雕刻的中国匠人，其中一位名叫德阿古（音译）的匠人荣获了银奖。

① 参阅：中国第二历史档案馆、中国社会科学院近代史研究所合编《中国海关密档——赫德、金登干函电汇编（1874—1907）》，中华书局，1990年。

1883年11月，伦敦渔业博览会闭幕之际，博览会名誉发起人威尔士亲王向赫德、金登干提出希望中国继续参加1884年万国卫生博览会（又称食品博览会）。在总理衙门作出授权前，赫德便已开始各项安排：提出在展区加入厨房、餐馆、茶馆及4间店铺，并画布展草图；为店铺订做雕刻精美的铺面，邀请北京古玩店、汉口烟草店、九江瓷器店、广州杂货店等店主参展；展示大车、轿车、花轿、灵柩车、独轮车等；邀请丝竹乐班去表演；提议做医药、教育、音乐的三个主题报告演讲；等等。筹备期间，驻英公使曾纪泽曾致电总理衙门，提议展出“那些只有中国独有的东西”。而对于赫德来说，中国馆要“成为引人注目的中心，并且将是使人开心和有趣的”。最后，赫德确定厨师、乐师、店员、油漆工、泥瓦工、木工、侍者约30人前往伦敦，他认为“他们多少都是些苦力，但希望带回好的报道”。[①]

《伦敦新闻画报》所配插画呈现了中国馆的场景。《帕尔慕尔报》（*The Pall Mall Gazette*）在中国馆开幕日前一天刊发的报道有助于了解这些图像信息：

万国卫生博览会：中国馆

The International Health Exhibition: the Chinese Court.

1884年8月2日刊行

① 参阅：《中国海关密档——赫德、金登干函电汇编（1874—1907）》，中华书局，1990年，第1177号信。

Notes in the Chinese Court. 中国馆的展品

“中国馆为这场伟大博览会增添了新鲜感，因为英国观众已经不再对在南肯辛顿商团那些占据偌大空间的锅碗瓢盆、铁器和排水管感兴趣了。直到2月底，赫德爵士才得到指示继续实施他的中国馆计划，由于他的竭力付出，我们可以大胆预言中国馆将成为博览会最受欢迎的展区。除4家店铺及其展品外，所有展品均由中国政府发送，布置工作由中国政府任命的两位专员金登干先生和赫政先生负责。中国馆的设计为东方风格，从画廊穿过漂亮的牌楼进入庭院，眼前一派富丽堂皇。站在牌楼下，抬头望去，瓷砖拱门上装饰着威严的龙、展翅的凤，以及各种华美的东方图案。厅堂里布置着千盏灯，每一盏灯散发出柔和彩光。北京、广州、上海、天津、宁波和厦门都为中国馆贡献了其宝贵的展品，一定会让英国观众大饱眼福。”

画报插画中有一场景是乐班正在演奏。英文题名“Music”处却打了一个问号，这反映了画报记者在西方音乐审美意识下对中国音乐的陌生与不解，正如赫德所言“英国人可能觉得里面没什么内容”。赫德曾在1873年维也纳世博会闭幕时举办音乐招待会，此次他坚持开幕就举办，且不同意乐班演奏英国曲子，因为他“希望他们演出的正是那个没什么内容”。[①]

① 参阅：宫宏宇《晚清海关洋员与国际博览会上的中国音乐——以1884年伦敦国际卫生博览会为例》，《中央音乐学院学报》2015年第2期。

中国军队里的弓箭手
Archers of the Chinese Army. 1895年8月24日刊行

在中日甲午战争的大背景下，《伦敦新闻画报》报道战事的同时多次介绍了清军军制。画报1895年8月24日报道："中国军队的旧体制十分奇特，它建立在非常原始的思想之上。名为'八旗'，因为它分为8个军团，每个军团都拥有独特的旗帜，旗帜颜色不同——四旗为黄、红、蓝、白四色，其他四旗也是黄、红、蓝、白四色，但有另一种颜色的镶边和图案。这是有关八旗的一般说法，并不完全正确。正黄是帝王之色，代表皇帝，处于军队的中心位置。""绿营士兵不是满族，因此这个军团被剥夺了护卫京城和皇帝的荣耀之责。据悉，北京鞑靼城（内城）只住着满族八旗，他们拱卫着皇城和天子。"画报称，八旗这种"八分法"可以追溯到"四"这个数字，即由"四方"这一概念派生而来。画报还援引了中国古代典籍《礼记》中有关"邦国四方"的内容加以解释。为了说明清军的落伍，画报配插画表现"中国军队里的弓箭手"，讲道："在过去，中国人的主要武器是弓箭。从老照片上可见，他们的骑兵配备了这些武器，尽管他们已使用火枪很多年，但时至今日，在北京都可以看到骑兵和步兵仍在练习拉弓射箭。这种顽固的因循守旧或许有助于解释中国军队在这场战争后期的遭遇。"最后，画报评述道："在不久的将来，中国人必须接受一次非常彻底的军队改革。而观察这种古老而原始的规制是否仍能坚持下去，是颇为有趣的。"①

① 《同治朝实录》卷三三九载，同治十一年（1872）八月，前任兵部右侍郎彭玉麟奏请停止水师肄习弓箭。《光绪朝实录》卷二四〇载，光绪十三年（1887）三月，云贵总督岑毓英奏称："营制弓箭与枪炮并重，而枪炮尤为制胜之要。"

麦卡特尼医生及助手们
Dr. McCartney and His Staff of Assistants.

重庆和嘉陵江以北的景象：左为江北城
North View of Chung-King and Kia-Ling River: Kiang-Peh City on the Left.
1898 年 4 月 2 日刊行

19 世纪下半叶，中国国内反洋教斗争持续不断，四川省内的斗争规模、频率尤为突出，重庆江北厅一地士绅、团首和民众便数次与外国传教士及教民爆发冲突，冲突中传教士开办的医馆多被捣毁。

《伦敦新闻画报》1898 年 4 月 2 日报道："中国富庶省份四川的川东道首府之地重庆城外传来令人不安的消息——江北的美国医馆在 3 月 17 日发生骚乱，一名医生被害，其他职员也受到虐待。当地团练拒绝将杀害医生的'暴民'执法处死，这证明事态之严重。外国领事不得不要求川东道台全面赔偿和遣散'暴民'及地方团练。"[①] 在画报记者的笔下，被害医生麦卡特尼行医惠及从官到民各阶层，连重庆府都邀他前去，而当地士绅和下层民众一向"排外"。[②]

画报还向读者介绍了江北厅：它在重庆城外，地处长江北岸，这里为嘉陵江和长江交汇处。江北是富庶川省的重要港口。

① 《光绪朝实录》卷四二〇载，光绪二十四年（1898）五月，清廷谕令兼署四川总督恭寿督促川东道台任锡汾迅速办结"江北厅教案"，以免外人藉口生事。

② 应指1873—1875年黔江教案、1876年江北厅教案、1886年重庆教案、1891年反洋教风潮、1895年成都教案等。

中国戏剧
The Drama in China.
1898 年 12 月 10 日刊行

《伦敦新闻画报》1861 年 2 月 23 日报道介绍了北京古玩街的戏楼、男旦角色。1880 年 1 月 10 日报道谈及汉学家道格思对中国戏剧的评点[①]。1898 年 12 月 10 日报道则介绍了中国戏院的演出："中国戏院的演出大概在下午两点钟开始，或者再晚点，一直持续到凌晨一两点钟。一出戏大概会连演一两个星期。幕布、地脚灯、布景等皆无，舞台摆设仅有几对桌椅、一个香炉、一两面旗子。立着一块木牌，上面写着'树林、房间、宫殿等'，全然当作'场景'，其余全凭观众去想象。伴奏的乐班随处就坐。演员们的多才多艺吸引了观众的眼球。他们唱念做打样样精通。服装也非常华丽多样。"

① 《伦敦新闻画报》1893年 3月 4日介绍了道格思的《中国故事集》，并称：书中收录有 6部中国古代风俗小说，它们都是优秀的"叙事喜剧"。

祭扫坟墓的中国妇人

Procession of Women Visiting a Grave in China.

1875 年 3 月 13 日刊行

中国人的祭祖

1898 年 12 月 17 日刊行 The Worship of Ancestors in China.

《伦敦新闻画报》介绍中国人的礼俗与习惯，其背后往往牵涉某一历史事件。[①]1898 年 12 月 17 日报道中国人的祭祖习俗，正是与“第二次四明公所案”紧密相关：四明公所是旅沪宁波籍同乡团体创建的殡舍义冢。1873 年，上海法租界当局筑路开沟，强占公所冢地，导致四明公所血案。1898 年，法租界当局重施故伎，要求公所迁柩与禁止停放棺柩，再次引发矛盾冲突。两次四明公所案看似是法租界近代化市政建设与落后的国民意识和风俗习惯之间矛盾的结果，但本质上它是甲午战争后列强掀起瓜分中国的狂潮而导致的，是列强抢占势力范围行动的一部分。[②]

① 《伦敦新闻画报》1875年 3月 13 日报道同治帝去世的消息，介绍了中国的丧葬礼俗，并刊发“北京明十三陵”和“祭扫坟墓的中国妇人”两幅图画。

② 参阅：葛夫平《第二次四明公所案与上海法租界的扩界》，《历史研究》 2017年第 1期。

华北山西某山村的冶铁和锻接之法

The Mode of Smelting and Welding Iron in a Mountain Village at Shansi, North China.

1899 年 4 月 29 日刊行

同治十一年（1872），丁韪良在《中西闻见录》上介绍西方制铁之法，讲道："尝见世人黄金为重，反视铁为粗浅之物。窃叹其不知宝也。"他还引用西方人的谚语"上古为金世，中古为银世，近今为铜铁之世"，列举实例，称赞"铁世"的种种创造。

光绪二十二年（1896）二月，光绪帝采纳陈其璋、沈葆桢、丁日昌等人的奏疏，认为"开矿为方今最要之图"，谕令各直省督抚等设法开办。谕令中有"外洋时事新编谓山西煤铁之矿品居上上"之语。清政府之所以在内陆腹地大兴矿务，与其战备政策及军工厂布局有关。甲午战争前，清政府创建的制造厂局多在江海要冲之地。甲午战争后，这一布局发生了变化。1898 年 1 月，荣禄奏称"各省煤铁矿产以山西、河南、四川、湖南为最"，进而奏请筹款设立制造厂局。光绪帝随即谕令两江总督刘坤一、四川总督裕禄、成都将军兼署四川总督恭寿、湖广总督张之洞、山西巡抚胡聘之、河南巡抚刘树堂、湖南巡抚陈宝箴根据各地的情形，认真筹办。[①] 在各省兴办矿务的过程中，早已觊觎中国矿产资源的西方列强纷纷通过在华公司抢夺矿山的投资权和开采权，如英国的福公司。

① 参阅：《光绪朝实录》卷三八五，光绪二十二年二月上。

雕刻中国典籍
Engraving the Chinese Classics.

重印中国典籍
Reprinting the Chinese Classics.

1899 年 6 月 10 日刊行

这两幅插画呈现了画报记者在山西省太原府见到的雕版印刷。印刷术是中国古代的重要发明之一，它始于唐朝的雕版印刷。而欧洲在 14 世纪方才出现雕版印刷。卡特（Thomas F. Carter）在《中国印刷术的发明和它的西传》中讲道："中国的印刷的实践，也许曾使前往该国的欧洲旅行者，对雕版印刷的使用开了眼界，要不然欧洲雕版印刷的出现可能还会迟一些。"到了晚清，除了早期已由传教士引入的石印技术，新的印刷机器及印刷技术被介绍到中国。1873 年 12 月，《中西闻见录》刊文《印书新机》，配图介绍了西方的铅印机器。1874 年，总理衙门曾委托赫德为同文馆从英国采购印刷机及器材。

除了印刷技术的演变，晚清印刷机构也有变革。1896 年 2 月 5 日，福建道监察御史胡孚宸上奏称"书局有益人才"，建议"官立书局"。光绪帝谕令总理衙门筹议建立官书局，聘请通晓中西学问之人，专门负责选译书籍、各国新报，以及指导、传授各种西学。3 月 4 日，光绪帝派孙家鼐管理新设的官书局。之后，孙家鼐上奏拟订的章程，其中包括设立刊书处，译刻各国书籍。①1898 年 6 月，官书局和译书局均并入京师大学堂。

① 参阅：《光绪朝实录》卷三八二、卷三八四、卷三八五。

中国迷信：关公庙门前召唤战神

Chinese Superstition: Invoking the God of War at the Gate of His Shrine.

1900 年 7 月 7 日刊行

北京茶馆

Teahouse at Pekin.

1861 年 2 月 23 日刊行

画报记者描述道：“战神庙（关公庙）和平时期人迹寥寥，战争时期则烟火不断，变得拥挤不堪。士兵和百姓在正殿祭拜和祈祷。庙门前有成千上万纸包的鞭炮串在绳子上，随着一阵巨响燃放殆尽。人们坚信硝石和硫磺产生的响声和烟雾能够取悦战神，从而战神会保佑信众平安、战争取胜。这个仪式和其他中国典礼活动一样，庄重而缺乏热情。”

1860年10月，英法联军进入北京城，画报特派画家画下了城内露天经营的野茶馆："它颇似巴黎街头的露天咖啡馆，只是没有后者的高雅格调。北京人喜好泡茶馆，一边喝茶一边观街景，一边叼着烟杆一边谈天说地。"到了1900年8月，八国联军即将攻占北京城，而在这危机时刻，画报记者又在茶室里见到三位休闲的国人谈天说地。

茶室：中国人的国民休闲场所

A Chinese National Institution, the Tea-Shop.

1900年8月4日刊行

中国的游园会
A Garden Party in China.
1901 年 6 月 8 日刊行

1900年，八国联军侵华，闯入紫禁城耀武扬威。次年1月，清政府被迫开始与八国联军议和谈判。《伦敦新闻画报》1月12日报道，清政府代表李鸿章、奕劻接受了列强发出的“剿除义和团”的联合照会；1月19日报道，清政府与八国联军签订了《议和大纲》。画报还不无嘲讽地讲道：“清政府官员在议和会议上时常送礼，一副寻求德国人宽容谅解的样子。”

正是在这样的背景下，《伦敦新闻画报》6月5日刊发了一篇题为“中国的游园会”的报道①：“这幅画描绘了中国的一场游园会，它向我们发出了一个‘受欢迎’的友好提示——在这阳光明媚之地，一切都不再阴森可怖、灾难四起。这里有些地方不曾受到去年苦难的影响。乐班奏乐，舞者翩翩起舞，东方这种自然而然的格调给画家提供了现成的好素材。东方园林富有层次感，画面中，伴奏的乐班在平台上，稍微比舞者位置高些。客人们正从高台上拾级而下，徐步走向游乐地。别指望伦敦的游园会能如此风景如画，西方人身穿黑礼服，头戴黑礼帽，形态或颜色上更是逊色。”

此外，值得一提的是，《伦敦新闻画报》1900年3月30日报道了宓吉②所著的已故阿礼国③爵士的个人传记——《维多利亚时代在华英国人》正式出版。

---

① 《伦敦新闻画报》此前也多次介绍过中式园林，如1846年10月24日的报道介绍了“小径曲幽、假山嶙峋的中式园林”；1859年12月24日报道艾伯特·史密斯的中国博物馆时，介绍了一座典型的中式园林凉亭；1862年7月12日的报道介绍了“垂柳依依、流泉鸟鸣的中式园林”。

② 即Alexander Michie（1833—1902）。1853年来华，在上海经商。1883年迁居天津，任《泰晤士报》驻华通讯员，兼任天津英文报纸《中国时报》编辑，期间还担任李鸿章的顾问。著述颇多，如《从北京到彼得堡的西伯利亚陆路》（*The Siberian Overland Route from Peking to Petersburg*）、《在华传教士》（*Missionaries in China*）、《维多利亚时代在华英国人》（*The Englishman in China during the Victorian Era*）。

③ 即Rutherford Alcock（1809—1897）。自1844年起历任英国驻厦门、福州、上海、广州等地领事。1859—1865年任驻日公使。1865—1871年任驻华公使。

在 1905 年 9 月 24 日发生吴樾狙击出洋五大臣事件后，清廷最终确定派出载泽、尚其亨、李盛铎、戴鸿慈、端方五大臣组成的出国考察团，这是清廷推行宪政改革的第一个步骤。[①] 同年 10 月 14 日，《伦敦新闻画报》以“中国的进步”为题报道称：“过去几周，我们见到诸多中国正在觉醒的迹象。我们闻讯，该国将借鉴西方模式为实行宪政做好准备。”

画报 1906 年 2 月 24 日报道戴鸿慈、端方率领的考察团抵达美国加州，开始考察美国教育及其他社会情况。端方表示，慈禧太后已决定在北京创办一所女子大学，命考察团要格外关注美国女子学院的方方面面，以备效仿创办。美国政要陪同考察团参观了斯坦福大学。12 月 8 日，画报以“中国的觉醒”为题报道，称：“西方思想终于渗透到了中国知识分子中，觉醒是迅速的，这对世界而言意义非凡，沉睡的巨人正在唤醒自己。”

插画中可见乘坐汽车的官员、北京印刷局厂房、电报局发报员、新军与旧军，以及旧时论道儒学的士大夫。

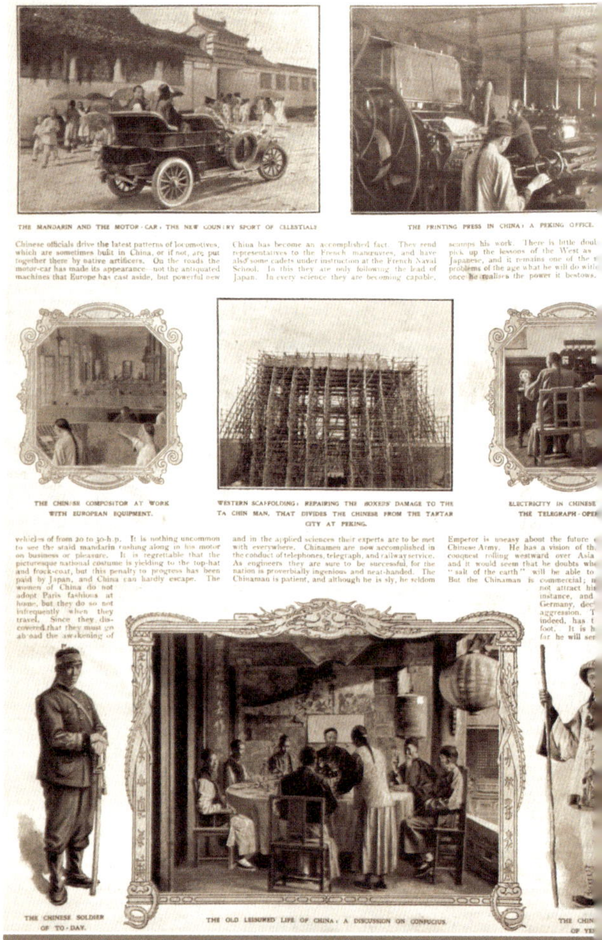
THE MANDARIN AND THE MOTOR-CAR: THE NEW COUNTRY SPORT OF CELESTIALS

THE PRINTING PRESS IN CHINA: A PEKING OFFICE.

Chinese officials drive the latest patterns of locomotives, which are sometimes built in China, or if not, are put together there by native artificers. On the roads the motor-car has made its appearance—not the antiquated machines that Europe has cast aside, but powerful new

China has become an accomplished fact. They send representatives to the French manœuvres, and have also some cadets under instruction at the French Naval School. In this they are only following the lead of Japan. In every science they are becoming capable,

scamps his work. There is little doub[t] ... pick up the lessons of the West as ... Japanese, and it remains one of the ... problems of the age what he will do with ... once he realises the power it bestows.

THE CHINESE COMPOSITOR AT WORK WITH EUROPEAN EQUIPMENT.

WESTERN SCAFFOLDING: REPAIRING THE BOXERS' DAMAGE TO THE TA CHIN MAN, THAT DIVIDES THE CHINESE FROM THE TARTAR CITY AT PEKING.

ELECTRICITY IN CHINESE ... THE TELEGRAPH-OPER...

vehicles of from 20 to 30-h.p. It is nothing uncommon to see the staid mandarin rushing along in his motor on business or pleasure. It is regrettable that the picturesque national costume is yielding to the top-hat and frock-coat, but this penalty to progress has been paid by Japan, and China can hardly escape. The women of China do not adopt Paris fashions at home, but they do so not infrequently when they travel. Since they discovered that they must go abroad the awakening of

and in the applied sciences their experts are to be met with everywhere. Chinamen are now accomplished in the conduct of telephones, telegraph, and railway service. As engineers they are sure to be successful, for the nation is proverbially ingenious and neat-handed. The Chinaman is patient, and although he is sly, he seldom

Emperor is uneasy about the future ... Chinese Army. He has a vision of th... conquest rolling westward over Asia and it would seem that he doubts whe... "salt of the earth" will be able to ... But the Chinaman is commercial; ... not attract his ... instance, and ... Germany, dec... aggression. ... indeed, has ... foot. It is h... for he will se...

THE CHINESE SOLDIER OF TO-DAY.

THE OLD LEISURED LIFE OF CHINA: A DISCUSSION ON CONFUCIUS.

THE CHIN... OF YE...

中国的“觉醒”：洋务思想

China's Great Awakening to Western Ideas.

1906 年 12 月 8 日刊行

---

① 参阅：潘崇《清末出洋考察政治五大臣选拔经过史实考——兼论清政府宪政改革的社会舆论氛围》，《天津师范大学学报（社会科学版）》2011年第6期。

直隶总督在天津衙门举行官方招待会

The Viceroy of Cheh-Li Holding an Official Reception in the Court of His Yamen at Tientsin.

1908 年 12 月 5 日刊行

光绪三十四年（1908）十月初十日，光绪帝率王以下文武大臣等在仪鸾殿为慈禧太后万寿圣节行庆贺礼。而在天津总督衙门，直隶总督杨士骧[①]为给慈禧太后祝寿也举办了一场官方招待会。《伦敦新闻画报》这样描述道："在西方人意识中，中国人举办官方招待会的想法看上去有些奇怪。如画中所绘，直隶总督在衙门大院里举办官方招待会，为宾客助兴娱乐的马戏班有练杂技的，有玩杂耍的，有变戏法的，还有其他演员。宾客来自英、俄、法、德、日、奥等国。他们后面跟着十几位身披红袍的清朝官员。而在另一小院内，一个雅乐班演奏着熟悉的曲子。客厅里摆着长桌，桌案上摆着丰盛的香槟晚宴。"画中，直隶总督正接待英国将军。后面台子上，马戏班正在表演头顶大绳倒立。

这场招待会后不久，十月二十日，光绪帝病危，慈禧太后下旨命醇亲王载沣之子溥仪在宫内教养，醇亲王授为摄政王。次日，光绪帝去世，溥仪继位。慈禧太后随后去世。[②]

① 杨士骧（1860—1909），安徽泗州人。字萍石，号莲府。庚子年（1900）入幕李鸿章，后赴京参与议和大事。光绪三十三年（1907）七月，由山东巡抚署理直隶总督兼北洋大臣，次年六月实授。

② 参阅：《光绪朝实录》卷五九七。

1904年2月，日、俄两国在中国领土上爆发战争，而清廷则认为“中国应守局外”。①

《伦敦新闻画报》报道日俄战争时，指出：“安东成为鸭绿江真正的商业中心。两百俄国骑兵驻扎在安东。”② 画报记者还以英国与南非布尔人之间爆发的战争为例，认为“安东的位置如同当年图格拉河北岸的布尔人位置，日本人应该不会重蹈覆辙”。③“日俄战争期间，日本在安东和奉天之间修建了一条铁路（即满铁安奉线）。战争结束后，大家一致认为日本应该继续拥有维护和改造铁路的权利。最近，中国反对日本继续改造这条铁路线，而日本表示不管中国愿意与否，他们都要继续。最后，事情得到了友好的解决。”画报报道所指的是，东三省总督徐世昌、锡良等东北地方大员为争取国家主权、维护地方利益，围绕安奉铁路改筑工程与日本展开的一系列外交交涉。④

造成中日战争威胁的铁路：
日本工程师在安东—奉天铁路上
On a Line That Caused a Threat of War Between Japan and China:
A Japanese Engineer on the Antung-Mukden Railway.
1909年8月14日刊行

① 《光绪朝实录》卷五二五载，清廷谕令内阁：“现在日俄两国失和用兵，朝廷念彼此均系友邦，中国应按局外中立之例办理。”后又降旨外务部照会各国大使：“中国不能不局外中立。各国亦以我守局外为然。”

② 《伦敦新闻画报》1904年1月23日报道。

③ 《伦敦新闻画报》1904年2月27日报道。

④ 参阅：马陵合《安奉铁路交涉研究：以清末地方外交为视角》，《安徽史学》2015年第5期。

旧共和国中新共和国人的迷信：旧金山唐人街的算命先生

The Superstitions of New Republicans in an Old Republic: a Fortune-Teller in Chinatown, San Francisco.

1912 年 2 月 3 日刊行

1911 年 10 月 10 日武昌起义，辛亥革命全面爆发。《伦敦新闻画报》1912 年 1 月 6 日报道：1911 年 12 月 2 日，林述庆率革命军从太平门进入南京。黄兴也已抵达上海。预计孙中山将就任"共和国"第一任大总统。

1912 年 2 月 3 日，画报报道引述法国埃米尔·巴尔（Émile Bard）在《乡土中国》（*The Chinese at Home*）中所讲："有一千个迷信，像一个错综复杂的网络，把中国人生活的方方面面都串联在一起。可以这样说，中国人不论多大年纪、什么情况，他们如果不事先掐算过，就不会作出任何举动或迈出任何一步。"接着评述道："当然了，这句话适用于众多中国人，既包括生活在祖国的中国人，也包括身在他国的中国人。就像库尼奥在旧金山亲眼所见的那样：一个想要占卜的人会从算命先生桌上罐子里选几根红签，让算命先生看。算命先生仔细查看这些签儿后，将卜辞写在黄铜板上。人们非常信任算命先生对未来命运的卜算。顺便提一下旧金山唐人街。前几天，为了庆祝中华民国的诞生[①]，唐人街举行了游行，游行中出现了新的中国国旗，还敲打着一个被称为'中国自由钟'的大金属碗。"

① 1912年 1月 1日，孙中山在南京宣布组建中华民国临时政府，并就任临时大总统。2月 12日，宣统帝下诏退位。2月 13日，孙中山辞去临时大总统职务。《伦敦新闻画报》1912年 3月 23日刊载了南京临时政府的内阁会议场景及内阁成员照片。

锡克警察抓捕六名华人

A Sikh Policeman Taking Six Chinamen.

1912 年 2 月 3 日刊行

中国人群像

A Group of Chinese.

1861 年 4 月 13 日刊行

开封府的犹太人

Jews Residing at Kae-Fing-Foo.

1851 年 12 月 13 日刊行

1898 年戊戌变法时，康有为向光绪帝上呈《请断发易服改元折》。《伦敦新闻画报》1898 年 10 月 1 日对此讽刺道："中国皇帝认为剪辫就能拯救中国，这就好比故事中那个中国佬每次烤猪都把屋子烧了一样。"然而，在学界、军界的带动下，剪辫运动从南到北遍及全国，势不可挡。宣统三年（1911）八月十九日，参加武昌起义的军民全都剪掉了长辫。十月十七日，清廷迫于形势不得不同意资政院的奏请，"谕令人民自由剪发"。[①] 画报此时报道："辫子在中国人群中迅速消失，这是当下中国革命的成果之一。"但其插画呈现的是，新加坡华人区的锡克警察将六名华人的辫子打结捆扎在一起，押往警察局。让我们对画报的报道稍作回溯，不管是 1850 年传教士派人在开封府发现的完全接受汉化的犹太人后裔，还是 1860 年画报记者进入京城看到的老老少少的中国人，这些插画都充满了政治隐喻和种族刻板印象，英国站在霸权地位上通过媒体图像话语塑造中国及中国人形象，这深刻影响着英国社会乃至世界对中国的认识和态度。

① 参阅：章开沅等主编《辛亥革命史资料新编》，湖北人民出版社，2006年，第三卷第 451页。

倾听历史图像背后的灵魂叙事

如果历史叙事缺少了人物形象，那么就好似没有了灵魂。没有灵魂的历史叙事，则往往是冰冷的、拒人于千里之外的。当我们思虑如何更好地讲好中国近代百年史，让今日读者读懂它，并且反观现实生活，进而真切地感悟到我们中华民族上下求索、走向伟大复兴的百年奋斗路之不易，其中就有一个首要关键，即对历史的灵魂叙事。这便脱离不开历史时代中的一个个鲜活的人物，他们既包括大人物，也包括小人物；既包括特定的个体，也包括有代表性的群体。

2017 年，在编纂《清代教育档案文献》的一场编辑讨论会上，我意外地得知《伦敦新闻画报》有关中国报道的图文档案，尤其是那些人物图像。于是，我向青年学者张建斌提议，希冀以"《伦敦新闻画报》中的中国人"为题为大众读者编写一本书。由此开始了本书的选题策划、档案整理、文本翻译、书稿编写。历时数年，如今终于脱稿付梓。

最初专家评议本书时讲"选题新颖，视角独特，创新价值和写作难度很大"。此可谓一语中的。难度之一便是读档。1842—1912 年，《伦敦新闻画报》总共刊行了 3696 期，图文档案卷宗总页数将近 7 万，而这仅是必读的基础档案之一。若以关键词抽取的方式检索画报，"中国"（China）一词在报道中出现了大约 15261 次，除了广告之外，文字报道中 11456 次，插画描述中 3478 次。再经数据对比可知，画报有关中国的报道，虽然低于法国（29993 次）、英属印度（27812 次）、美国（17315 次），但高于俄国（12559 次）、德国（12420 次），更是远超日本（5431 次）。而得益于大数据时代信息技术的支持，基于英国报纸档案（British Newspaper Archive）的数据库平台，我们在海量的档案文献中能够快速地检索、定位、发现目标图像及其关联信息，进而围绕既定专题展开科学而精准的分类整理，然后便是读档。

通读档案是件"苦差事"，若是偷懒去跳读，定会有贻误：一则无法做到在宏观视域下把握档案文献，了解图像与文字报道之间的关联；二则不能清晰地发现画报呈现的每一幅中国图像的历史背景与动因，也就无法挖掘出图像的深层信息，让时代、人、事件等历史要素串联起来。此外，我们尤为重视新闻报道与历史记述、外文档案文献与中文档案文献的互见、互补、互证，尽可能地通过正文解读和脚注为读者提供参考线索，以便于其进一步深入研读。限于本书篇幅和自身研读能力，难免会挂一漏万，谨望方家斧正。

感谢国家清史编纂委员会委员、传记组组长潘振平，北京市社会科学院历史研究所所长刘仲华，两位老师全力推荐本书申报国家出版基金。

感谢中华文化发展促进会（华艺出版社）主任编辑殷芳、白璐怡博士、香港设计师李洲京等诸位师友，在本书的编审过程中，他们为我答疑解惑，多方助力。

近代中国百年，世界变局下时事艰危，起衰振弱、图强求变，成为国家大任，非有戡乱济变之才不能胜任之。其间天下芸芸人物，与国家命运共起落。读之，思之，你我都无法置身其外，必会心潮澎湃、思绪万千。此刻纵然胸中有千万言，唯求借书之末页，聊表一二。